本书是国家社会科学基金重大项目
"以建设'公正社会'为导向的全面深化改革研究"
（15ZDC003）的子课题"公正社会取向下的
全面深化改革研究"的阶段性成果

我国征地制度改革研究
——基于社会公正视域

王 贝 ◎著

中国社会科学出版社

图书在版编目（CIP）数据

我国征地制度改革研究：基于社会公正视域/王贝著.—北京：
中国社会科学出版社，2017.8
ISBN 978 - 7 - 5203 - 0977 - 6

Ⅰ.①我…　Ⅱ.①王…　Ⅲ.①土地征用—土地制度—经济体制
改革—研究—中国　Ⅳ.①F321.1

中国版本图书馆 CIP 数据核字（2017）第 220243 号

出　版　人	赵剑英	
责任编辑	卢小生	
责任校对	周晓东	
责任印制	王　超	
出　　版	中国社会科学出版社	
社　　址	北京鼓楼西大街甲 158 号	
邮　　编	100720	
网　　址	http：//www.csspw.cn	
发　行　部	010 - 84083685	
门　市　部	010 - 84029450	
经　　销	新华书店及其他书店	
印　　刷	北京明恒达印务有限公司	
装　　订	廊坊市广阳区广增装订厂	
版　　次	2017 年 8 月第 1 版	
印　　次	2017 年 8 月第 1 次印刷	
开　　本	710×1000　1/16	
印　　张	16.5	
插　　页	2	
字　　数	268 千字	
定　　价	70.00 元	

前　言

　　改革开放以来，我国经济保持了快速的增长，但我国经济发展和城市化、工业化主要不是依靠节约集约利用土地，而是依靠粗放式用地，尤其是依靠征地实现。这一方面加剧了我国耕地快速减少的趋势，严重影响我国粮食安全，另一方面由此引发的冲突越来越严峻：冲突的组织性、群体性逐步提高；冲突方式逐渐升级，出现了暴力化趋向；地方政府威信受损。这造成基层政府和农村农民的关系僵化，给基层治理带来巨大隐患。

　　为有效地解决征地制度所带来的社会矛盾和基层治理困境，2008年10月，党的十七届三中全会通过的《中共中央关于推进农村改革发展若干重大问题的决定》中指出：改革征地制度，严格界定公益性和经营性建设土地，逐步缩小征地范围，完善征地补偿机制。依法征收农村集体土地，按照同地同价原则及时足额给农村集体组织和农民合理补偿，解决好被征地农民就业、住房、社会保障。2013年11月12日，十八届三中全会通过的《中共中央关于全面深化改革若干重大问题的决定》明确要求：缩小征地范围，规范征地程序，完善对被征地农民合理、规范、多元保障机制。扩大国有土地有偿使用范围，减少非公益性用地划拨。建立兼顾国家、集体、个人的土地增值收益分配机制，合理提高个人收益。2015年1月，中共中央办公厅和国务院办公厅联合印发了《关于农村土地征收、集体经营性建设用地入市、宅基地制度改革试点工作的意见》，将完善土地征收制度作为四大任务之一：缩小土地征收范围，探索制定土地征收目录，严格界定公共利益用地范围；规范土地征收程序，建立社会稳定风险评估制度，健全矛盾纠纷调处机制，全面公开土地征收信息；完善对被征地农民合理、规范、多元保障机制。从社会公正视域来看，我国现行征地制度面临以下问题：征地过程中程序公正和分配公正的缺失问题；征地制度运行中的权利公正缺陷问题；征地制度运行中的机会公正缺陷问题；征地制度运行中的结果公正缺陷问题。

本书构建了征地过程中社会公正的体系结构，回顾了社会公正视域下我国征地制度变迁，揭示了我国征地制度运行中的公正缺陷，对我国农村土地产权公正、公益用地征地的公正实现和农村经营性建设用地流转的公正实现等问题进行系统研究。本书主要内容包括：

第一，社会公正的基本理论。其一，回顾了社会公正思想的渊源，包括古希腊学者、中国古代学者、近代西方学者和现当代西方学者的社会公正思想。其二，在论证马克思、恩格斯社会公正思想的基础上，深入阐述了历代党和国家领导人的社会公正思想，以此作为社会公正思想的理论基础。其三，论证了征地过程中社会公正的内涵及特征，并构建了征地过程中社会公正的体系结构，即两个维度和三个层面：两个维度包括程序公正和分配公正，三个层面包括权利公正、机会公正和结果公正。

第二，社会公正视域下我国征地制度变迁。以改革开放为界，阐述了我党社会公正思想的变迁历程。以社会公正视域审视我国征地制度，可将其分为三个时期：其一，1950 年至改革开放初期的我国征地制度之相对公正期，具体分为：1950—1957 年对私地征地的公平对价期，1958 年至改革开放初期对集体土地征地的相对公正对价期。其二，1983 年至 20 世纪末的我国征地制度之社会公正问题凸显期，征地制度对于社会经济发展来讲是有效率的，但被征地集体农民的补偿标准和倍数太低，农民失地又失业，由此引发征地冲突和社会问题十分严峻。其三，2000 年至今的我国征地制度之政策调整期。我国出台的相关法律法规、政策意见数量和质量都大为提高，从征地程序和征地补偿来看，包括新增听证制度、完善矛盾处理机制、改革征地补偿费用计算标准、完善失地农民的社会保障、推动农村建设用地直接入市等。

第三，我国征地制度运行中的公正缺陷。其一，从征地制度运行中的权利公正缺陷来看，主要涉及国家、集体和农民三个层面：首先，农村集体和农民个体之间的权利公正缺陷表现为，集体和农民的关系模糊，代表集体的主体不明确。其次，国家权力与集体（农民）权利的公正缺陷表现为，国家权力分割部分集体（农民）土地的权利、"个体权利"对"国家公权力"制约不足和压低土地补偿。其二，从征地制度运行中的机会公正缺陷来看，包括征地知情机会、征地参与机会、权利救济机会和土地发展机会四个方面，即征地知情机会有限、征地参与机会缺乏、征地中权利救济机会缺失和土地发展机会的实现障碍。其三，从征地制度运行中的结果公正缺陷来看，征地补偿水平偏低、被征地农民生活质量下降，并引发征地冲突。因此，我国征地制度改革的总体思路应该以农村土地产权公正的实现为基础，围绕公益性征地和农村经营性建设用地流转两种思路展开。两种思路是农村征地制度改革的两翼，且应做到有机统一：公益性征地应创新征地程序，提高征地补偿；农村建设用地流转应完善相关配套政策，实现国家、集体、个人和业主利益的合理分配。

第四，我国农村土地产权公正的完善。我国农村土地产权公正缺陷主要表现在：主体关系的非平等性，即国家与集体（农民）关系、农村集体关系的非平等性，农村集体和农民个体之间利益的非均衡性；产权权能缺乏完整性，即所有权权能残缺、使用权权能残缺。我国农村土地产权公正完善包括所有权、使用权和收益权等方面。其一，我国农村土地所有权公正的完善应从以下几个方面入手：（1）实现农村土地产权主体的公正关系，即实现国家集体、各类集体之间的公正关系；（2）夯实农村土地所有权主体地位，村级集体经济组织是农村集体土地所有权最合宜的主体，以基层自治组织行使集体土地所有权是不少地区的重要选项；（3）完善和保障农村土地所有权权能，完善农村土地所有权主体确认的法律形式，完善农村土地所有权处分权能，完善农村土地所有权收益权能。其二，我国农村土地使用权公正的完善应从以下几个方面入手：（1）强化农村土地使用权物权性质，明确农村土地使用权物权性质，创新农村土地使用权确权登记；（2）完善农村土地使用权权能，保障农村土地承包经营权和农村建设用地使用权权能。加强农村土地流转制度建设等；（3）实现我国农村土地收益权的公正分配。

第五，公益用地征地中的公正实现。在明确公益用地的基础上，应从程序公正和补偿公正方面加以推进。就征地过程中程序公正的实现来看，其一，树立征地过程中的公正理念，即慎重征地理念、赋权理念、协商理念和法治理念。其二，通过征地过程创新实现公正，包括征地报批前程序、征地审批程序、征地公告和登记程序、征地实施程序四个阶段。其三，通过征地过程中补偿创新实现公正，包括树立兼顾各方利益的公正观念，建立多元灵活征地补偿体系，即巩固货币补偿的基础地位、完善其他多元补偿体系，针对实际情况，制定不同的补偿体系组合与实现机制。

第六，农村经营性建设用地流转中的公正实现。目前，农村经营性建设用地流转中社会公正实现不足，包括程序公正性不足和分配公正性不足。因此，应从这两个方面不断完善以推进公正实现。其一，构建农村经营性建设用地流转中程序公正，包括加强流转主体规范性建设和强化流转过程公正性建设。重点应从科学界定流转范围及方式，加强农村经营性建设用地流转过程监管等入手。其二，实现农村经营性建设用地流转中分配公正，包括加强农村经营性建设用地流转的价格调控、建立土地收益的地区平衡机制、完善地方政府的合理收益分配制度。同时，应大力完善农村经营性建设用地流转收益在集体内部的公正分配。

本书以历史唯物主义和辩证唯物主义为指导，以系统观为统领，以社会公正理论为切入点，构建了征地过程中社会公正两个维度和三个层面的体系结构，研究我国征地制度变迁及完善路径，力求做到兼顾规范研究和实证分析。希望本书成果能为理论上探索我国征地制度改革、实践中完善征地制度以实现社会公正提供有益启发和帮助。当然，由于笔者理论功底尚浅，分析能力不足，书中难免存在不足和瑕疵，恳请专家、同行批评指正。

本书是国家社会科学基金重大项目"以建设'公正社会'为导向的全面深化改革研究"（15ZDC003）的子课题"公正社会取向下的全面深化改革研究"、四川省新农村乡风文明建设研究中心项目"土地流转背景下的乡村治理研究"（SCXF201403）和西华大学重点科研基金项目"我国农村集体建设用地流转机制研究"（ZW1324336）的阶段性成果。课题组成员多次参与讨论和实地调研，奠定了坚实的理论基础和积累了大量数据资料，对于本书的写作给予极大的支持和帮助，在此一并表示感谢。

作　者

2017 年 4 月

目　录

第一章 绪论

第一节 研究背景与意义

一 选题背景

改革开放以来，我国经济保持了快速的增长，GDP 年平均增长率超过了 9%，我国工业化和城市化也将继续维持在较高发展水平。但长期以来，我国经济发展和城市化工业化主要不是依靠节约集约利用土地，而是依靠粗放式用地，尤其是依靠占用大量耕地来实现。农村集体土地成为城市建设用地的主要后备资源，土地征收也就成为取得建设用地的主要途径，尤其是城乡接合部的农村是我国工业化和城市化进程中征地最活跃的地区。一方面，目前，我国人均占有耕地面积仅为 1.4 亩，只相当于世界人均占有耕地面积的 37%，如果不遏制耕地快速减少的趋势，我国粮食安全的基础将会被严重削弱。另一方面，征地引发的冲突越来越严峻：第一，冲突的组织性、群体性逐步提高。农村征地冲突越来越表现出一定的组织性。第二，冲突方式逐渐升级，出现了暴力化趋向。现已发展为到政府门口（高速公路、铁路上）静坐请愿，阻挠工地施工，有时伴有激烈的肢体冲突。由于主体间的互动频率快，群情激动，行为越来越不受理智的控制，最终出现一系列破坏行为。基层政府在与农民的矛盾无法调和时，常常会采取过激手段对待维权农民。这样，征地冲突就可能演化为较大规模的暴力冲突事件。第三，地方政府威信受损。这造成基层政府和农村农民的关系僵化，给基层治理带来巨大隐患。

为有效地解决征地制度所带来的社会矛盾和基层治理困境，2008年 10 月，党的十七届三中全会通过的《中共中央关于推进农村改革发展若干重大问题的决定》指出："改革征地制度，严格界定公益性和经营性建设土地，逐步缩小征地范围，完善征地补偿机制。依法征收农村集体土地，按照同地同价原则，及时足额给农村集体组织和农民合理补偿，解决好被征地农民就业、住房、社会保障。"2013 年 11 月 12 日，党的十八届三中全会通过的《中共中央关于全面深化改革若干重大问题的决定》明确要求："缩小征地范围，规范征地程序，完善对被征地农民合理、规范、多元保障机制。扩大国有土地有偿使用范围，减少非公益性用地划拨。建立兼顾国家、集体、个人的土地增值收益分配机制，合理提高个人收益。"2015 年 1 月，中共中央办公厅和国务院办公厅联合印发了《关于农村土地征收、集体经营性建设用地入市、宅基地制度改革试点工作的意见》，将完善土地征收制度作为四大任务之一："缩小土地征收范围，探索制定土地征收目录，严格界定公共利益用地范围；规范土地征收程序，建立社会稳定风险评估制度，健全矛盾纠纷调处机制，全面公开土地征收信息；完善对被征地农民合理、规范、多元保障机制。"事实上，由于我国现行征地补偿机制滞后于经济社会发展，集体农民财产权利得不到应有的保护，甚至与政府之间产生矛盾冲突，进而影响农村社会稳定与城镇化发展进程等。具体来看，从社会公正视域来看，我国现行征地制度面临如下几个方面问题：

（1）征地过程中程序公正和分配公正的缺失。就程序公正而言，主要表现为听证制度和协调裁决制度的不够完善。听证过程的组织实施需要以群众提出申请为要件，参加听证的主体存在不足，听证内容也需要进一步完善。在协调裁决过程中，一方面，"征地补偿、安置争议不影响征用土地方案的实施"；另一方面，相关方对协调裁决结果不论是否满意，都直接进入落实补偿和征地实施环节。就补偿公正而言，由于社会发展和法律政策因素造成集体农民的边缘化，造成被征地农民没有机会和能力参与征地，从而导致他们在经济社会发展进程中被排斥，无法合理分享社会发展带来的成果。

（2）征地制度运行中的权利公正缺陷。包括农村集体和农民个体之间的权利公正缺陷和国家权力与集体（农民）权利的公正缺陷。前者表现为由于集体和农民的关系模糊，导致代表集体的主体不明确，集体农民的权利受损。后者表现为由于国家权力分割部分集体（农民）土地的权利，农民"个体权利"对"国家公权力"制约不足，导致我国政府的强制征地权压低农民补偿。

（3）征地制度运行中的机会公正缺陷。主要表现为征地知情机会有限、征地参与机会缺乏、征地中权利救济机会缺失和土地发展机会的实现障碍。

（4）征地制度运行中的结果公正缺陷。主要表现为由于土地增值收益分配缺乏公正性、征地补偿水平偏低，导致被征地农民生活质量下降和征地冲突日趋尖锐。

二　研究意义

完善我国征地制度是我国市场经济发展到现阶段的必然要求。从某种意义上说，解决了土地补偿问题，当前因征地行为引起的矛盾和问题将迎刃而解。本书从社会公正的视域来研究我国土地征地制度改革，研究如何完善土地产权制度、完善征地补偿机制、创新农民安置补偿方式等，对于进一步保障农民的土地财产权益和促进经济社会和谐发展，具有重要的理论和实践意义。

（一）理论意义

第一，本书依托既有研究成果，基于社会公正理论提出了征地过程中社会公正体系的构想，即两个维度和三个层面。两个维度是指程序公正和分配公正，三个层面是指权利公正、机会公正和结果公正。这为分析征地制度问题提供了新的视角和切入点，也从完善征地制度的角度为推进公正社会建设提供了理论参考。

第二，丰富了土地产权理论。本书将我国农村土地产权结构概括为土地所有权、使用权、收益权和处分权四个部分。所有权是整个权利体系中的基础性权利，使用权则是所有权在现实中的实现和伸延，收益权和处分权是所有权和使用权这两种权利的派生权利。在征地制度改革中实现社会公正的前提是产权公正。产权公正应主要从所有权制度、使用权制度和收益权制度入手。本书认为，为实现我国农村土地所有权公正，应从以下三个方面入手：一是实现农村土地产权主体的公正关系，包括实现国家和集体的公正关系，实现各级集体的公正关系等；二是夯实农村土地所有权主体地位；三是完善和保障农村土地所有权权能，包括做好确权登记，完善农村土地所有权处分权能，完善农村土地所有权收益权能。为实现我国农村土地使用权公正，应从以下两个方面入手：一是强化农村土地使用权物权性质；二是完善农村土地使用权权能，充分保障农村土地使用权权能和加强农村土地流转制度建设。另外，本书基于地租理论，论证如何真正实现我国农村土地收益权公正。

（二）现实意义

1. 基于社会公正视域研究征地制度改革，为我国征地制度改革确定了目标和方向

制度安排往往为政策目标服务，现行的征地制度就是为率先促进城市化和工业化发展服务的。在没有资金、技术优势的情况下，各地只能以廉价劳动力和土地资源作为吸引投资的有效手段，在征地制度安排上，只能以低价补偿的政策为工业发展服务。随着时代发展，社会公正越来越成为凝聚社会共识的最大公约数。2016 年 4 月 18 日，在中央全面深化改革领导小组第二十三次会议上，习近平强调指出，改革既要往有利于增添发展新动力方向前进，也要往有利于维护社会公平正义方向前进。2016 年 12 月 5 日，在中央全面深化改革领导小组第三十次会议上，习近平强调，要多推有利于促进社会公平正义的改革，多推有利于增强人民群众获得感的改革，多推有利于调动广大干部群众积极性的改革。因此，本书正是以此为写作背景，以实现社会公正为目标着力探讨完善我国征地制度的着力点和落脚点。

2. 基于实现社会公正角度来研究征地制度，为顺利推进征地制度改革提供了一个分析框架和实现路径

（1）农村土地产权公正的实现是我国征地制度改革的基础。产权公正是指一定的社会财产权利安排及产权制度设计符合时代普遍正义的具体要求。它作为经济制度中的根本价值尺度，是衡量和确定一种产权制度是否合理的内在依据和标准，是对产权制度伦理特质的总体规定。

（2）公益性征地和农村经营性建设用地流转两种思路。第一，征地制度改革必须缩小征地范围，现在新增建设用地需要使用集体土地的都要征地，远远超过法律规定的公共利益范围。而要缩小征地范围，必须放开集体土地入市。第二，公益性用地征收和经营性集体建设用地入市两种模式是农村征地制度改革的两翼，且应做到有机统一：公益性征地制度改革应按照经营性集体建设用地市场价值的标准对失地农民进行补偿，经营性集体建设用地入市模式也应按照公益性农地征收制度的公正程序对非农化收益进行合理分配。

第二节　相关研究综述

一　国外研究现状

就本书写作来看，国外研究主要涉及社会公正研究。主要以罗尔斯的分配正义论、诺齐克的持有正义论和阿玛蒂亚·森的能力平等理论等为代表。

罗尔斯认为，公正就是："所有的社会基本善——自由和机会、收入和财富及自尊的基础——都应被平等地分配，除非对一些或所有社会基本善的一种不平等分配有利于最不利者。"① 他提出了正义的两项具体原则。第一个原则："每个人与所有人所拥有的最广泛平等的基本自由体系相容的类似自由体系都应有一种平等的权利。"即最大的平等自由原则，每个人都具有对同样的基本自由的平等权利，基本自由应尽可能广泛。第二个原则："社会和经济的不平等应这样安排，使它们：①在与正义储存原则一致的情况下，适合于最少受惠者的最大利益；②依系于在机会公平平等的条件下职务和地位向所有人开放。"② 即差别原则和机会原则，在不平等的条件下，如何做到平等、权利等机会的开放原则。罗尔斯的研究过于看重平等，他对现实社会中的个体人之间的差距非常敏感，唯恐由此而损伤了社会成员普遍的基本权利。

诺齐克从个人自由权利持有的角度论证公正："如果一个人按获取和转让的正义原则，或者按矫正不正义的原则（这种不正义是由前两个原则确认的）对其持有是有权利的，那么，他的持有就是正义的。如果每个人的持有都是正义的，那么持有的总体（分配）就是正义的。为了把这些纲要转变成一个具体理论，我们必须规定这三个持有的正义原则，即持有的获取原则、持有的转让原则和矫正对前两个原则的侵犯的原则的细节。"③

阿玛蒂亚·森从人的潜能发挥的角度探讨社会公正的实现。他认

① 约翰·罗尔斯：《正义论》，何怀宏等译，中国社会科学出版社1988年版，第292页。
② 同上。
③ 罗伯特·诺齐克：《无政府、国家与乌托邦》，中国社会科学出版社2008年版，第159页。

为，社会应该保证每个人具有发挥其与经济发展水平相适应的能力的机会，只有能力才能给人以积极自由的可能性。当某一个人缺少一个社会典型的生活方式所需要的能力时，就可以把他界定为贫困者。① 贫困是人的积极自由、活动机能所需要的基本能力的匮乏。

二　国内研究现状

国内研究主要从社会公正、征地制度、征地制度和公正关系三个方面展开。

（一）关于社会公正方面的研究

就社会公正的重要性来看，景天魁认为，社会公正存在于社会发展之中，是社会发展的内在属性。公正是社会发展的核心价值，公正是社会发展的根本动力，公正是社会发展的最佳状态。不可以脱离社会公正谈发展，也不能脱离发展谈社会公正。经济增长可能有利于实现社会公正，也可能导致不公正。②

就社会公正的内涵而言，韩水法认为，公正是一种政治诉求，它所关注的不是个人行为的道德性，而是社会善的分配。"善"包括两方面内容：一是权利和资格，二是实质性物品。公正是一个政治共同体希望达到的状态。③ 姚洋认为："公正是社会成员对社会分配所采纳的一套评价标准。"具体有两个方面的规定：①公正是公民的政治合约。②公正既指结果公正更指程序公正。④ "社会公正，就是公民衡量一个社会是否合意的标准，换言之，它是一个国家的公民和平相处的政治底线。它的目的在于为全体公民提供一个关于社会分配好坏的共识，有了这个共识，人们才能进行和平有序的竞争。"⑤

吴忠民认为："公正是一个规则体系，是一个由对人的基本尊严和基本权利予以保证的规则、机会平等的规则、按贡献进行分配规则以及社会调剂规则共同组成的规则体系。"⑥ 社会公正的目标在于每个人得

---

① 阿玛蒂亚·森：《以自由看待发展》，任赜等译，中国人民大学出版社 2002 年版，第 20 页。
② 景天魁：《社会公正理论与政策》，社会科学文献出版社 2004 年版，第 2—7 页。
③ 韩水法：《正义的视野》，载姚洋《转轨中国：审视社会公正和平等》，中国人民大学出版社 2004 年版，第 472 页。
④ 姚洋：《公正的含义》，《21 世纪经济报道》2003 年 1 月 16 日。
⑤ 姚洋：《转轨中国的社会公正》，《21 世纪经济报道》2003 年 1 月 9 日。
⑥ 吴忠民：《社会公正论》，山东人民出版社 2004 年版，第 17 页。

到"他所应得"：无论是哪一个社会群体，只要其利益要求是合理的，那么都应当予以一视同仁的保护。具体言之，既要确保每一个社会群体、每一个社会成员基本的生存底线，又要为每一个具有发展潜力的社会群体和社会成员提供充分的自由发展空间，以使社会成员"各尽所能，各得其所"。①

就社会公正的基本构成，姚洋认为，其包括四个层次：第一个层次是关于人身权利的均等分配；第二个层次是与个人能力相关的基本物品的均等分配；第三个层次是关于其他物品的功利主义分配；第四个层次是国家对于社会和谐的考量。在前三个层次中，第一层次优先于第二层次，第二层次优先于第三层次。第四层次是对前三个层次的补充，管辖前三个层次没有涉及的领域。②

（二）关于征地制度方面的研究

就征地过程中农民利益受损来看：①农民的土地财产权益不完整，征地过程中，所有新增建设用地需要占用农用地的，无论是出于基础设施建设等公共目的，还是出于房地产开发等私人目的，都借助于国家权力实施征用。③②失地农民社会保障权益不充分，表现在以下两个方面：一方面，失地农民无法进入城市社保体系。农民一旦失去土地，就丧失了土地带来的社会保障权利。④另一方面，失地农民无法享受养老保险以及医疗保险。现有的货币安置只是对失地农民的最低生活安排，没有解决失地农民的养老保险、医疗保险问题，缺乏起码的最低生活保障。⑤

就征地过程中农民利益受损的原因来看，有以下两种观点：①由于计划经济体制的缺陷。刘永湘等认为，土地征收补偿费过低的症结在于我国整个价格体系扭曲、缺乏弹性，从而导致了农村土地所有者的利益得不到完全补偿。⑥"中国土地政策改革"课题组认为，土地征收补偿

① 吴忠民：《社会公正的基本价值取向及立足点》，《中国党政干部论坛》2006年第11期，第13页。
② 姚洋：《社会公正的四个层次》，《21世纪经济报道》2003年2月27日。
③ 王小映：《全面保护农民的土地财产权益》，《中国农村经济》2003年第10期。
④ 陈晓煌：《城市化进程中的失地农民问题探析》，《兰州学刊》2004年第2期。
⑤ 马驰：《城市化进程中失地农民的权益保护》，《农业经济》2004年第3期。
⑥ 刘永湘、杨继瑞、杨明洪：《农村土地所有权价格与征地制度改革》，《中国软科学》2004年第4期。

问题的背后是城市与农村土地在权利拥有及它们在市场上的实现能力方面的差异，这一差异是农村和城市土地价值差异巨大的基础。① ②由于法律制度存在缺陷。周其仁认为，农民在土地征收补偿过程中利益受损、政府独享土地增值的根源在于法律规定。现行法律规定政府征收农地"按照被征收土地的原用途给予补偿"，同时法律又允许政府按"土地的城市建设用途的市值"把征得的土地批租出去，不但承认政府独家垄断土地征收权，而且保证该项权利可获得最大的法定价值。② 陈江龙等认为，我国土地征收存在问题的根本原因在于公共利益的内容、补偿理论与原则的选择与当前的社会经济背景不适应，进而提出了与当前社会经济背景相适应的土地征收制度改革思路，其中包括界定严格的"公共利益"范围。③

就土地增值收益分配来看，存在"涨价归公"还是"涨价归私"的争论。①以林毅夫为代表的"涨价归公"观点认为，城市化带来了土地利用形式的改变，大量农村用地将会随着经济发展转变为城市土地。土地尤其是城市中土地的供给弹性是最小的，因此，快速的经济增长必然导致地价的飞涨。事实上，土地的涨价，不管是城市中被征收以后所带来的涨价，还是从农地变成非农用地所带来的涨价，是整个经济发展带来的结果。土地增值收益应该更多回报社会。④ ②以黄祖辉等为代表的"涨价归私"观点认为，对非公共利益性质征地行为是对农民土地发展权的侵害，并带来相应后果，如损失土地配置效率、延迟土地开发时机、降低征地效率。因此，从土地产权属性和市场经济本质要求来看，土地增值收益应归集体和农民。⑤

另外，也有较为折中的观点，如严金明认为，征地制度改革的路径

---

① 国务院发展研究中心与世界银行"中国土地政策改革"课题组：《目前中国土地政策面对的挑战》，《中国经济时报》2006 年 5 月 22 日。

② 周其仁：《产权与制度变迁：中国改革的经验研究》，北京大学出版社 2004 年版，第 91 页。

③ 陈江龙、曲福田：《土地征用的理论分析及我国征地制度改革》，《江苏社会科学》2002 年第 2 期。

④ 林毅夫：《工业化、城市化与土地权益》，参见楼培敏主编《中国城市化：农民、土地与城市发展》，中国经济出版社 2004 年版，第 3—7 页。

⑤ 黄祖辉、汪晖：《非公共利益性质的征地行为与土地发展权补偿》，《经济研究》2002 年第 5 期。

选择应该是：将目前农地非农化过程所执行的"征收—出让"方式变为"征购—征税"方式，即采用"土地市场价格＋土地增值税"的调节方式。也就是说，依法征地，采用市场机制，将征地价格与市场价格挂钩，按市场价格对失去土地的农民进行合理补偿，同时可以通过设置农地非农化土地增值税的方式，将社会公共投资增值收归国家①。

就征地补偿费标准来看，存在财产和权利补偿论及市场论的争论。主要有：①财产和权利补偿论。刘亚玲认为，征地中农民利益得到合理补偿的标准有三个：一是在城市可获得稳定的工作岗位；二是在城市的居住条件与目前的居住条件基本相当；三是以新岗位收入为基础的，在城市的生活水平与被征地前的生活水平基本相当。因此，征地补偿不仅要从失地农民土地财产，还要从农民权益实际损失的角度计算征地补偿费，具体计算公式为：征地补偿费＝被征地农地的市场交易价格＋城市居民最低生活保障＋失地农民再就业培训费＋失地农民创造就业机会的基本投资额＋附着物价值。② ②市场论。李建建强调指出，应按照土地产权配置市场化的要求，推进农村土地产权制度改革，应当遵循"强化集体农民所有、规范土地产权交易和公平分配增值收益"的思路推进征地制度改革。③ 王小映提出以市场谈判的方式确定征地补偿费用。政府需要做的事情只是根据市场情况及时制定征地补偿费用的市场指导标准，解决市场信息对等和透明等问题，引导征地双方自行合理确定征地补偿费用。具体来看，城镇国有建设用地在旧城拆迁改造中参照公平市场价值进行完全补偿，而在农村土地征收中只能按照"被征地者生活水平不降低"的标准进行补偿。④

就被征地农民的安置方式来看，主要有以下几种观点：①"土地换社保"模式。王建等认为，建立合理的失地农民社会保障安置制度，不仅关涉到城市化进程的有序化，也关涉到失地农民的生存发展和社会稳定。应为失地农民设计可操作性的社会保障方案，并加大对失地农民

① 严金明：《我国征地制度的演变与改革目标和改革路径的选择》，《经济理论与经济管理》2009 年第 9 期。
② 刘亚玲：《按市场经济办法确定征地补偿标准》，《经济学家》2005 年第 3 期。
③ 李建建：《我国征地过程集体产权残缺与制度改革》，《福建师范大学学报》2007 年第 1 期。
④ 王小映：《土地征收公正补偿与市场开放》，《中国农村观察》2007 年第 5 期。

的职业教育和技能培训等工作。① ②"入股分红"模式。李炯等提出了"开发性安置"的思路，主张将农民置换土地使用权获得的安置费，通过开发性项目的投资转化为生产性的物质资本，具体途径包括：或者通过生产性投资组织生产经营，或者将生产性物质资本入股或转租，获得分红或租金收入。②

（三）征地制度与公正关系方面的研究

1. 征地过程中实现公正的重要意义

武立永认为，被征地农民不能公平分享改革发展成果的关键在于农民不能公平地分享农村土地的增值收益。从效率的角度来看，这既不符合农民个体效率，也不符合整体的社会效率，是非效率；从正义的角度来看，农民不能公平分享农村土地增值收益，不仅剥夺了农民分享社会发展成果的自由权利，而且也牺牲了整个社会的长期福利，是非正义。因此，让农民公平而充分地分享农村土地的增值收益，不仅是有效率的，而且也是符合正义原则要求的。同时，农民因获得积累自身财富的途径，可以缩小社会群体之间的差距，提升农民的社会地位和社会影响力，并且最终提升农民的制度影响力。此外，还可以打破社会阶层的固化趋势，打破生产性逐步降低的社会阶层对社会资源的垄断。③

2. 基于产权公正的征地制度改革

张睿认为，征地制度改革的重点在于：如何在最大程度上尊重个人自主的前提下实现土地资源和土地收益分配的公平性。自主本身并不排斥国家公权的干预，但国家仅在实现社会正义的前提下才具备干涉个人土地权利的正当性，即在土地资源和土地收益的分配上，国家应对那些低于生存资源需求量最低限度的人的需求敏感度高于最低限度之上的人，对同处于最低限度之下的人的需求则根据如何更好地将他们所有人拉到最低限度的刻度之上进行分配。④ 邓大才认为，土地私有制度效率和公平都低。人民公社或国有化，只能导致效率低和畸高公平，而且建

① 王建、何兰萍：《失地农民社会保障安置问题研究》，《天津大学学报》（社会科学版）2008 年第 1 期。

② 李炯、邱源惠：《征地"农转非"人员安置问题探析——以杭州市为例》，《中国农村经济》2002 年第 6 期。

③ 武立永：《农民公平分享农村土地增值收益的效率和正义》，《农村经济》2014 年第 4 期。

④ 张睿：《中国农地权正义论》，博士学位论文，浙江大学，2013 年，第 6—7 页。

立在极端低效率上的公平不能持久。目前，家庭承包经营制是当前产权制度的唯一选择，但是唯一的缺陷是公平有余，效率不够。因此，要适时引导家庭承包经营的升级。这种升级要根据马克思土地理论、关于权利统一和权利分离的理论，着力解决如何在保持较高公平度的基础上使效率最大。具体思路为：既要考虑到历史的延续性和现实性，也要具有一定的超前性、可操作性，同时又要考虑到社会、经济、政治、文化背景，即坚持土地公有制，明确农村产权三元分割，即国家、村集体、承包经营使用者分别所有、占有和使用。所有权主体的双重性，即终极所有者国家和具体的执行者村集体，推动双重两权分离，即所有权与承包权分离、承包权与经营使用权分离，这是农地产权制度改革的核心，其他的制度都要围绕这双重两权分离而展开。①

对于产权公正的具体实现路径，闵桂林等认为，实现农地产权公正的基础条件是明晰农地产权主体，解决地权主体虚置、结构失衡和边界模糊问题，实体要件是充分赋权以弥补农民土地权利的缺失与不足，形式要件是完善农地产权证书形式与运行程序形式，解决已有产权形式存在的缺陷，目标要件是摆脱行政化的利益分配格局，代之以市场化的利益分配取向，行为关系要件是约束产权相关主体行为，防止农地侵权行为发生，以及被侵权后有可救济的实施途径。②

3. 征地过程中实现公正的具体路径和措施

秦勇认为，"土地财政"法律制度主要包括土地出让法律制度、土地税收法律制度以及土地收费法律制度。征地中分配公正的含义可从六个方面进行界定。"土地财政"法律制度改革欲达致的目标是分配正义，应以土地增值收益的分配公平、土地出让收益分配的程序正义、土地资源及土地收益的代际分配正义、土地税的分配正义为目标。③ 王华华等认为，传统征地制度是以"保障"为基点的"社会补偿"政策，这既不能合理分配土地增值资源，实现社会资源"分配的正义"，又不

---

① 邓大才：《效率与公平：中国农村土地制度变迁的轨迹与思路》，《经济评论》2000年第5期。

② 闵桂林、饶江红：《农地产权正义实现的路径探讨》，《江西社会科学》2013年第10期。

③ 秦勇：《分配正义："土地财政"法律制度改革的目标》，《法学论坛》2013年第9期。

能切实保障被征收土地人民群众的切身利益，达到社会资源"持有的正义"。我国征地制度要实现社会公正化，应在社会主义社会公正观指导下，实施体现社会公正原则——"保护"，并以"社会赔偿"为基点的政策，使城市化建设中的土地征收既能"化地"实现工程建设现代化，又能"化人"实现农民身份转型市民化。①

邵晓秋等则从系统角度提出具体思路。第一，清楚界定征地的"公共利益需要"的内容，严格限定公益性和经营性建设用地，并逐步缩小征地范围。第二，一旦征地事实发生，在征地补偿方面，要尊重被征地农民的土地财产权。对其被征用土地应按市场定价原则，做到城乡建设用地有统一价位以及按照同地同价原则及时足额给农民合理补偿；在原有补偿的基础之上，还应适当增加土地补偿项目。被征用后的土地所出现的增值收益，被征方也应有一定的分享索取权。第三，土地的征用补偿不是为补偿而补偿，它应着眼于解决被征地农民的生活安置及长远利益。这要求我们打破城乡二元分治结构，从"国民待遇"这一社会公正原则出发，统筹城乡发展，建立农村社会养老和医疗保障制度，将被征地农民的社会保障基金纳入城镇居民保障体系，提高其最低生活保障水平，并完善失地农民的就业机制，让被征地农民能切实融入城市，共享城市化、现代化所带来的文明成果。②

三 研究现状评价

就社会公正理论方面的研究看。国外的研究多倾向于个人自由、个人权利、个人能力是否能够或者是否应该得到保护和维护。国内学者更多立足于我国经济社会实际，将社会公正定位为一种政治诉求，一种社会善的分配；一种社会评价标准——公民的政治合约、结果公正与程序公正；一种规则体系，是一个由对人的基本尊严和基本权利予以保证的规则、机会平等的规则、按贡献进行分配规则以及社会调剂规则共同组成的规则体系，以使社会成员"各尽所能，各得其所"。国外学者对于征地与社会公正的关联性研究相对较少。

就征地制度方面的研究来看，学者们将征地过程中农民利益受损归

---

① 王华华、王尚银：《中国土地征收政策社会公正化：由"保障"到"保护"》，《理论与改革》2012 年第 3 期。

② 邵晓秋、段建斌：《产权正义原则下的被征地农民产权问题探析》，《社会科学辑刊》2009 年第 1 期。

纳为：农民的土地财产权益不完整，失地农民社会保障权益不充分，失地农民无法享受养老保险以及医疗保险；将农民利益受损的原因归结为计划经济体制的缺陷和法律制度存在的缺陷；土地的增值收益归属主要是"涨价归公"还是"涨价归私"的争论；征地补偿费标准存在财产和权利补偿论及市场论的争论。

就社会公正与征地制度改革关系研究来看，学者们高度评价了征地过程中实现公正的重要意义。主要以产权公正切入到征地制度改革研究。从征地过程中实现公正的具体路径和措施来看，学者们主张以土地增值收益的分配公平、土地出让收益分配的程序正义、土地资源及土地收益的代际分配正义、土地税的分配正义为目标。应在社会主义社会公正观指导下，实施体现社会公正的政策，使城市化建设中的土地征收既能"化地"实现工程建设现代化，又能"化人"实现农民身份转型市民化。但是这些研究未能以我国社会公正理论与实践变迁为背景，论证我国征地制度中关于社会公正问题的演变历程，这些研究缺乏系统性而仅仅从产权、程序、补偿等某一方面论证征地制度中的社会公正问题。

总之，上述学者已有的研究成果，对本书写作提供了重要的借鉴性。本书正是立足于既有研究成果，第一，构建了征地制度中社会公正的两个维度和三个层面，为分析征地制度问题提供了新的视角和切入点。第二，论证我国征地制度中关于社会公正问题的演变历程，并深刻揭示我国征地制度运行中的公正缺陷，即权利公正缺陷、机会公正缺陷、结果公正缺陷。第三，构建了推进征地制度中社会公正实现的框架：首先，作为公正实现前提的产权公正的实现问题。其次，在区分公益性用地和经营性用地基础上，提出公正实现的两条路径：一是公益性用地征地中的公正实现，包括程序公正的实现和补偿公正的实现。二是农村建设用地流转中的程序公正和补偿公正的实现。

第三节 研究框架及主要创新

一 研究框架

本书在分析社会公正思想基本理论并构建征地中社会公正体系的基

础上，追溯我国征地制度变迁过程，并分析我国征地制度运行中的公正缺陷。如何完善我国征地制度呢？本书认为，产权公正是实现征地公正实现的前置条件，并从公益用地征地和农村经营性建设用地流转两个层面论证社会公正的实现路径。

（1）社会公正思想的基本理论。在回顾社会公正思想渊源的基础上，立足于马克思主义关于社会公正思想的理论基础。同时，论证征地过程中社会公正的内涵、特征和社会公正体系。

（2）社会公正视域下我国征地制度变迁。首先，我党社会公正思想的变迁历程可分为改革开放前党的社会公正思想变迁和改革开放后党的社会公正思想变迁。我国征地制度变迁可分为三个时期：第一，我国征地制度之相对公正期（1950 年至改革开放初期）；第二，我国征地制度之社会公正问题凸显期（1983 年至 20 世纪末）；第三，我国征地制度之政策调整期（2000 年至今）。

（3）我国征地制度运行中的公正缺陷。包括三个层面的缺陷：第一，征地制度运行中的权利公正缺陷，即农村集体和农民个体之间的权利公正缺陷、国家权力与集体（农民）权利的公正缺陷。第二，征地制度运行中的机会公正缺陷，即征地知情机会有限、征地参与机会缺乏、征地中权利救济机会缺失、土地发展机会的实现障碍。第三，征地制度运行中的结果公正缺陷，即土地增值收益分配缺乏公正性、征地补偿水平偏低，导致被征地农民生活质量下降和征地冲突日趋尖锐。

（4）我国农村土地产权公正的完善是前置条件。应从所有权、使用权和收益权层面入手：第一，我国农村土地所有权公正的完善，包括实现农村土地产权主体的公正关系、夯实农村土地所有权主体地位、完善和保障农村土地所有权权能。第二，我国农村土地使用权公正的完善，包括强化农村土地使用权物权性质、完善农村土地使用权权能。第三，我国农村土地收益权的公正分配，在明确农村土地收益权的分配主体的基础上，以地租理论为依据，实现农村土地收益权的公正分配。

（5）公益用地征地中的公正实现。在实现公益用地界定的基础上，实现以公正实现为目标的征地过程创新。就征地过程中补偿公正的实现来看，应树立兼顾各方利益的公正观念，建立多元灵活征地补偿体系，并就完善征地补偿中衍生的公正问题进行调适。

（6）农村建设用地流转中的公正实现。第一，农村建设用地流转中程序公正的构建，包括加强农村建设用地流转主体规范性建设、强化农村建设用地流转过程公正性建设、加强农村建设用地流转过程监管等。第二，农村建设用地流转中分配公正的实现，包括加强农村建设用地流转的价格调控、建立产业补偿和地区平衡机制、完善地方政府的合理收益分配制度、完善农村建设用地流转收益在集体内部的公正分配。

二　主要创新

本书构建了征地过程中社会公正的体系结构——两个维度和三个层面。两个维度是指程序公正和分配公正，三个层面是指权利公正、机会公正和结果公正。这为分析征地制度问题提供了新的视角和切入点，也从完善征地制度的角度为推进公正社会建设提供了理论参考。

为实现征地程序公正，本书着重对如何完善听证制度、协调裁决制度作了论证。①就完善听证制度来看，只要对补偿方案等存在争议的，不管当事方是否提出申请，都应依法组织听证。为增强听证约束性，就报批机关而言，不仅在报批时附听证记录并向审批机关说明各方意见，而且应向相关权利人尤其是被征地农民和集体说明报批过程中对听证意见采纳的情况。②为实现征地中农民权利救济，本书主张取消"征地补偿、安置争议不影响征用土地方案的实施"的规定，建立协调裁决期间征地中止制度。同时认为，如果相关方对协调裁决结果不满意的话，就应该转入行政复议或诉讼。

为实现补偿公正，本书构建了一个分析框架。①巩固好货币补偿的基础地位，完善好其他多元补偿体系，包括完善就业安置补偿和完善土地增值收益合理分配补偿（留地安置、土地换社保安置、土地入股安置等）。②建立灵活征地补偿机制。基于我国不同地区间的经济、社会发展差异，不同主体需求呈现不同特征，应在强制建立失地农民最低生活保障制度的前提下，针对各地实际情况制定不同的征地安置补偿体系组合与实现机制。

第二章　理论基础及分析框架

第一节　社会公正思想的渊源和理论基础

一　社会公正思想的渊源

（一）古希腊学者的社会公正思想

柏拉图认为："我们建立这个国家的目标并不是为了某一个阶级的单独突出的幸福，而是为了全体公民的最大幸福；因为，我们认为在一个这样的城邦里最有可能找到正义，而在一个建立得最糟的城邦里最有可能找不到正义。"①"当生意人、辅助者和护国者这三种人在国家里各做各的事而不相互干扰时，便有了正义，从而也就使国家成为正义的国家了。"②

亚里士多德认为："政治学上的善就是'正义'，正义以公共利益为依归。按照一般的认识，正义是某些事物的'平等'（均等）观念。"③"正义包含两个因素——事物和应该接受事物的人；大家认为相等的人就该配给到相等的事物。……所谓平等有两类，一类为数量相等，另一类为比值相等。'数量相等'的意义是你所得的相同事物在数目和内容上与他人所得者相等；'比值相等'的意义是根据各人的真价值，按比例分配与之相衡称的事物。"④"公正就是比例，不公正就是违反了比例，出现了多或少，这在各种活动中是经常碰到的。"⑤

---

① 参见柏拉图《理想国》，郭斌和、张竹明译，商务印书馆1986年版，第133页。

② 同上书，第156页。

③ 亚里士多德：《政治学》，吴寿彭译，商务印书馆1965年版，第148页。

④ 同上书，第234—235页。

⑤ 同上书，第94页。

（二）中国古代学者的社会公正思想

中国古代"天下为公"的"大同"社会，就是理想的公正社会的最为集中的表现。《礼记·礼运》描写的"大同社会"景象是："大道之行也，天下为公，选贤与能，讲信修睦。故人不独亲其亲、不独子其子，使老有所终，壮有所用，幼有所长，鳏寡孤独废疾者皆有所养。男有分，女有归。货恶其弃于地也，不必藏于己；力恶其不出于身也，不必为己。是故谋闭而不兴，盗窃乱贼而不作，故外户而不闭，是谓大同。"后世儒家都坚持"大同"为最高社会理想，"小康"社会则是退而求其次。对于正义，荀子指出："不学问，无正义。""遇君则修臣下之义，遇乡则修长幼之义，遇长则修子弟之义，遇友则修礼节辞让之义，遇贱而少者则修告导宽容之义。"[1] 儒家则把"义"看得比生命还重要，如孟子认为："生，亦我所欲也；义，亦我所欲也，二者不可得兼，舍生而取义者也。"[2] 传统的社会公正观中蕴含着强烈的均等思想。孔子指出："有国有家者，不患寡而患不均，不患贫而患不安。"[3] 董仲舒认为，"不患寡而患不均"就是"使富者足以示其贵而不至于骄，贫者足以养生而不至于忧，以此为度而调均之"。[4] 朱熹认为，"均无贫"，就是"'均'，谓各得其分"。[5]

（三）近代西方学者的社会公正思想

爱尔维修认为："正义以既定的法律为前提。尊重正义以公民之间势均力敌为前提。保持这种平衡，是科学和立法的主要工作。……改善立法的前提是人对正义的需要。"[6] 卢梭指出："人是生而自由的，但却无时不在枷锁中。"[7] "没有交换，任何社会都不能存在；没有共同的尺度，任何交换都不能进行；没有平等，就不能使用共同的尺度。所以，整个社会的第一个法则就是：在人和人或物和物之间要有某种协定的

---

[1]　《荀子·儒效》。
[2]　《荀子·非十二子》。
[3]　《论语·季氏第十六讲》。
[4]　董仲舒：《春秋繁露·度制》。
[5]　朱熹：《论语集注·季氏》。
[6]　参见北京大学哲学系外国哲学史教研室《十八世纪法国哲学》，商务印书馆1963年版，第505页。
[7]　卢梭：《社会契约论》，李平沤译，商务印书馆1982年版，第8页。

平等。"①

（四）现当代西方学者的社会公正思想

罗尔斯认为，公正就是："所有的社会基本善——自由和机会、收入和财富及自尊的基础——都应被平等地分配，除非对一些或所有社会基本善的一种不平等分配有利于最不利者。"② 他提出了正义的两项具体的原则。第一个原则："每个人与所有人所拥有的最广泛平等的基本自由体系相容的类似自由体系都应有一种平等的权利。" 即最大的平等自由原则，每个人都具有对同样的基本自由的平等权利，基本自由应尽可能广泛。第二个原则："社会和经济的不平等应这样安排，使它们：①在与正义储存原则一致的情况下，适合于最少受惠者的最大利益；②依系于在机会公平平等的条件下职务和地位向所有人开放。"③ 即差别原则和机会原则，在不平等的条件下，如何做到平等、权利等机会的开放原则。

诺齐克从个人自由权利持有的角度论证公正："如果一个人按获取和转让的正义原则，或者按矫正不正义的原则（这种不正义是由前两个原则确认的）对其持有是有权利的，那么，他的持有就是正义的。如果每个人的持有都是正义的，那么持有的总体（分配）就是正义的。为了把这些纲要转变成一个具体理论，我们必须规定这三个持有的正义原则，即持有的获取原则、持有的转让原则和矫正对前两个原则的侵犯的原则的细节。"④

另外，很多西方哲学家也研究公正。雷茵霍尔德·尼布尔认为："从社会角度看，最高的道德理想是公正。社会将公正而不是无私作为首要的、最高的道德价值理想。它的目标是为所有人寻找机会平等。"⑤ 拉斐尔强调："公正是一种美德，但不是所有的美德都是公正。它是最高的社会美德，因此在某种意义上，它是最重要的美德。"⑥ 南希·弗

---

① 卢梭：《爱弥尔》上卷，李平沤译，商务印书馆 1978 年版，第 252 页。
② 约翰·罗尔斯：《正义论》，何怀宏等译，中国社会科学出版社 1988 年版，第 292 页。
③ 同上。
④ 罗伯特·诺齐克：《无政府、国家与乌托邦》，中国社会科学出版社 2008 年版，第 159 页。
⑤ 雷茵霍尔德·尼布尔：《道德的人与不道德的社会》，陈维政等译，贵州人民出版社 1998 年版，第 202 页。
⑥ D. D. 拉斐尔：《道德哲学》，邱仁宗译，辽宁教育出版社 1998 年版，第 86 页。

雷泽认为，公平正义包括分配正义、承认正义和代表正义三种。分配正义是从分配领域解决公平正义的问题；承认正义是通过矫正基本身份和社会地位的错误；代表正义则是矫正错误代表或身份失语。①

二 社会公正思想的理论基础

（一）马克思、恩格斯的社会公正思想

1. 社会公正是历史性的范畴

马克思指出：这些使用陶器的部落，处于野蛮时代低级阶段。同一位埃雷拉谈到巴西海滨的部落时说道：他们住在 bohios 或大茅屋里，每个村庄约有八个大茅屋，茅屋里面住满了人，放着睡觉用的绳床或吊铺……他们过着野兽般的生活，根本不懂什么叫公正和礼节。② 随着历史的发展，公有制被破坏，不公正也出现了，恩格斯指出：仅仅从积累牲畜开始的动产的逐步积累（甚至有像农奴这样一种财富的积累）、动产在农业本身中所起的日益重大的作用以及与这种积累密切相关的许多其他情况（如果我要对此加以阐述就会离题太远），都是起破坏经济平等和社会平等作用的因素。③ 如果认为希腊人和野蛮人、自由民和奴隶、公民和被保护民、罗马的公民和罗马的臣民……都可以要求平等的政治地位，那么这在古代人看来必定是发了疯。④ 平等的观念，无论是以资产阶级的形式出现，还是以无产阶级的形式出现，本身都是一种历史的产物，这一观念的形成，需要一定的历史条件……这样的平等观念说它是什么都行，就不能说是永恒的真理。⑤ 随着社会的进步，不公正也会消失。人类的智慧在自己的创造物面前感到迷惘而不知所措了。然而，总有一天，人类的理智一定会强健到能够支配财富，一定会规定国家对它所保护的财产的关系，以及所有者的权利的范围。社会的利益绝对地高于个人的利益，必须使这两者处于一种公正而和谐的关系之中。只要进步仍将是未来的规律，像它对于过去那样，那么单纯追求财富就不是人类的最终的命运了。⑥

---

① 南希·弗雷泽：《再分配，还是承认——一个政治哲学对话》，周穗明译，上海人民出版社 2009 年版，第 152 页。
② 《马克思恩格斯全集》第 45 卷，人民出版社 1985 年版，第 351 页。
③ 《马克思恩格斯全集》第 19 卷，人民出版社 1963 年版，第 434—435 页。
④ 《马克思恩格斯选集》第 3 卷，人民出版社 2012 年版，第 444 页。
⑤ 同上书，第 336 页。
⑥ 《马克思恩格斯全集》第 21 卷，人民出版社 1960 年版，第 203 页。

2. 社会公正是相对的和具体的

在对杜林的批判中，恩格斯指出：他这个现在刚出现的预言家，却在提包里带着已经准备好的最后的、终极的真理，永恒道德和永恒正义。……只是这样一些人，他们企图从永恒真理的存在得出结论：在人类历史的领域内也存在着永恒真理、永恒道德、永恒正义等等，它们都要求同数学的认识和运用相似的适用性和有效范围。[①] 在共产主义制度下和资源日益增多的情况下，经过不多几代的社会发展，人们就一定会认识到：侈谈平等和权利……是可笑的……谁如果坚持要人丝毫不差地给他平等的、公正的一份产品，别人就会给他两份以资嘲笑。甚至杜林也会认为这是'可以预见的'，那么，平等和正义，除了在历史回忆的废物库里可以找到以外，哪儿还有呢？由于诸如此类的东西在今天对于鼓动是很有用的，所以它们绝不是什么永恒真理。[②]

不同阶级的公正要求，有着不同的内容。资产者的平等（消灭阶级特权）完全不同于无产者的平等（消灭阶级本身）。如果超出后者的范围，即抽象地理解平等，那么平等就会变成荒谬。[③] 现代资本家，也像奴隶主或剥削农奴劳动的封建主一样，是靠占有他人无偿劳动发财致富的，而所有这些剥削形式彼此不同的地方只在于占有这种无偿劳动的方式有所不同罢了。这样一来，有产阶级的所谓现代社会制度中占支配地位的是公道、正义、权利平等、义务平等和利益普遍协调这一类虚伪的空话，就失去了最后的根据，于是现代资产阶级社会就像以前的各种社会一样被揭穿：它也是微不足道的并且不断缩减的少数人剥削绝大多数人的庞大机构。[④]

3. 社会公正的核心和基础是生产方式

马克思认为，需从社会生产方式和社会交往方式的角度解决社会公正问题。马克思指出：判断各产品的生产人之间的交换是否具有正义性的标准是交换是否与生产方式相一致，如果相一致就是正义的，否则便是非正义的。[⑤] 因为消费资料的任何一种分配，都不过是生产条件本身

[①] 《马克思恩格斯全集》第20卷，人民出版社1971年版，第98页。

[②] 同上书，第670页。

[③] 同上书，第671页。

[④] 《马克思恩格斯全集》第19卷，人民出版社1963年版，第126页。

[⑤] 《马克思恩格斯全集》第46卷，人民出版社2002年版，第379页。

分配的结果。而生产条件的分配，则表现生产方式本身的性质。① 马克思在《哥达纲领批判》一文中提出："公平的"分配到底是什么？……难道经济关系是由法律的概念来调节，而不是从经济关系中产生出法的关系吗？……②难道资产者不是断定今天的分配是"公平的"吗？难道它事实上不是在现今的生产方式基础上唯一"公平的"分配吗？难道经济关系是由法权概念来调节，而不是相反地由经济关系产生出法权关系吗？难道各种社会主义宗派分子关于"公平的"分配不是有各种极为不同的观念吗？③ 所以，把所谓分配看作事物的本质并把重点放在它上面，那也是根本错误的。④ 仅从主观愿望上而不是依靠生产力发展以实现社会公正的做法是不可取的。"正义""人道""自由"等可以一千次地提出这种或那种要求，但是，如果某种事情无法实现，那它实际上就不会发生，因此无论如何它只能是一种"虚无缥缈的幻想"。⑤

（二）党和国家领导人的社会公正思想

1. 毛泽东的社会公正思想

毛泽东重视劳动者参与管理的权利。他认为："实际上，这是社会主义制度下劳动者最大的权利，最根本的权利。没有这种权利，劳动者的工作权、休息权、受教育权等等权利，就没有保证。"⑥ "要发动妇女参加劳动，必须实行男女同工同酬的原则。"⑦ "工人的劳动生产率提高了，他们的劳动条件和集体福利就需要逐步有所改进。"⑧ "在合作社的收入中，国家拿多少，合作社拿多少，农民拿多少，以及怎样拿法，都要规定得适当。"⑨

为消除两极化趋势，毛泽东认为，唯有走合作化道路。这个问题，只有在新的基础之上才能获得解决。这就是在逐步地实现社会主义工业化和逐步地实现对于手工业、对于资本主义工商业的社会主义改造的同

---

① 《马克思恩格斯全集》第 19 卷，人民出版社 1963 年版，第 23 页。
② 《马克思恩格斯选集》第 3 卷，人民出版社 2012 年版，第 302 页。
③ 《马克思恩格斯全集》第 19 卷，人民出版社 1963 年版，第 18—19 页。
④ 同上书，第 23 页。
⑤ 《马克思恩格斯全集》第 6 卷，人民出版社 1981 年版，第 325 页。
⑥ 《毛泽东文集》第八卷，人民出版社 1999 年版，第 129 页。
⑦ 《毛泽东文集》第六卷，人民出版社 1999 年版，第 459 页。
⑧ 《毛泽东文集》第七卷，人民出版社 1999 年版，第 28 页。
⑨ 同上书，第 30 页。

时，逐步地实现对于整个农业的社会主义的改造，即实行合作化。在农村中消灭富农经济制度和个体经济制度，使全体农村人民共同富裕起来。面对平均主义思潮屡屡泛滥，毛泽东多次提出了批评。他指出："必须首先检查和纠正自己的两种倾向，即平均主义倾向和过分集中倾向。所谓平均主义倾向，即是否认各个生产队和各个个人的收入应当有所差别。而否认这种差别，就是否认按劳分配、多劳多得的社会主义原则。所谓过分集中倾向，即否认生产队的所有制，否认生产队应有的权利，任意把生产队的财产上调到公社来。……上述两种倾向，都包含有否认价值法则、否认等价交换的思想在内，这当然是不对的。"①

毛泽东认为，实现农业合作化是广大农民走向共同富裕的必由之路。"只要合作化了，全体农村人民会要一年一年地富裕起来"，"现在我们实行这么一种制度，这么一种计划，是可以一年一年走向更富更强的，一年一年可以看到更富更强些。而这个富，是共同的富，这个强，是共同的强，大家都有份，也包括地主阶级。""我们准备在几年内……使农业得到发展，使合作社得到巩固……使农村中没有了贫农，使全体农民达到中农和中农以上的生活水平。"估计"要有几十年时间，经过艰苦的努力，才能将全体人民的生活水平逐步提高起来"。

2. 邓小平的社会公正思想

邓小平指出："社会主义不是少数人富起来、大多数人穷，不是那个样子。社会主义最大的优越性就是共同富裕，这是体现社会主义本质的一个东西。"②"社会主义的特点不是穷，而是富，但这种富是人民共同富裕。"③"我们允许一些地区、一些人先富起来，是为了最终达到共同富裕，所以要防止两极分化。这就叫社会主义。"④ 社会主义时期的主要任务是发展生产力，使社会物质财富不断增长，人民生活一天天好起来。⑤ 社会主义的分配原则"只能是按劳，不能是按政，也不能按资格"⑥，"按劳分配的性质是社会主义的，不是资本主义的。"⑦

---

① 《毛泽东文集》第八卷，人民出版社 1999 年版，第 11 页。

② 《邓小平文选》第三卷，人民出版社 1994 年版，第 364 页。

③ 同上书，第 265 页。

④ 《邓小平文选》第三卷，人民出版社 1994 年版，第 195 页。

⑤ 同上书，第 141 页。

⑥ 《邓小平文选》第二卷，人民出版社 1994 年版，第 101 页。

⑦ 同上。

社会主义民主"是工人、农民、知识分子和其他劳动者所共同享受的民主，是历史上最广泛的民主"。① 要"采取各种措施继续努力扩大党内民主和人民民主。没有民主就没有社会主义，就没有社会主义的现代化"。② 他更重视制度建设。"这要从制度方面解决问题。……现在我们要认真建立社会主义的民主制度和社会主义法制。只有这样，才能解决问题。"③ "为了保障人民民主，必须加强法制。必须使民主制度化、法律化，使这种制度和法律不因领导人的改变而改变，不因领导人的看法和注意力的改变而改变。"④

3. 江泽民的社会公正思想

江泽民强调，"保障工人阶级和广大劳动群众的经济、政治、文化权益，是党和国家一切工作的根本基点"。⑤ 明确提出立党为公、执政为民的执政理念。"全心全意为人民服务，立党为公，执政为民，是我们党同一切剥削阶级政党的根本区别。任何时候我们都必须坚持尊重社会发展规律与尊重人民历史主体地位的一致性，坚持为崇高理想奋斗与为最广大人民谋利益的一致性，坚持完成党的各项工作与实现人民利益的一致性。……归根到底都是为了最广大人民的利益。"⑥ 要求党员领导干部树立正确的权力观。在 2001 年"七一"讲话中，江泽民指出："所有党员干部必须真正代表人民掌好权、用好权，而绝不允许以权谋私，绝不允许形成既得利益集团。"⑦

4. 胡锦涛的社会公正思想

胡锦涛在 2005 年省部级主要领导干部提高构建社会主义和谐社会能力专题研讨班上讲话指出："我们所要建设的社会主义和谐社会，应该是民主法治、公平正义、诚信友爱、充满活力、安定有序、人与自然和谐相处的社会。民主法治，就是社会主义民主得到充分发扬，依法治国基本方略得到切实落实，各方面积极因素得到广泛调动；公平正义，就是社会各方面的利益关系得到妥善协调，人民内部矛盾和其他社会矛

① 《邓小平文选》第二卷，人民出版社 1994 年版，第 168 页。

② 同上。

③ 同上书，第 348 页。

④ 同上书，第 146 页。

⑤ 《江泽民文选》第三卷，人民出版社 2006 年版，第 245 页。

⑥ 同上书，第 279 页。

⑦ 同上书，第 280 页。

盾得到正确处理，社会公平和正义得到切实维护和实现。"① 2010 年 9
月 16 日，胡锦涛在第五届亚太经合组织人力资源部长级会议上提出：
"应该坚持社会公平正义，着力促进人人平等获得发展机会。注重解决
教育、劳动就业、医疗卫生、养老、住房等民生问题，努力做到发展为
了人民、发展依靠人民、发展成果由人民共享。"②

5. 习近平的社会公正思想

2013 年在武汉主持召开部分省市负责人座谈会时，习近平强调指
出，要"进一步实现社会公平正义，通过制度安排更好保障人民群众
各方面权益。要在全体人民共同奋斗、经济社会不断发展的基础上，通
过制度安排，依法保障人民权益，让全体人民依法平等享有权利和履行
义务"。③ 习近平指出："要把促进社会公平正义、增进人民福祉作为一
面镜子，审视我们各方面体制机制和政策规定，哪里有不符合促进社会
公平正义的问题，哪里就需要改革；哪个领域哪个环节问题突出，哪个
领域哪个环节就是改革的重点。"④ 在党的十八届三中全会第二次全体
会议上，习近平指出："全面深化改革必须以促进社会公平正义、增进
人民福祉为出发点和落脚点……必须着眼创造更加公平正义的社会环
境，不断克服各种有违公平正义的现象，使改革发展成果更多更公平惠
及全体人民。"⑤ 在 2014 年新年贺词中，习近平明确提出推进改革的根
本目的在于"要让国家变得更加富强、让社会变得更加公平正义、让
人民生活得更加美好"⑥。"要把维护社会大局稳定作为基本任务，把促
进社会公平正义作为核心价值追求，把保障人民安居乐业作为根本
目标。"⑦

对于司法而言，习近平指出："公平正义是政法工作的生命线。"

---

① 《在省部级主要领导干部提高构建社会主义和谐社会能力专题研讨班上的讲话》，人民
出版社 2005 年版，第 20 页。

② 《胡锦涛在第五届亚太经合组织人力资源开发部长级会议开幕式致辞》，新华网，2010
年 9 月 16 日。

③ 《习近平在武汉召开部分省市负责人座谈会》，《人民日报》2013 年 7 月 25 日。

④ 《切实把思想统一到党的十八届三中全会精神上来》，《求是》2014 年第 1 期。

⑤ 《十八大以来重要文献选编》，中央文献出版社 2014 年版，第 552 页。

⑥ 《国家主席习近平发表 2014 年新年贺词》，2013 年 12 月 31 日。

⑦ 《坚持严格执法公正司法深化改革　促进社会公平正义保障人民安居乐业》，《人民日
报》2014 年 1 月 9 日。

"促进社会公平正义是政法工作的核心价值追求。""政法机关要完成党和人民赋予的光荣使命，必须严格执法，公正司法。"① "努力让人民群众在每一个司法案件中都感受到公平正义。"② "要坚持以公开促公正、以透明保廉洁。要增强主动公开、主动接受监督的意识，完善机制、创新方式、畅通渠道、依法及时公开执法司法依据、程序、流程、结果和裁判文书。对公众关注的案件，要提高透明度，让暗箱操作没有空间，让司法腐败无法藏身。"③

2016 年 4 月 18 日，在中央全面深化改革领导小组第二十三次会议上，习近平强调指出，改革既要往有利于增添发展新动力方向前进，也要往有利于维护社会公平正义方向前进……把以人民为中心的发展思想体现在经济社会发展各个环节，做到老百姓关心什么、期盼什么，改革就要抓住什么、推进什么，通过改革给人民群众带来更多获得感。2016 年 12 月 5 日，在中央全面深化改革领导小组第三十次会议上，习近平强调，要发挥好改革先导性作用，多推有利于增添经济发展动力的改革，多推有利于促进社会公平正义的改革，多推有利于增强人民群众获得感的改革，多推有利于调动广大干部群众积极性的改革。

第二节　基本概念及分析框架

一　基本概念及特征

（一）社会公正的内涵

关于公正的内涵，《辞海》认为："公正是社会、道德范畴和道德品质之一。即从一定原则和准则出发对人们行为和作用所做的相应评价；指一种平等的社会状况，即按同一原则和标准对待相同情况的人和事；公正观念受社会历史条件制约，具有时代性和阶级性。"

姚洋认为："公正是社会成员对社会分配所采纳的一套评价标准。"具体有两个方面的规定：①公正是公民的政治合约。首先，公正是政治

① 《十八大以来重要文献选编》，中央文献出版社 2014 年版，第 717 页。
② 《习近平谈治国理政》，外文出版社 2014 年版，第 145 页。
③ 《十八大以来重要文献选编》，中央文献出版社 2014 年版，第 720 页。

性的,是社会成员为了构筑一个稳定的社会所认可的最基本的准则。其次,公正是民主讨论和妥协的结果。但是,也需一个统一的原则的指导。这个原则必须体现社会的善。最后,公正是评判社会分配的标准,而不是对个人行为的约束。②公正既指结果公正更指程序公正。首先,从国家的角度看,通过对程序正义的保障,可以把每个人摆在相对于程序的平等起跑线之上。但是,如果我们所关心的不仅仅是制度的抽象形式,而是个人实实在在的福利的话,这样的平等是没有意义的。其次,结果的不平等往往会反过来影响起点的平等。从社会动态的角度来看,结果平等是保障起点平等所必不可少的条件。最后,对结果的关注还因为,一个有序的社会需要个人负担一定的责任,而一个人要负担责任就必须具备一定的能力。① 进一步讲,姚洋认为:"社会公正,就是公民衡量一个社会是否合意的标准,换言之,它是一个国家的公民和平相处的政治底线。它的目的在于为全体公民提供一个关于社会分配好坏的共识,有了这个共识,人们才能进行和平有序的竞争。"②

基于公正和公平的比较,吴忠民认为,公正侧重社会的"基本价值取向",强调其正当性,公正的"应然"成分更显著。③"公正是一个规则体系,是一个由对人的基本尊严和基本权利予以保证的规则、机会平等的规则、按贡献进行分配规则以及社会调剂规则共同组成的规则体系。"④ 社会公正的目标在于每个人得到"他所应得":无论是哪一个社会群体,只要其利益要求是合理的,那么都应当予以一视同仁的保护。具体言之,既要确保每一个社会群体、每一个社会成员基本的生存底线,又要为每一个具有发展潜力的社会群体和社会成员提供充分的自由发展空间,以使社会成员"各尽所能,各得其所"。⑤

综上所述,本书认为,社会公正本质在于如何调节人与人之间的利益关系。首先,它是一套评价准则和标准,是社会大多数成员都能认同的公约数,是能为社会成员构筑一个稳定的社会所认可的最基本的准则

---

① 姚洋:《公正的含义》,《21 世纪经济报道》2003 年 1 月 16 日。

② 姚洋:《转轨中国的社会公正》,《21 世纪经济报道》2003 年 1 月 9 日。

③ 吴忠民:《关于公正、公平、平等的差异之辨析》,《中共中央党校学报》2003 年第 11 期。

④ 吴忠民:《社会公正论》,山东人民出版社 2004 年版,第 17 页。

⑤ 吴忠民:《社会公正的基本价值取向及立足点》,《中国党政干部论坛》2006 年第 11 期,第 13 页。

和指导原则。它是一个国家的公民和平相处的政治底线，为全体公民提供一个关于社会分配好坏的共识，在此基础上，人们方能进行和平有序的竞争。其次，它能为社会提供一套可供操作的规则体系。包括基本权利公正规则、机会公正规则、按贡献进行分配规则、社会调剂规则等规则体系。最后，它具有鲜明的历史性和时代性。社会公正的内容和实现程度取决于当时的社会生产方式以及由此决定的社会制度和精神生活等方面的条件总和。它随时代的不同而呈现不同的状态及特征，在同一社会的不同发展阶段也有不同范围和层次的要求。

（二）征地过程中社会公正的内涵

长期以来，在我国的城市化建设中，土地征收过程是以牺牲被征地集体农民合法利益为代价的。这明显违背了我国社会主义所倡导的社会公正精神。目前，我国征地过程中所凸显的社会公正问题，实际上是基于过程参与和话语权的对土地增值收益的分配问题：一是扩大土地征收的行政强制门类，扩大《中华人民共和国行政强制法》权限、强化土地征收行政强制；二是扩大土地征收的行政强制权，对于《中华人民共和国土地管理法》（以下简称《土地管理法》）第二条规定的"国家为了公共利益的需要，可以依法对土地实行征收或者征用并给予补偿"条款，扩大"公共利益"征地范围①；三是弱化农民在征地过程中的参与权和话语权，在涉及农民自身切身利益问题上，集体农民只能被动接受征地安排；四是阻止农民分享现代化过程中的成果，集体农民在土地增值收益中所获得的补偿微不足道。

因此，征地过程中的社会公正实现，是国家政权利用政治、经济、法律、文化等手段，借助保障原则、贡献原则、平等原则、调剂原则等一整套社会公正规则体系，统筹各个征地环节和主体的利益关系，既要保证我国工业化、城镇化的顺利推进所需土地，也要实现国家、集体和农民之间利益的均衡，尤其要保证农民的合法权益。最终促进城乡和谐协调发展，使广大农村集体和农民都能共享社会发展的进步成果。

具体可以从以下几方面理解：

（1）征地过程中的社会公正实现的基础：相关法律政策的不断完

---

① 王华华、王尚银：《中国土地征收政策社会公正化：由"保障"到"保护"》，《理论与改革》2012 年第 3 期。

善。目前,《中华人民共和国宪法》《土地管理法》等规定了用于城市的农地必须全部转为国有制,因而征地实际上变成农地转用非农建设的唯一合法形式。这些法律规定存在如下不足:首先,征地与"为了公共利益才可征地"的规定不相符合。其次,《土地管理法》对农村建设用地使用权交易,原则上不准流转,但允许例外流转,比如利用农村建设用地兴办乡镇企业的主体,在破产和兼并时可以发生土地使用权的依法转移。但在流转程序和利益分割方面缺乏具体规定,这又造成新的公正问题。这些法律法规及条款的完善和协同,是征地过程中的社会公正实现的重要前提和基础。

(2)征地过程中的社会公正实现的关键:逐步转向市场化利益分配格局。征地过程中公正实现的目标,就是要让农民获得应有的土地价值。应逐步摆脱政府主导或垄断土地市场价格,确立以市场化手段确定农村集体土地价值,确定以市场为导向的利益分配格局,实现城乡土地"同地、同权、同价"的目标。

(3)征地过程中的社会公正实现的保证:防止侵权行为发生。要规范征地中相关主体的行为,不仅要求农村土地行为主体合理享有与正确履行权利与义务,还要防止主体间的侵权行为发生,以及侵权行为发生后确保相关主体能够获取相应的司法救济。

(三)征地过程中社会公正的基本特征

1. 政治性

政治性是指社会公正与国家政权密不可分。社会公正作为人类社会的永恒价值追求和基本行为准则,它不是自发实现的,而是依靠政府推行的一系列社会政策来实现的。因此,必须依靠国家政权,利用政治、经济、法律、文化等手段,对征地过程中相关主体及关系进行必要的整合与调节。这体现了社会公正实现的政治性,即推进征地过程中社会公正的实现和发展,政府负有不可推卸的责任。

2. 历史性

社会公正是由经济基础所决定的。不同社会的社会生产方式与交往方式,不同的社会经济状况,决定不同的社会公正内容与具体实践形式;当社会的生产方式与交往方式发生改变时,社会公正的内容与具体实践形式也会随之改变。改革开放后的30多年间,我国征地制度从无法可依转变到有法可依,专业管理部门也从无到有。在增强征地过程的规范性、提高征地的可操作性的同时，法律法规的实质内容仍然维持了计划经济体制下的补偿原则和补偿标准。总体上看，征地程序从无强制性转变为有强制性，由简单粗放转变为正规化，征地程序更加严格、公开和透明。在赋予被征地集体经济组织和被征地群众知情权方面有了突破，明确了以尊重被征地集体经济组织和被征地群众权益及提高征地补偿安置标准的改革方向，为后续改革定了良好的法律基础。

3. 相对性

相对性是指任何社会在特定的时期只可能达到一定范围、一定程度的社会公正。社会公正的实现程度总是受到特定社会发展状态下的生产力和具体的制度安排制约，在不同的历史条件下，公正实现的方式、手段、程度都是不同的。我国征地补偿制度在每一个阶段的内容和特点有一定的变化，每一个阶段的变迁和演进都是与当时的时代背景相契合的，对于我国经济社会发展起到巨大作用。但在不同的时期其引发的公正问题是不一样的：在改革开放之前，并不引起社会公正问题；改革开放以后到 20 世纪末，引发了局部性的社会公正问题；21 世纪以来，征地引发的社会公正问题越发严峻，并影响社会稳定。因此，社会公正的相对性表明了社会公正实现的阶段性、长期性和积累性，社会公正的实现是一个永恒的过程和发展状态。[1]

二　分析框架

关于社会公正的基本构成，姚洋认为，其包括四个层次：第一个层次是关于人身权利的均等分配；第二个层次是与个人能力相关的基本物品的均等分配；第三个层次是关于其他物品的功利主义分配；第四个层次是国家对于社会和谐的考量。在前三个层次中，第一层次优先于第二层次，第二层次优先于第三层次。第四层次是对前三个层次的补充，管辖前三个层次没有涉及的领域。[2]

本书构建征地过程中社会公正的体系结构——两个维度和三个层面。两个维度包括程序公正和分配公正，三个层面包括权利公正、机会公正和结果公正，见图 2－1。

---

① 颜明权：《农民工市民化过程社会公正实现研究》，博士学位论文，吉林大学，2007 年，第 42 页。

② 姚洋：《社会公正的四个层次》，《21 世纪经济报道》2003 年 2 月 27 日。

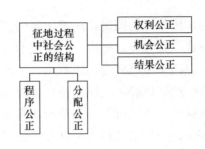

图 2 - 1 征地过程中的社会公正体系

（一）征地过程中社会公正的两个维度

1. 程序公正的维度

公正的程序对态度和行为有着积极的影响，公正的程序能提高人们对程序、对结果的评价以及对程序规则的遵守，即存在"公正过程效应"。政策的制定过程越公正，民众对政府的信任感越强，对政策的接受性越强，对政府的满意度也越高。① 当结果对人们不利的时候，程序公正效应更加显著。也就是说，程序公正缓解了不利结果所带来的消极影响，只有程序公正和结果宜人性都低的条件下才会引发人们非常消极的反应。②

程序公正起源于英国的自然公正原则，是当今世界各国行政法中一项基本的法律原则。将程序公正赋予宪法根据的是美国，根据美国法院的解释，宪法规定的程序公正具有程序性和实质性两方面的意义，程序性公正法律程序要求政府在对相对人做出不利决定或裁决前必须保证相对人获得通知并充分行使抗辩权等，即行政机关在运用行政权时必须符合最低的公正标准。实质性公正法律程序是针对国会的立法而言的，要求国会制定的法律必须符合公平和公正的标准，否则法院将宣告其无效。随着社会发展，人们对程序公正的理解更加深化，即行政必须公开，民众应当直接参与到行政中，以弥补司法审查和行政程序的不足。③

---

① 李大治、王二平：《公共政策制定程序对政策可接受性的影响》，《心理学报》2009 年第 6 期。

② 吴玄娜：《程序公正与权威信任：公共政策可接受性机制》，《心理科学进展》2016 年第 8 期。

③ 刘芳：《征地拆迁案件中行政机关程序正当性缺失问题研究》，《发展研究》2014 年第 9 期。

约翰·罗尔斯认为，公正可分为实质公正、形式公正和程序公正三大类。实质公正是关于社会的实体目标和个人的实体性权利与义务的公正。形式公正又叫"作为规则的公正"或法治，其基本含义是严格地一视同仁地依法办事。程序公正是介于实质公正与形式公正之间的一种东西，它要求规则在制定和适用中程序具有正当性。① 程序公正是立法者在程序设计、司法者在程序操作过程中所要实现的价值目标。就程序利益的分配、程序权利义务的安排而言，程序公正、形式公正与实质公正有内在联系，就程序规范的普遍效力和遵循的强制性要求而言，程序公正与形式公正又密不可分。但是，"程序的本质特点既不是形式性也不是实质性，而是过程性和交涉性"②，因此，程序公正本质上是一种"过程价值"，它主要体现于程序的运作过程中，是评价程序本身公正与否的价值标准。③

成程等研究发现，程序不公、货币补偿较少的农民对征地满意度较低，但随着程序公开力度的加强，货币补偿标准的提高，农民对征地满意度也有所提升。在提高货币补偿标准的同时加强程序公开力度，将能够更快、更有效地提升被征地农民满意度。④ 刘祥琪等研究认为，由于现阶段的征地矛盾并非仅仅是由于补偿标准过低所造成的，从提高农民对征地满意度的角度而言，程序公正先于货币补偿。⑤

就征地过程而言，需要完善听证制度和协调裁决制度以保证征地公正的实现。由于听证具有准司法的性质，又具有双方协商沟通的功能。因此，应加强听证对征地及审批机关的约束，提升听证在预防和化解纠纷中的作用。为了增强听证强制性，只要对补偿方案等存在争议的，不管群众是否提出申请，都应依法组织听证。同时，为增强听证约束性，应对听证过程中群众和其他代表提出的意见有相应的回应。就报批机关而言，不仅在报批时附听证记录并向审批机关说明各方意见，而且应向

① 约翰·罗尔斯：《正义论》，何怀宏等译，中国社会科学出版社 1988 年版，第 80 页。
② 季卫东：《法律程序的意义对中国法制建设的另一种思考》，《中国社会科学》1993 年第 1 期。
③ 肖建国：《程序公正的理念及其实现》，《法学研究》1999 年第 3 期。
④ 成程、陈利根：《程序公正、货币补偿与集中居住农民满意度分析》，《统计与决策》2014 年第 5 期。
⑤ 刘祥琪、陈钊、赵阳：《程序公正先于货币补偿：农民征地满意度的决定》，《管理世界》2012 年第 2 期。

相关权利人尤其是被征地农民和集体说明报批过程中对听证意见采纳的情况。就审批机关而言，也应就审批过程中采纳或拒绝采纳听证意见的情况向听证代表作出说明和解释。

如果被征地方对征地补偿无争议，则应落实补偿并交地。如果有争议，应组织协调和裁决。为强化协调裁决的程序作用和权威性，应取消"征地补偿、安置争议不影响征用土地方案的实施"的规定，建立协调裁决期间征地中止制度。应进一步规范组织和参与协调裁决过程的主体安排。如果相关方对协调裁决结果满意，那就直接进入落实补偿和征地实施环节。如果相关方对协调裁决结果不满意，就应该转入行政复议或诉讼。这样，既是对农民土地权利的尊重，也是对程序科学性的保障，更有助于避免矛盾激化和冲突升级。

2. 分配公正的维度

关于补偿分配问题，亚里士多德认为，分配正义就是对于个人"应得"份额的维护，按照比例平等原则把财富公正分配给社会成员，"根据各人的真价值，按比例分配与之相衡称的事物"。[1] 可见，亚里士多德的分配正义观具有明显的等级色彩。随着市场经济的发展，功利主义者米尔（Mill）指出："如果一个社会的主要制度，被安排得能够达到归属于该社会的每个人满足的最大净余额，那么这个社会就是正义的。"[2] 也就是说，为了整体利益的最大化而牺牲个体利益是公正的，分配公正应该在坚持效率优先前提下实现。罗尔斯的分配正义要求充分保证每个人同等地享受社会合作创造的基本自由，而且要求每个人的那份基本自由必须同其他任何一个人的一份同样广泛并且与之相容即不发生冲突。[3] 尤其是罗尔斯从最少受惠者的角度出发理解不平等问题，尽力想通过某种补偿或再分配使一个社会的所有成员都处于一种平等的地位，使少受惠者得到公正补偿的结果。[4] 诺齐克认为，公正来源于是否尊重了个人持有正当的权利。"分配正义的完整原则简单地说就是，如果每一个人对该分配中所拥有的持有都是有资格的，那么一种分配就是

---

[1] 亚里士多德：《政治学》，吴寿彭译，商务印书馆 1965 年版，第 234 页。

[2] J. S. Mill, *Utilitarianism*, Kitchener: Batoche Books Limited , 2004, p. 41.

[3] 秦勇：《分配正义："土地财政"法律制度改革的目标》，《法学论坛》2013 年第 9 期。

[4] 文长春：《分配正义及其局限》，《马克思主义与现实》2007 年第 3 期。

正义的。"①

在征地过程中，由于社会发展和法律政策因素造成集体农民的边缘化，造成被征地农民没有机会和能力参与征地，从而导致他们在经济社会发展进程中被排斥，无法合理分享社会发展带来的成果。党的十八大报告明确要求"实现发展成果由人民共享"，成果共享是中国特色社会主义补偿分配公正的显著特征。

当然，征地中的成果共享应当是普遍受益与合理差别的统一。普遍受益是指"社会发展的成果对于绝大多数社会成员来说应该具有共享的性质，即随着社会进步，每个社会成员的尊严应该更加得到保证，每个社会成员的潜能应当不断得到提高，每个社会成员的基本需求应当持续得到满足"。② 合理差别是指由于每一个人的贡献和努力不一样，每个主体所获得的分配补偿存在差异是合理的，也是权利公正和机会公正基础之上的分配公正。

进一步看，在征地过程中分配补偿的公正性，关键在于怎样保障集体农民的分配主体地位，怎样促进社会包容性增长和成果共享。包容性增长，是指"不仅创造新的经济机会，而且可以保证所有成员，包括弱势群体、边缘群体都能平等地得到参与机会的增长"，"它能允许所有社会成员参与，能对经济增长做贡献；增长的动力源于所有人平等的参与，而不管他们的个人背景如何。"③ 征地过程中贯彻包容性增长，应尊重集体农民的合理诉求，以征地中的程序公正和补偿公正促进城乡要素合理配置和增值收益公正分配。

（二）征地过程中社会公正的三个层面

1. 权利公正方面

权利是文明社会的实质性要素之一，是指主体在自己意志支配下和法律范围内，所享有的获取利益的自由行动资格。权利具有利益、主张、资格、自由和权能五种要素。④ 权利公正是实现社会公正的法理基

---

① 罗伯特·诺齐克：《无政府、国家与乌托邦》，中国社会科学出版社 2008 年版，第 137 页。

② 吴忠民：《公正——从传统到现代》，《中共中央党校学报》2001 年第 3 期。

③ Ifzal Ali, "Inequality and Imperative for Inclusive Growth in Asia", *Asian Development Review*, 2007, p. 24.

④ 密佳音、董亚男：《制度公正的核心：实现权利的合理布局》，《长春理工大学学报》（社会科学版）2009 年第 7 期。

础，是社会公正的基本前提，是指公民主体能按照宪法和法律的规定平等地享有权利和履行义务，任何公民都不能被排除在法律所赋予的权利之外。就其内容而言，权利公正不承认凌驾于法律之上的任何特权，一切权利主体享有相同或相等的权利；就其实现过程而言，权利公正既要维护所有公民的合法权利，又要保障所有公民不会受到歧视。①

就集体土地而言，土地权利公正应从国家层面和集体内部两个层面加以研究。首先，现行土地制度安排，集体拥有所有权和农民拥有使用权和经营权，但这些权利都是不完整的。因此，为实现权利公正，国家政府不能索取高于其提供服务的租金，以使集体农民很难享受经济社会发展带来的收益。其次，从集体和农民关系看，农民组织化程度依然很低。由于农民天然的分散性和原子化状态的存在，农民的集体行动逻辑很难形成。因此，应加强农村集体经济组织再造，提升农民的参与积极性和参与能力，以使农民的权益从根本上得到维护。

2. 机会公正方面

机会，是指社会成员生存与发展的可能性空间和余地。机会公正，是指社会成员在解决如何拥有作为一种资源的机会问题时应遵循这样的原则，即平等的应当予以平等的对待，不平等的应当予以不平等的对待。② 机会不公正是社会不公正的最深刻根源。正如美国著名经济学家弗里德曼所说的那样，平等不应被误解为结果均等，只有把机会均等放在首位的国家，才能得到更大的平等，才能阻止特权地位制度化，才能使国家得到更快发展。③

在征地中，集体农民的机会公正包括知情权、参与机会和权利救济、尊重土地发展权等。就征地知情权而言，它是作为机会公正、结果公正的逻辑前提而存在的，也就是说如果没有知情权，即使参与是自主的、程序是公正的、过程是透明的，征地参与者也不可能有同等的成功机会，更不可能实现"人人共享，普遍受益"的社会公正。④ 就征地过

---

① 吴涛：《以党的十八大精神为指导努力实现"三个公平"》，《中共贵州省委党校学报》2013 年第 1 期。

② 吴忠民：《论机会平等》，《江海学刊》2001 年第 1 期。

③ 参见孔祥峰《论社会公正体系中的机会平等原则》，《太原师范学院学报》（社会科学版）2007 年第 1 期。

④ 同上。

程中参与机会和权利救济而言，它是结果公正的实现路径。唯有具备参与机会的程序公正，才能真正促进社会公正理念的实现，才能保证社会的安全运行和健康发展。正如罗尔斯所说："存在一种正确的或公平的程序，这种程序若被人们恰当地遵守，其结果也会是正确的或公平的，无论它们可能会是一些什么样的结果。"[1] 同时，征地过程中的机会公正要求尊重并认可社会主体在发展潜力方面的"自然"差异，以及由此所带来的机会拥有方面的某些"不平等"。"平等对待并不排除差别，即并不产生平等结果（无论在机会的利用还是在其他方面），这一事实如今已得到公认。"[2] 具体来看，在条件具备的区域，在符合规划要求和合理分割利益的前提下，可以允许农村集体建设用地直接上市流转，以实现集体尤其是农民土地收益最大化。这就涉及征地中是否尊重土地发展权的问题。

3. 结果公正方面

由前文可知，权利公正强调主体都具有平等竞争的机会和权利。机会公正，是指在竞争的过程中，竞争规则对每个主体都一视同仁，谁也不能够凌驾于规则之上。这样，结果公正则是指在权利公正和机会公正的前提下，竞争结果能被绝大部分主体所接受，未造成严重的两极分化。需要说明的是，结果公正是相对的，我们只能实现存在差异的、尽可能的公正。因为如果要实现彻底结果公正，就只能否定权利公正和机会公正。结果公正的判断标准可以作如下界定：权利应该为越来越多的主体拥有，即所有的权利应该越来越均等化；所有的资源应该越来越公正地向所有主体开放，使得越来越多的主体可以自由参与竞争；主体选择自己生活方式的自由程度也应该越来越大。[3]

在征地过程中，结果公正表现为征地补偿标准和倍数制定合理，在政府与集体（农民）的土地收益分配关系中，集体占绝对优势，在农村集体内部的收益分配中，农民作为土地的所有者和使用者能以其所得以保证其生活水平不低于征地前的生活水平。这样，可大大增强集体和农民的生计发展能力，最终减缓和消除农村基层群体之间由于物质利益

---

① 约翰·罗尔斯：《正义论》，何怀宏等译，中国社会科学出版社1988年版，第326页。
② 乔·萨托利：《民主新论》，冯克利、阎克文译，上海人民出版社2015年版，第165页。
③ 韩震：《公民权利、差异与社会公正》，《马克思主义与现实》2011年第3期。

的差距引发的冲突，实现基层社会的和谐运转。当然，在推动土地增值收益共享的同时，既要注重区域间、区域内系统层面的收益的均衡分配，也要承认不同主体收益分配差异的客观性，但这种差异性应控制在合理的范围之内。

第三章　社会公正视域下我国征地制度变迁研究

第一节　中国共产党社会公正思想的变迁历程

一　改革开放前党的社会公正思想变迁

1949 年，新中国成立伊始，百废待兴，从旧社会走出来的人民群众，迫切希望摆脱旧社会不公平、缺乏正义的命运，以实现人民的当家做主。中国共产党注意在党和政府的工作中处处体现公平正义思想：摧毁旧政权，普遍召开各级各界代表会议或人民代表会议，人民开始行使当家做主的民主权利；继续实行土地制度的改革；领导国民经济恢复工作，开展"三反""五反"运动。

1952 年年底，中国共产党提出党在过渡时期的总路线。实现国家的工业化，就是要建立人民群众实现公平正义的物质基础。在社会主义改造过程中，始终把消灭剥削这个高层次的平等目标作为奋斗目标，废除旧社会留下来的不平等的剥削制度，以公有制代替私有制。到 1956 年年底，社会主义改造完成，社会主义基本制度全面确立。公有制经济占国民经济的绝大部分，剥削阶级已经基本被消灭。在国家政治生活领域里，第一届全国人民代表大会召开，新中国第一部宪法诞生，人民群众实现公平正义有了制度和法律上的保证。

但是，由于新中国成立初期严重不平等的社会现实和对社会主义公平的特殊理解，在实际操作过程中，偏离了党的公平正义思想的初衷。在经济关系上奉行"一大二公三纯"原则，在分配关系上搞"大体平均，略有差别"；在劳动制度上实行"低工资多就业"政策，使平均主义成为我国社会生活中的普遍原则。这样，过分强调分配要服从社会发展的需要，在分配政策上忽视分配对促进经济发展的作用，导致对除按劳分配收入之外的一切其他收入包括个体劳动者的劳动收入都被视为不公平、不合理，试图缩小以至消灭收入差别，包括按劳分配收入的差别。因此，在实际运作中公平正义思想演变成了平均主义、"大锅饭"。据估计，当时的基尼系数为 0.15—0.2。客观上讲，我国的社会主义是在经济落后的旧中国取得胜利的，消费品总量不足。因此，在当时的情况下，"平均主义""大锅饭"的分配方式不仅是唯一现实的选择，而且是唯一合理的选择。平均主义的公平这一历史选择在一定程度上消除了因生产资料使用程度的差别而产生的贫富对立现象，解决了旧中国遗留的普遍失业、恶性通货膨胀和人民生活没有保障等问题。[①]

但是，总体而言，改革开放前的平均主义分配制度极大地制约了广大人民群众积极性和创造性的发挥，造成了生产上的低效率和分配上的穷平均，形成了既无发展效率也无真正公平的两难局面。这导致我国经济和社会发展长期停滞不前。

二　改革开放后党的社会公正思想变迁

（一）萌芽阶段（党的十二大至党的十四大）

这个阶段以打破平均主义、建立合理分配机制为主线。从早期的"双论"（"收入差距论"和"先富后富论"）到"主体—补充"论（"以按劳分配为主体，其他分配方式为补充，兼顾效率与公平"）。[②]

1984 年，党的十二届三中全会决议指出："这种平均主义思想，同马克思主义关于社会主义的科学观点是完全不相容的。……共同富裕决不等于也不可能是完全平均，决不等于也不可能是所有社会成员在同一时间以同等速度富裕起来。"

1987 年，党的十三大报告将"先富"与"共富""按劳分配"与"其他分配"联系起来，提出：应"在以按劳分配为主体的前提下实行多种分配方式，在共同富裕的目标下鼓励一部分人通过诚实劳动和合法经营先富起来"，应坚持"以按劳分配为主体，其他分配方式为补充"。

---

① 王曼：《建国以来党的公平正义思想发展历程研究》，《沧桑》2010 年第 4 期。

② 邹琨：《中国特色社会主义分配正义理论研究》，博士学位论文，电子科技大学，2010年，第 64 页。

就效率和公平的关系来看，报告提出了"在促进效率提高的前提下体现社会公平"的基本原则，把"效率"看作是手段，把"公平"看作是目的，既重视"效率"，又不忽视"公平"。

1992 年，党的十四大报告强调提出："贫穷不是社会主义，同步富裕又是不可能的。"相较党的十三大，十四大报告强调"效率"与"公平"两者"并重"，指出："在分配制度上，以按劳分配为主体，其他分配方式为补充，兼顾效率与公平。"

（二）探索阶段（党的十四届三中全会至党的十六届六中全会）

这个阶段以调动生产者积极性、提高社会生产力为主线展开探索。在继续贯彻"主体—补充"论的同时，强调"优先兼顾论"（效率优先、兼顾公平）。

1993 年，党的十四届三中全会决议提出："建立以按劳分配为主体，效率优先、兼顾公平的收入分配制度。""个人收入分配要坚持以按劳分配为主体、多种分配方式并存的制度，体现效率优先、兼顾公平的原则。"这个提法与党的十三大报告、十四大报告的提法相比，有了很大改变。此处的"效率优先、兼顾公平"与此前报告中的"兼顾效率与公平"意义相去甚远。后者"兼顾效率与公平"的"兼顾"是两者并重，而前者意味着"效率"处于优势地位，"公平"处于劣势地位。"效率优先、兼顾公平"的这一提法一直延续到 2003 年党的十六届三中全会。

1995 年，党的十四届五中全会对社会发展提出了总体要求："保持社会稳定，推动社会进步，积极促进社会公正、安全、文明、健康发展。"

1997 年，党的十五大报告对"以按劳分配为主体、多种分配方式并存的制度"作了具体部署："把按劳分配和按生产要素分配结合起来……允许和鼓励资本、技术等生产要素参与收益分配。"

进入 21 世纪，我国人均 GDP 突破 1000 美元，我国经济社会发展呈现"黄金发展期"和"矛盾凸显期"的叠加特征。2000 年，党的十五届五中全会特别强调增加低收入群体收入，更加支持和鼓励资本、技术等生产要素参与收益分配，并重视理论研究对收入分配实践的指导作用，全会报告指出："在经济发展的同时，不断增加城乡居民收入，特别是低收入者的收入。……鼓励资本、技术等生产要素参与收益分配。……在新的历史条件下，要深化对劳动和劳动价值理论的认识。"

2002 年，党的十六大报告指出："确立劳动、资本、技术和管理等生产要素按贡献参与分配的原则……初次分配注重效率，发挥市场的作用，鼓励一部分人通过诚实劳动、合法经营先富起来。再分配注重公平，加强政府对收入分配的调节职能，调节差距过大的收入。……以共同富裕为目标，扩大中等收入者比重，提高低收入者收入水平。"报告引用了我国学者对劳动和劳动价值理论研究的最新成果共识，确立了"劳动、资本、技术和管理等生产要素"按"贡献"参与分配的原则，这一提法一直延续到党的十八大。除继续强调"效率优先、兼顾公平"外，报告对初次分配和再分配的重点进行了分割和补充，即"初次分配注重效率"对"效率优先"进行补充，"再分配注重公平"对"兼顾公平"进行补充。除强调增加低收入群体收入外，还强调"扩大中等收入者比重"，这一提法一直延续到党的十六届五中全会。

2004 年，党的十六届四中全会第一次提出"注重社会公平"，指出："注重社会公平，合理调整国民收入分配格局。""要适应我国社会的深刻变化，把和谐社会建设摆在重要位置，注重激发社会活力，促进社会公平和正义，增强全社会的法律意识和诚信意识，维护社会安定团结。""注重社会公平"这个提法取代了沿用多年的"效率优先、兼顾公平。"从此，在解决社会分配问题的任务上，我党由打破平均主义逐步转移到扭转贫富悬殊上来。

2005 年，党的十六届五中全会继续强调"更加注重社会公平，使全体人民共享改革发展成果"，尤其是让低收入者共享发展成果，"着力提高低收入者收入水平，逐步扩大中等收入者比重"。赋予"社会公平"新的内涵和具体要求，"特别要关注就业机会和分配过程的公平，加大调节收入分配的力度，强化对分配结果的监管"。其中，"就业机会公平"属于起点公平，是"分配过程公平"的前提；"分配过程公平"包括初次分配和再分配的公平，是"就业机会公平"的延伸。

2006 年，党的十六届六中全会决议将"社会公平"的重要性认识提高到新的高度，强调"社会公平正义是社会和谐的基本条件，制度是社会公平正义的根本保证"。以"加强制度建设，保障社会公平正义"专章对如何构建"社会公平"提出系统要求，包括"完善民主权利保障制度""完善法律制度""完善司法体制机制""完善公共财政制度""完善收入分配制度""完善社会保障制度"。

（三）完善阶段（党的十七大至今）

这个阶段围绕党的执政能力建设和社会主义和谐社会建设目标，从"优先兼顾论"转向"兼顾—强调论"（"初次分配和再分配都要兼顾效率和公平，再分配更加注重公平"）。

2007年，党的十七大报告指出："实现社会公平正义是中国共产党人的一贯主张，是发展中国特色社会主义的重大任务。"从社会建设、收入分配等方面对如何实现"社会公平"提出具体要求：在社会建设方面，"着力保障和改善民生，推进社会体制改革，扩大公共服务，完善社会管理，促进社会公平正义，努力使全体人民学有所教、劳有所得、病有所医、老有所养、住有所居，推动建设和谐社会"。在收入分配方面，"把提高效率同促进社会公平结合起来……初次分配和再分配都要处理好效率和公平的关系，再分配更加注重公平。逐步提高居民收入在国民收入分配中的比重，提高劳动报酬在初次分配中的比重"。同时，"扩大社会主义民主，更好保障人民权益和社会公平正义"。"加强公民意识教育，树立社会主义民主法治、自由平等、公平正义理念"。党的十七大决议在我国社会公正建设问题上具有重要的突破和创新。第一，对效率和公平的关系做出了全新的阐释。强调初次分配和再分配领域要"处理好效率和公平的关系"。初次分配处理好效率与公平的关系，主要在于使各类生产要素在参与分配中能获得与其贡献相一致的合理比例。再分配领域"更加注重公平"，主要是国家运用税收和预算手段对收入分配的调节。这样，解决了长期以来在初次分配领域对"公平"问题的漠视。事实上，如果初次分配只重效率，再分配就难以真正实现公平。因为，初次分配具有本源性和初始性特征，再分配仅有从属性和局部性特征。第二，明确提出了"逐步提高居民收入在国民收入分配中的比重，提高劳动报酬在初次分配中的比重"的新要求。这是针对我国初次分配中资本和某些要素所得偏多、劳动所得偏低问题提出的新要求，有利于调整收入分配政策以适当向劳动要素倾斜，改变"利润侵蚀工资"现象。

2012年，党的十八大报告将公正作为社会主义核心价值观的重要内容，将公平正义价值观的地位提到前所未有的高度，把它作为社会进步的重要标准，作为党治国理政的核心理念。报告从权利公平、机会公平和规则公平三个维度构建了社会公正框架体系，指出："公平正义是中国特色社会主义的内在要求。……加紧建设对保障社会公平正义具有重大作用的制度，逐步建立以权利公平、机会公平、规则公平为主要内容的社会公平保障体系，努力营造公平的社会环境，保证人民平等参与、平等发展权利。"继续强调，"初次分配和再分配都要兼顾效率和公平，再分配更加注重公平"，并对实现效率和公平的具体路径作了明确规定，"完善劳动、资本、技术、管理等要素按贡献参与分配的初次分配机制，加快健全以税收、社会保障、转移支付为主要手段的再分配调节机制"。在 2013 年 2 月，发改委、财政部、人力资源社会保障部发布了《关于深化收入分配制度改革的若干意见》，对初次分配和再分配机制作了重要部署，在初次分配机制方面提出要"促进中低收入职工工资合理增长"，在再分配机制方面提出要"改革完善房地产税……加大保障性住房供给"。

第二节　我国征地制度相对公正期
（1950 年至改革开放初期）

一　对私地征地的公平对价期（1950—1957 年）

新中国的征地是在土地改革过程中进行的。新中国成立初期，在农村和城市的主要任务是进行土地改革，建立以农民土地所有制为主体的土地制度。土地改革的实质是土地所有制的变革，是土地分配制度的变革，是对旧中国土地利益格局的革命性调整。

政务院 1950 年 6 月 24 日发布的《铁路留用土地办法》，将土地征收视作土地购买行为。第六条规定：铁路因建筑关系，原有土地不敷应用或有新设施需要土地时，由铁路局通过地方政府收买或征购之。至于征地补偿问题，同年 9 月 16 日，政务院在《铁路留用土地办法的几点解释》中予以明确规定：至于地价问题，凡接收国民党政府时期之路基地产，经过征用程序有案可稽者，一般不予补发地价，对确实贫困之所有权人，可酌情补助；其未办征用程序以及新占用者在未进行土改以前，应照原办法第六条由铁路局通过地方政府收买或收购之。"征用公地，无须发价，如所征土地系土地改革法第三条规定的学校、孤儿院、养老院、医院等依靠该土地收入维持费用者，应通过地方政府发给地价。"

1950 年 6 月 28 日颁布的《中华人民共和国土地改革法》，对农村土地的没收和征收范围及其土地分配方式作了系统的规定。其第二章明确规定了征地补偿的两种方式：对"征收、没收的"不补偿，对其他特殊情况酌予补偿。第二条规定：没收地主的土地、耕畜、农具、多余的粮食及其在农村中多余的房屋。但地主的其他财产不予没收。第三条规定，"征收祠堂、庙宇、寺院、教堂、学校和团体在农村中的土地及其他公地"，原则上"无须发价"，"但对依靠上述土地收入以为维持费用的学校、孤儿院、养老院、医院等事业，应由当地人民政府另筹解决经费的妥善办法"。

本书认为，该法案对于征地制度而言不具有典型意义。因为其根本目标在于：废除地主阶级封建剥削的土地所有制，实行农民的土地所有制，藉以解放农村生产力，发展农业生产，为新中国的工业化开辟道路。（第一条）该法案很大程度上是以维护新生政权稳固为目的的，对一部分特殊群体实施没收政策。主要强调运用征收、没收等手段，没收地主的土地，征收祠堂、庙宇、寺院、教堂、学校和团体等在农村的土地。富农所有自耕和雇人耕种的土地不得侵犯，其出租的少量土地一般也予以保留。土改中十分注意团结中农，保护农民的土地及其他财产不受侵犯。

1950 年 11 月 21 日，政务院出台了《城市郊区土地改革条例》。该条例首次明确了涉及征地补偿的调地补偿、农民安置要求和附着物补偿原则。第十四条规定：国家为市政建设及其他需要征用私人所有的农业土地时，须给以适当代价，或以相等之国有土地调换之。对耕种该项土地的农民办应给以适当的安置，并对其在该项土地上的生产投资（如凿井、植树等）及其他损失，予以公平合理的补偿。

1953 年 12 月 5 日，政务院颁布了《国家建设征用土地办法》。这是我国第一部比较完整的征地法律规定，它就征地范围、征地原则、补偿标准、征地程序均作了较为详尽的规定。这些规定奠定了我国征地制度的基本框架。该办法明确规定了征地目的在于"为适应国家建设的需要"（第一条），国家建设具体包括"兴建国防工程、厂矿、铁路、交通、水利工程、市政建设及其他经济、交化建设等所需用之土地"

（第二条）。该办法要求，征地既要保障国家建设用地，又要照顾当地人民的切身利益，征地的前提是必须对被征地农民进行安置。既应根据国家建设的确实需要，保证国家建设所必需的土地，又应照顾当地人民的切身利益，必须对土地被征用者的生产和生活有妥善的安置。凡属有荒地、空地可资利用者，应尽量利用，而不征用或少征用人民的耕地良田。凡属目前并不十分需要的工程，不应举办。凡虽属需要，而对土地被征用者一时无法安置，则应俟安置妥善后再行举办，或另行择地举办。（第三条）

由于征用对象主要是农民私有土地，征地程序较为民主。该办法明确规定征用农地应充分尊重农民意愿，不突出土地征用的强制性。这一立法精神一直延续到1982年颁布的《国家建设征用土地条例》。该办法第五条规定：征用土地计划书完成第四条规定的批准手续后，用地单位应协同当地人民政府和中共党委（有些小的单位则直接在当地党政领导下），向当地人民进行解释工作，宣布对土地被征用者补偿安置的各项具体办法，并给群众以必要的准备时间，使群众在当前切身利益得到适当照顾的条件下，自觉地服从国家利益，服从人民的长远利益，然后确定征用，进行施工。如征用大量土地，迁移大量居民甚至迁移整个村庄者，应先在当地人民中切实做好准备工作，然后召开人民代表大会讨论解决之。

对于征地补偿标准，该办法第八条规定：被征用土地的补偿费，在农村中应由当地人民政府会同用地单位、农民协会及土地原所有人（或原使用人）或由原所有人（或原使用人）推出之代表评议商定之。一般土地以其最近三年至五年产量的总值为标准，特殊土地得酌情变通处理之。如另有公地可调剂，亦须发给被调剂土地的农民以迁移补助费。对被征用土地上的房屋、水井、树木等附着物及种植的农作物，均应根据当地人民政府、用地单位、农民协会及土地原所有人和原使用人（或原所有人和原使用人推出之代表）会同勘定之现状，按公平合理的代价予以补偿。可见，征地补偿费的确定也较为民主，农民有很高的参与权，由相关方共同评议商定而定。就结果来看，一般土地补偿标准以其最近三年至五年产值的产量为标准，如果是公地调剂，须发放迁移补助费，被征地上的附着物及农作物，也应公平合理地补偿。这在当时情况下，也属于较为公平的对价补偿了。① 该办法还规定了地方政府和用地单位对被征地农民妥善安置的兜底责任，农民耕种的土地被征用后，当地人民政府必须负责协助解决其继续生产所需之土地或协助其转业，不得使其流离失所。用地单位也应协同政府劳动部门和工会在条件许可的范围内，尽可能吸收其参加工作。（第十三条）

1954 年 9 月 20 日，第一届全国人民代表大会第一次会议通过的《中华人民共和国宪法》，第一次将征地制度写进了宪法。第十三条规定：国家为了公共利益的需要，可以依照法律规定的条件，对城乡土地和其他生产资料实行征购、征用或者收归国有。

总的来看，本时期国家征地目的和实际操作是为了国家建设和公共利益，是为了全体人民根本利益和长远利益；征地对象是农民私有土地和合作社土地，以农民私有土地为主；征地实施中不强调"强制性"，征地补偿强调被征地农民的安置问题和公正补偿问题。

二　对集体土地征地的相对公正对价期（1958 年至改革开放初期）

由于征地中审批制度的相对宽松，我国出现了严重的土地浪费现象。据 1956 年 1 月《国务院关于纠正和防止国家建设征收土地中浪费现象的通知》中描述：武汉、长沙、北京、杭州、成都和河北五市一省部分地区，几年来共征收土地 10 万多亩，浪费高达 4.1 万多亩。同时，原有征地制度的制定环境发生了重大变化：一是随着《农业生产合作社示范章程》《高级农业生产合作社示范章程》的颁布和实施，农村土地由农民私有转变为集体所有，生产资料所有制发生了根本变化；二是为实施以工业尤其是重工业发展为先导的"赶超战略"，农村需要为工业发展提供更多剩余，农业用地需要为工业发展提供更多廉价建设用地。

1958 年 1 月 6 日，国务院公布施行《国家建设征用土地办法（修正）》。修正后的办法沿用原有的制度框架，着眼点是节约集约用地，其第三条新增第二款规定：国家建设征用土地，必须贯彻节约用地的原则。一切目前可以不举办的工程，都不应该举办；需要举办的工程，在征用土地的时候，必须精打细算，严格掌握设计定额，控制建筑密度，

---

① 特别是其规定的"按年产量总值"补偿的标准，对以后我国征地补偿制度的设计产生了深远影响。

防止多征、早征，杜绝浪费土地。凡有荒地、劣地、空地可以利用的，应该尽量利用；尽可能不征用或者少征用耕地良田，不拆或者少拆房屋。

与1953年的办法相比，修正后的办法继续贯彻尊重农民意愿、非强制性精神原则，其最大差异在于征地补偿的有关规定：以最近若干年产量总值计算征地补偿费，将原来的"最近三年至五年产量的总值为标准"改为"最近二年至四年的定产量的总值为标准"给予补偿；区分土地用途进行补偿；对房屋等财产补偿充分重视；强调农业安置，不要过多地要求转业等。如第七条规定：征用土地，应该尽量用国有、公有土地调剂，无法调剂的或者调剂后对被征用土地者的生产、生活有影响的，应该发给补偿费或者补助费。征用土地的补偿费，由当地人民委员会会同用地单位和被征用土地者共同评定。对于一般土地，以它最近二年至四年的定产量的总值为标准；对于茶山、桐山、鱼塘、藕塘、桑园、竹林、果园、苇塘等特殊土地，可以根据具体情况变通办理。遇有因征用土地必须拆除房屋的情况，应该在保证原来的住户有房屋居住的原则下给房屋所有人相当的房屋，或者按照公平合理的原则发给补偿费。对被征用土地的水井、树木等物和农作物，都应该按照公平合理的原则发给补偿费。第十三条规定：对因土地被征用而需要安置的农民，当地乡、镇或者县级人民委员会应该负责尽量就地在农业上予以安置；对在农业上确实无法安置的，当地县级以上人民委员会劳动、民政等部门应该会同用地单位设法就地在其他方面予以安置；对就地在农业上和在其他方面都无法安置的，可以组织移民。组织移民应该由迁出和迁入地区的县级以上人民委员会共同负责。移民经费由用地单位负责支付。另外，修正后的办法扩大了无偿征用和不予补偿的范围。第九条规定：征用农业生产合作社的土地，如果社员大会或者社员代表大会认为对社员生活没有影响，不需要补偿，并经当地县级人民委员会同意，可以不发给补偿费。征用农业生产合作社使用的非社员的土地，如果土地所有人不从事农业生产，又不以土地收入维持生活，可以不发给补偿费，但必须经本人同意。

本阶段征地保证了"大跃进"时期国家建设用地的需要，但土地浪费严重。据1962年4月10日《国务院批转内务部关于北京、天津两市国家建设征用土地使用情况的报告》显示，北京市征而未用和征多用少的土地达 3.5 万多亩，未经申请批准而擅自占用土地有 0.57 万亩。为此，中央政府将征地审批权全部归省、自治区和直辖市。考虑到"不论征用土地多少，仍归省统一审批，不仅难以做到件件准确及时，增加不必要的公文往返，而且影响集中精神办好大面积用地的审批工作"，1964 年 7 月，国务院决定将较小规模征地审批权适当下放。

　　总的来看，本阶段征地制度特点有：一是征地客体由以前的农民私有土地为主转变为集体公用土地为主；二是征地程序表现为"非强制性"，强调"用地单位应该协同当地人民委员会向群众进行解释，宣布对被征用土地者补偿安置的各项具体办法，并给他们以必要的准备时间……如果征用大量土地，迁移大量居民甚至迁移整个村庄的，应该先在当地群众中切实做好准备工作，然后把有关征用土地的问题，提交当地人民代表大会讨论解决"，就连征地补偿标准也可共同评定而定；三是强调土地公有制，对被征地农民的安置问题和补偿问题有所忽略，征地的补偿标准有所降低，甚至取消部分征地补偿；四是征地审批权上收，土地浪费问题有所遏制。

第三节　我国征地制度社会公正问题凸显期 （1983 年至 20 世纪末）

一　1983 年至 20 世纪末征地制度的演进过程

　　1978 年实施改革开放政策，宣告了新中国征地政策再次回到正轨。我国工作重心也再次转向以经济建设为中心上来，社会建设开始全面复苏，经济不断得到恢复，对土地的需要也日益扩大。但征地工作却处于"无法可依"的状态，农村"一大二公"的体制被终结，很多原有的体制也无法正常运转，建设用地出现了"自由议价"的情况，甚至某些地区出现出租土地和变相卖地的情况，从而导致 1958 年公布的《国家建设征用土地办法》已经无法适应新形势的发展变化，给国家建设带来一系列困难。

　　1982 年 5 月 14 日，国务院颁布实施《国家建设征用土地条例》，是新中国成立后第一部比较完整的征地法规。同 1958 年的《国家建设征用土地办法》相比，《国家建设征用土地条例》的内容更加规范化、法制化和便于操作，并且内容和政策的深度和广度都有大幅度增加。《国家建设征用土地条例》第三条规定，"节约土地是我国的国策"，提出了节约用地是基本国策的理念。

从征地程序看，《国家建设征用土地条例》第四条规定：国家建设征用土地，凡符合本条例规定的，被征用社队的干部和群众应服从国家需要，不得妨碍和阻挠。由此，第一次确立了我国征地制度的强制性原则。

从征地补偿看，《国家建设征用土地条例》第九条、第十条明确指出，征地的补偿费用包括土地补偿费、青苗补偿费、附着物补偿费和农业人口安置补助费，这些原则沿用至今；以农地年产值倍数法确定安置补助费标准，从最近若干年产量总值法转变为以农地年产值若干倍数给予补偿（征用无收益的土地，不予补偿）；各地根据不同的种植种类规定相应的补偿标准。第九条对各项补偿费标准做了规定：一、土地补偿费。征用耕地（包括菜地）的补偿标准，为该耕地年产值的三至六倍，年产值按被征用前三年的平均年产量和国家规定的价格计算。各类耕地的具体补偿标准，由省、自治区、直辖市人民政府在此范围内制定。征用园地、鱼塘、藕塘、苇塘、宅基地、林地、牧场、草原等的补偿标准，由省、自治区、直辖市人民政府制定。征用无收益的土地，不予补偿。二、青苗补偿费和被征用土地上的房屋、水井、树木等附着物补偿费的标准，由省、自治区、直辖市人民政府制定。但是在开始协商征地方案后抢种的作物、树木和抢建的设施，一律不予补偿。第十条对安置补助费标准做了规定：一、征用耕地（包括菜地）的，每一个农业人口的安置补助费标准，为该耕地每亩年产值的二至三倍，需要安置的农业人口数按被征地单位征地前农业人口（按农业户口计算，不包括开始协商征地方案后迁入的户口）和耕地面积的比例及征地数量计算。年产值按被征用前三年的平均年产量和国家规定的价格计算。但是，每亩耕地的安置补助费，最高不得超过其年产值的十倍。二、征用园地、鱼塘、藕塘、林地、牧场、草原等土地的，安置补助费标准由省、自治区、直辖市人民政府参照一般耕地的安置补助费标准制定。三、征用宅基地的，不付给安置补助费。针对各地实际情况，该条最后一款做了补充规定：个别特殊情况，按照上述补偿和安置补助标准，尚不能保证维持群众原有生产和生活水平的，经省、自治区、直辖市人民政府审查批准，可以适当增加安置补助费，但土地补偿费和安置补助费的总和不得超过被征土地年产值的二十倍。

《国家建设征用土地条例》第十二条对因征地造成的农业剩余劳动力规定了安置路径，包括"发展农业生产""发展社队工副业生产""迁队或并队"。安置不完的，再"招工""转户"安置，"按照上述途径确实安置不完的剩余劳动力，经省、自治区、直辖市人民政府批准，在劳动计划范围内，符合条件的可以安排到集体所有制单位就业，并将相应的安置补助费转拨给吸收劳动力的单位；用地单位如有招工指标，经省、自治区、直辖市人民政府同意，也可以选招其中符合条件的当工人，并相应核减被征地单位的安置补助费。生产队的土地已被征完，又不具备迁队、并队条件的，本队原有的农业户口，经省、自治区、直辖市人民政府审查批准，可转为非农业户口或城镇户口。"

1986 年 3 月，党中央、国务院发布了《关于加强土地管理制止乱占滥用耕地的通知》，提出要"建立和完善土地管理法规"，"抓紧制订《中华人民共和国土地法》"。同年 6 月 25 日，《中华人民共和国土地管理法》（以下简称《土地管理法》）颁布，1987 年 1 月 1 日起施行。《土地管理法》是对 1982 年《国家建设征用土地条例》的一次法律地位的提升。从此，我国有了专门的征地法律，长期以来，土地管理无法可依的局面得到扭转。本法基本上沿用了《国家建设征用土地条例》的基本内容。其主要变化在于：（1）土地补偿费方面，取消了耕地分类确定补偿标准的规定，取消了"无收益的土地，不予补偿"的规定，增加了其他土地分类补偿费标准的规定；补偿标准由"该耕地每亩年产值的二至三倍"调整为"该耕地被征用前三年平均年产值的三至六倍"。第二十七条规定：国家建设征用土地，由用地单位支付土地补偿费。征用耕地补偿费，为该耕地被征用前三年平均年产值的三至六倍。征用其他土地的补偿费的标准，由省、自治区、直辖市参照征用耕地的补偿费标准规定。（2）安置补偿费方面，统一按"征用耕地的安置补助费，按照需要安置的农业人口数计算"，取消"征用宅基地的，不付给安置补助费"的规定，增加"征用其他土地的安置补助费标准"的规定。需要安置的农业人口数，按照被征用的耕地数量除以征地前被征地单位平均每人占有耕地的数量计算。每一个需要安置的农业人口的安置补助费标准，为该耕地被征用前三年平均每亩年产值的二至三倍。但是，每亩被征用耕地的安置补助费，最高不得超过被征用前三年平均年产值的十倍。征用其他土地的安置补助费标准，由省、自治区、直辖市参照征用耕地的安置补助费标准规定。（第二十八条）（3）提高了土地补偿费和安置补助费总额上限，"土地补偿费和安置补助费的总和不得超过土地被征用前三年平均年产值的三十倍。（第二十九条）为保障《土地管理法》的实施，我国组建了国家土地管理局，直属国务院，对全国范围内的城乡土地实行统一管理，使我国土地管理进入了规范化和标准化时代。

为了进一步规范我国土地市场，1990 年 5 月 19 日，国务院发布 55 号令《中华人民共和国城镇国有土地使用权出让和转让暂行条例》，以"改革城镇国有土地使用制度，合理开发、利用、经营土地，加强土地管理，促进城市建设和经济发展"。1994 年 7 月 5 日发布的《中华人民共和国城市房地产管理法》，将城市土地管理纳入了依法规范的轨道，以"加强对城市房地产的管理，维护房地产市场秩序，保障房地产权利人的合法权益，促进房地产业的健康发展"。

为加强土地管理、切实保护耕地，1997 年 4 月 15 日，中共中央、国务院发布《关于进一步加强土地管理切实保护耕地的通知》（中发〔1997〕11 号）。提出了一系列加强耕地保护和土地管理的具体措施，对造成严重浪费的农地征收工作采取了临时刹车，要求全国所有非农建设项目占用的耕地都将冻结一年，并对《土地管理法》进行修订。根据中央部署，新修订的《土地管理法》于 1998 年 8 月 29 日颁布，于1999 年 1 月 1 日实施。

新《土地管理法》确立了"用途管制"和"耕地占补平衡"等制度，突出对耕地的保护，"国家实行土地用途管制制度。……严格限制农用地转为建设用地，控制建设用地总量，对耕地实行特殊保护"（第四条）。"占用耕地与开发复垦耕地相平衡"（第十九条）。相较于 1988年《土地管理法》，本法在征地程序和补偿方面主要有如下变化：

在征地程序方面作了补充和完善，规定在征地批准后实施实行"两公告一登记"制度，提高了征地工作的透明度，赋予村民知情权和参与权。第四十六条规定：国家征用土地的，依照法定程序批准后，由县级以上地方人民政府予以公告并组织实施。被征用土地的所有权人、使用权人应当在公告规定期限内，持土地权属证书到当地人民政府土地行

政主管部门办理征地补偿登记。第四十八条规定：征地补偿安置方案确
定后，有关地方人民政府应当公告，并听取被征地的农村集体经济组织
和农民的意见。

　　明确了"按照被征用土地的原用途给予补偿"的基本原则，提高
了耕地的征地补偿标准，土地补偿费由之前"该耕地被征用前三年平
均年产值"的"三至六倍"提高到"六至十倍"，安置补助费由之前
"该耕地被征用前三年平均年产值"的"二至三倍"提高到"四至六
倍"，上限提高到"十五倍"。第四十七条规定：征用耕地的土地补偿
费，为该耕地被征用前三年平均年产值的六至十倍。征用耕地的安置补
助费，按照需要安置的农业人口数计算。每一个需要安置的农业人口的
安置补助费标准，为该耕地被征用前三年平均年产值的四至六倍。但
是，每公顷被征用耕地的安置补助费，最高不得超过被征用前三年平均
年产值的十五倍。……土地补偿费和安置补助费的总和不得超过土地被
征用前三年平均年产值的三十倍。在被征地农民的安置方式上，取消了
原来第三十一条有关用工安置的规定。第五十五条增加"新增建设用
地的土地有偿使用费，百分之三十上缴中央财政，百分之七十留给有关
地方人民政府，都专项用于耕地开发"的条款。

　　1998 年 12 月 24 日，国务院发布《中华人民共和国土地管理法实
施条例》（以下简称《土地管理法实施条例》）。《土地管理法实施条
例》第二十六条对安置补偿费做了详细规定：土地补偿费归农村集体
经济组织所有；地上附着物及青苗补偿费归地上附着物及青苗的所有者
所有。征用土地的安置补助费必须专款专用，不得挪作他用。需要安置
的人员由农村集体经济组织安置的，安置补助费支付给农村集体经济组
织，由农村集体经济组织管理和使用；由其他单位安置的，安置补助费
支付给安置单位；不需要统一安置的，安置补助费发放给被安置人员个
人或者征得被安置人员同意后用于支付被安置人员的保险费用。第四十
五条规定：违反土地管理法律、法规规定，阻挠国家建设征用土地的，
由县级以上人民政府土地行政主管部门责令交出土地；拒不交出土地
的，申请人民法院强制执行。

二　1983 年至 20 世纪末征地过程中社会公正问题凸显

　　这一阶段我国征地制度从无法可依转变到有法可依，节约用地被定
为国策，征地审批权限设置总体向上集中。专业管理部门也从无到有。

征地程序从无强制性转变为有强制性①，由简单粗放转变为正规化，征地程序更加严格、公开和透明。在赋予被征地集体经济组织和被征地群众知情权方面有了突破，明确了以尊重被征地集体经济组织和被征地群众权益和提高征地补偿安置标准的改革方向，为后续改革奠定了良好的法律基础。

但是，为了国家工业化建设的整体利益，我国征地补偿标准进一步下滑，这也是我国农地产权变为集体所有制后的必然结果。因为这种集体所有制是一种三级所有、队为基础的土地所有制模式，实际的集体产权界定又较为模糊，导致集体所有这种所有制形式实际上也可以被认为是公有制条件下的"国家所有"。加上经济发展和工业现代化进程的需要，土地需求量不断增加，这就导致了对被征地农民利益的实质性侵害，虽然在后来的制度变迁中有了一定改善，但依旧没有达到很好的效果。我国的征地补偿标准从新中国成立初的"公平合理市价补偿"过渡到"农地年产值倍数"，城乡土地利用的价值差距逐渐拉大。在这一时期，我国的城市化、工业化进程快速推进，非农收益和农业收益的差距逐渐加大，导致大量耕地被占用，由征地引起的土地冲突大量增加。此时的《土地管理法》实行征地补偿封顶的上限政策。这在某种程度上损害了被征地农民的利益，为后来大规模的征地冲突和纠纷埋下了隐患。

总体而言，本阶段征地制度对于社会经济发展来讲是有效率的，在保障经济建设用地的同时，也从一定程度上保护了农民利益，维护了社会稳定。但是，被征地集体农民的补偿标准和倍数太低，而且被征地农民的安置方式，也由包括"招工""转户"安置在内的多种安置方式逐渐转变为纯粹的农业安置。这样，被征地农民逐渐在愈演愈烈的征地浪潮中沦落为"三无"农民。进入 21 世纪，我国城镇化进程进一步加速，在全国范围内出现了一轮又一轮的圈地高潮，越来越多的耕地被征用，也导致越来越多的农民失地又失业，由此引发了更多的征地冲突和社会问题。

---

① 《土地管理法实施条例》第二十五条第三款规定："征地补偿、安置不影响征地方案的实施。"

第四节　我国征地制度之政策调整期
（2000 年至今）

一　2000 年至今征地制度的调整过程

1999 年国土资源部成立了"征地制度改革研究"课题组，对我国征地制度存在的问题和完善思路进行调研。2001 年 8 月，国土资源部在广东佛山召开了征地制度改革试点工作座谈会，确立了江苏、浙江、广东、福建和上海东部 5 省市的 9 个地区为第一批征地制度改革试点地区，试点内容包括征地程序、征地补偿、征地安置等方面。

2001 年 10 月 18 日，国土资源部发布《征用土地公告办法》。《征用土地公告办法》规定了公告范围为"征用土地公告和征地补偿、安置方案公告"。未依法进行征用土地公告的，被征地农村集体经济组织、农村村民或者其他权利人有权依法要求公告，有权拒绝办理征地补偿登记手续。未依法进行征地补偿、安置方案公告的，被征地农村集体经济组织、农村村民或者其他权利人有权依法要求公告，有权拒绝办理征地补偿、安置手续。（第十四条）

2002 年 10 月，中央农村工作领导小组和国土资源部联合召开完善征地制度改革调研暨改革试点工作座谈会，对第一批改革试点区经验和存在问题进行总结，并将试点范围扩大到中西部地区，增列河北石家庄、广西南宁、四川成都等 10 个地区为第二批征地制度改革试点区。2003 年 10 月，党的十六届三中全会对征地制度改革提出了进一步要求，"按照保障农民权益、控制征地规模的原则，改革征地制度，完善征地程序。严格界定公益性和经营性建设用地，征地时必须符合土地利用总体规划和用途管制，及时给予农民合理补偿。"

2003 年 12 月 30 日，国土资源部制定《国土资源听证规定》，于 2004 年 5 月 1 日施行。第四条规定：主管部门组织听证，应当遵循公开、公平、公正和便民的原则，充分听取公民、法人和其他组织的意见，保证其陈述意见、质证和申辩的权利。具体有主管部门组织听证和申请听证两种情况。就第一种情况来看，有下列情形之一的，主管部门应当组织听证：（一）拟定或者修改基准地价；（二）编制或者修改土地利用总体规划和矿产资源规划；（三）拟定或者修改区域性征地补偿标准。有下列情形之一的，直接涉及公民、法人或者其他组织的重大利益的，主管部门根据需要组织听证：（一）制定规章和规范性文件；（二）主管部门规定的其他情形。（第十二条）就第二种情况来看，有下列情形之一的，主管部门在报批之前，应当书面告知当事人有要求举行听证的权利：（一）拟定拟征地项目的补偿标准和安置方案的；（二）拟定非农业建设占用基本农田方案的。有下列情形之一的，主管部门在作出决定之前，应当书面告知当事人有要求举行听证的权利：（一）较大数额罚款、责令停止违法勘查或者违法开采行为、吊销勘查许可证或者采矿许可证等行政处罚的；（二）国有土地使用权、探矿权、采矿权的许可直接涉及申请人与他人之间重大利益关系的；（三）法律、法规或者规章规定的其他情形。（第十九条）当事人对本规定第十九条规定的事项要求听证的，主管部门应当组织听证。（第二十条）

2004 年 2 月 8 日，中共中央、国务院发布《关于促进农民增加收入若干政策的意见》，将征地制度改革作为促进农民增收的重要一环，指出：加快土地征用制度改革。各级政府要切实落实最严格的耕地保护制度，按照保障农民权益、控制征地规模的原则，严格遵守对非农占地的审批权限和审批程序，严格执行土地利用总体规划。要严格区分公益性用地和经营性用地，明确界定政府土地征用权和征用范围。完善土地征用程序和补偿机制，提高补偿标准，改进分配办法，妥善安置失地农民，并为他们提供社会保障。积极探索集体非农建设用地进入市场的途径和办法。

为制止乱占滥用土地，防止突击批地，抑制一些行业、地区固定资产投资过快增长，2004 年 4 月 29 日，国务院办公厅出台《关于深入开展土地市场治理整顿严格土地管理的紧急通知》，暂停全国范围内的农地审批业务，要求"抓紧研究改革征地制度和土地有偿使用费使用办法"。2004 年 8 月 28 日，《土地管理法》修订版颁布。相较于 1998 年《土地管理法》，在征地程序和补偿方面的变化仅在于其第二条第四款由"国家为公共利益的需要，可以依法对集体所有的土地实行征用"修改为"国家为了公共利益的需要，可以依法对土地实行征收或者征用并给予补偿"，强调了征地时"给予补偿"的法律原则。

2004 年 10 月，国务院颁布的《国务院关于深化改革严格土地管理的决定》（国发〔2004〕28 号）对现行征地制度进行了补充和完善。表现为：（1）要求"完善征地补偿办法"，使被征地农民生活水平不因征地而降低。除"要保证依法足额和及时支付土地补偿费、安置补助费以及地上附着物和青苗补偿费"外，对《土地管理法》（2004）第四十七条最后一款"国务院根据社会、经济发展水平，在特殊情况下，可以提高征收耕地的土地补偿费和安置补助费的标准"的原则规定作了具体安排，即一个"增加"和一个"补贴"：依照现行法律规定支付土地补偿费和安置补助费，尚不能使被征地农民保持原有生活水平的，不足以支付因征地而导致无地农民社会保障费用的，省、自治区、直辖市人民政府应当批准增加安置补助费。土地补偿费和安置补助费的总和达到法定上限，尚不足以使被征地农民保持原有生活水平的，当地人民政府可以用国有土地有偿使用收入予以补贴。同时对"统一年产值标准或区片综合地价"的标准制定提出要求，即"省、自治区、直辖市人民政府要制订并公布各市县征地的统一年产值标准或区片综合地价，征地补偿做到同地同价，国家重点建设项目必须将征地费用足额列入概算。"（2）要求"妥善安置被征地农民"，使被征地农民的长远生计有保障。具体为三个路径一个保障：对有稳定收益的项目，"农民可以经依法批准的建设用地土地使用权入股"。在城市规划区内，"当地人民政府应当将因征地而导致无地的农民，纳入城镇就业体系，并建立社会保障制度"，在城市规划区外，"当地人民政府要在本行政区域内为被征地农民留有必要的耕作土地或安排相应的工作岗位"，对不具备基本生产生活条件的无地农民，"应当异地移民安置"。同时，"劳动和社会保障部门要会同有关部门尽快提出建立被征地农民的就业培训和社会保障制度的指导性意见"。（3）要求"健全征地程序"。其一，将"告知、确认、听证"程序引入征地批前程序，"在征地依法报批前，要将拟征地的用途、位置、补偿标准、安置途径告知被征地农民；对拟征土地现状的调查结果须经被征地农村集体经济组织和农户确认；确有必要的，国土资源部门应当依照有关规定组织听证。"其二，建立协调和裁决机制，"要加快建立和完善征地补偿安置争议的协调和裁决机制，维护被征地农民和用地者的合法权益"。其三，强化公示制度，"经批准的征地事项，除特殊情况外，应予以公示"。其四，要求"加强对征地实施过程监管"。"征地补偿安置不落实的，不得强行使用被征土地。

省、自治区、直辖市人民政府应当根据土地补偿费主要用于被征地农户的原则，制订土地补偿费在农村集体经济组织内部的分配办法。"

2004 年 11 月，国土资源部制定《关于完善征地补偿安置制度的指导意见》，对有关征地补偿标准、被征地农民安置途径、征地工作程序等问题进行了明确规定。（1）征地补偿标准方面：第一，"省级国土资源部门要会同有关部门制订省域内各县（市）耕地的最低统一年产值标准，报省级人民政府批准后公布执行"；第二，统一年产值倍数的确定，"应按照保证被征地农民原有生活水平不降低的原则"，"土地补偿费和安置补助费合计按 30 倍计算，尚不足以使被征地农民保持原有生活水平的，由当地人民政府统筹安排，从国有土地有偿使用收益中划出一定比例给予补贴"；第三，有条件的地区，"省级国土资源部门可会同有关部门制订省域内各县（市）征地区片综合地价，报省级人民政府批准后公布执行，实行征地补偿"；第四，按照土地补偿费主要用于被征地农户的原则，土地补偿费应在农村集体经济组织内部合理分配。（2）被征地农民安置途径方面：征收城市规划区外集体土地的，通过"利用农村集体机动地、承包农户自愿交回的承包地、承包地流转和土地开发整理新增加的耕地等"办法，使农民继续从事农业生产，通过"向被征地农民提供免费的劳动技能培训"等办法让农民重新择业安置；征收城市规划区内的集体土地的，"应当将因征地而导致无地的农民，纳入城镇就业体系，并建立社会保障制度"；对有长期稳定收益的项目用地，被征地农村集体经济组织及农户，可"以征地补偿安置费用入股，或以经批准的建设用地土地使用权作价入股"等途径，获取入股分红收益；异地移民安置。（3）征地工作程序方面，当地国土资源部门将"告知征地情况、确认征地调查结果、组织征地听证"三个步骤作为征地批前必备程序：第一，"应将拟征地的用途、位置、补偿标准、安置途径等，以书面形式告知被征地农村集体经济组织和农户"；第二，"应对拟征土地的权属、地类、面积以及地上附着物权属、种类、数量等现状进行调查，调查结果应与被征地农村集体经济组织、农户和地上附着物产权人共同确认"；第三，"应告知被征地农村集体经济组织和农户，对拟征土地的补偿标准、安置途径有申请听证的权利。当事人申请听证的，应按照《国土资源听证规定》规定的程序和有关要求组织听证。"

2005 年 7 月 23 日，国土资源部下发《关于开展制订征地统一年产值标准和征地区片综合地价工作的通知》，指出："制订征地统一年产值标准和区片综合地价……是解决当前征地工作中存在的补偿标准偏低、同地不同价、随意性较大等突出问题的重要举措。""制订征地统一年产值标准要考虑被征收耕地的类型、质量、农民对土地的投入、农产品价格及农用地等级等因素，在一定区域范围内（以县域范围为主），在主导性农用地类别和耕作制度条件下，以前三年主要农产品平均产量、价格及相关附加收益为主要依据进行测算。……征地区片综合地价是征地综合补偿标准，制订时要考虑地类、产值、土地区位、农用地等级、人均耕地数量、土地供求关系、当地经济发展水平和城镇居民最低生活保障水平等多方面因素进行测算。"就具体进度安排看，"东部地区城市土地利用总体规划确定的建设用地范围，应制订区片综合地价；中西部地区大中城市郊区和其他有条件的地区，也应积极推进区片综合地价制订工作；其他暂不具备条件的地区可制订征地统一年产值标准。"要防止"以制订和公布征地统一年产值标准和区片综合地价为由，压低征地补偿标准"，"新、老征地补偿标准之间差距过大而导致矛盾，维护社会稳定。"

2006 年 2 月 21 日，中共中央、国务院发布《关于推进社会主义新农村建设的若干意见》，其中规定："要完善对被征地农民的合理补偿机制，加强对被征地农民的就业培训，拓宽就业安置渠道，健全对被征地农民的社会保障。"

2006 年 4 月 10 日，国务院办公厅转发劳动保障部《关于做好被征地农民就业培训和社会保障工作指导意见的通知》，要求："在城市规划区内，当地人民政府应将被征地农民纳入城镇就业体系，并建立社会保障制度。在城市规划区外，应保证在本行政区域内为被征地农民留有必要的耕地或安排相应的工作岗位，并纳入农村社会保障体系；对不具备生产生活条件地区的被征地农民，要异地移民安置，并纳入安置地的社会保障体系。"

2006 年 6 月 21 日，国土资源部发布《关于加快推进征地补偿安置争议协调裁决制度的通知》，指出："必须坚持政府主导、公众参与、重在协调的原则。""协调裁决的范围是针对被征地农民与实施征地的市、县政府在补偿安置方面的争议。协调裁决不对经依法批准的征地合法性进行审查，不代替行政复议和诉讼。""必须贯彻协调前置、重在协调的原则。""经协调达不成一致意见的，依法作出裁决决定。""要体现便民、高效和公开的原则。""要借鉴国务院《信访条例》确立的政府主导、社会参与、有利于迅速解决纠纷的工作机制……综合运用咨询、教育、协商、调解、听证等方法，依法、及时处理征地补偿安置争议。""确保 2006 年底前，征地补偿安置争议协调裁决制度在全国省级国土资源管理部门全面到位。"

为了加强对土地工作的监督管理，2006 年 7 月 13 日，国务院办公厅发布《关于建立国家土地督察制度有关问题的通知》，"国务院授权国土资源部代表国务院对各省、自治区、直辖市，以及计划单列市人民政府土地利用和管理情况进行监督检查。""派驻地方的国家土地督察局，代表国家土地总督察履行监督检查职责。"

由于建设用地总量增长过快，低成本工业用地过度扩张，违法违规用地、滥占耕地现象屡禁不止，征地审批时间过长、审批程序过于烦琐等问题，2006 年 8 月 31 日，国务院发布《关于加强土地调控有关问题的通知》（国发〔2006〕31 号），要求："按照权责一致的原则，调整城市建设用地审批方式。……调整为每年由省级人民政府汇总后一次申报，经国土资源部审核，报国务院批准后由省级人民政府具体组织实施，实施方案报国土资源部备案。""征地补偿安置必须以确保被征地农民原有生活水平不降低、长远生计有保障为原则。……社会保障费用不落实的不得批准征地。""土地出让总价款必须首先按规定足额安排支付土地补偿费、安置补助费、地上附着物和青苗补偿费、拆迁补偿费以及补助被征地农民社会保障所需资金的不足……"

2006 年 12 月 17 日，国务院办公厅下发了《关于规范国有土地使用权出让收支管理的通知》，要求："土地出让收入的使用要确保足额支付征地和拆迁补偿费、补助被征地农民社会保障支出、保持被征地农民原有生活水平补贴支出，严格按照有关规定将被征地农民的社会保障费用纳入征地补偿安置费用，切实保障被征地农民和被拆迁居民的合法利益。""建立对被征地农民发放土地补偿费、安置补助费以及地上附着物和青苗补偿费的公示制度，改革对被征地农民征地补偿费的发放方式。有条件的地方，土地补偿费、安置补助费以及地上附着物和青苗补偿费等相关费用中应当支付给被征地农民的部分，可以根据征地补偿方案，由集体经济组织提供具体名单，通过发放记名银行卡或者存折方式直接发放给被征地农民，减少中间环节，防止被截留、挤占和挪用，切实保障被征地农民利益。"

2007 年 3 月 16 日，《中华人民共和国物权法》颁布并于 2007 年 10 月 1 日施行。该法第四十二条规定：征收集体所有的土地，应当依法足额支付土地补偿费、安置补助费、地上附着物和青苗的补偿费等费用，安排被征地农民的社会保障费用，保障被征地农民的生活，维护被征地农民的合法权益。

为贯彻落实"社会保障费用不落实的不得批准征地"的精神，2007 年 4 月 28 日，劳动和社会保障部、国土资源部联合发布《关于切实做好被征地农民社会保障工作有关问题的通知》，要求："被征地农民社会保障所需资金，原则上由农民个人、农村集体、当地政府共同承担，具体比例、数额结合当地实际确定。""被征地农民社会保障所需费用，应在征地补偿安置方案批准之日起 3 个月内，按标准足额划入'被征地农民社会保障资金专户'，按规定记入个人账户或统筹账户。"

2008 年 6 月 26 日，国土资源部发布《关于切实做好征地统一年产值标准和区片综合地价公布实施工作的通知》，要求："新的征地补偿标准公布后，要坚持同地同价、协调平衡、公开透明的原则实施征地补偿，不得随意改变和降低补偿标准。""要尊重被征地农民的知情权、参与权、监督权和申述权，严格履行征地程序。要结合新的征地补偿标准实施中可能发生的情况和问题，制订解决问题的预案，建立纠纷处理与协调机制，确保新老标准顺利衔接过渡。""要按照保证被征地农民生活水平不降低、长远生计有保障的原则，建立征地补偿标准的更新机制，适时更新征地补偿标准，把握好调整幅度和周期。征地补偿标准原则上应每 2—3 年更新一次，逐步提高；经确认补偿标准不需要进行调整的，也要予以重新公布。"

2008 年 10 月，党的十七届三中全会决议指出："改革征地制度，严格界定公益性和经营性建设用地，逐步缩小征地范围，完善征地补偿机制。依法征收农村集体土地，按照同地同价原则及时足额给农村集体组织和农民合理补偿，解决好被征地农民就业、住房、社会保障。……逐步建立城乡统一的建设用地市场，对依法取得的农村集体经营性建设用地，必须通过统一有形的土地市场、以公开规范的方式转让土地使用权，在符合规划的前提下与国有土地享有平等权益。"

2009 年 3 月 21 日，国土资源部发布《关于促进农业稳定发展农民持续增收推动城乡统筹发展的若干意见》。为保障农村集体土地在征收和流转中的权益，该意见要求："征收集体所有土地办理征地手续时，必须依据集体土地所有权确权登记资料和证书，对农民进行补偿。"为贯彻党的十七届三中全会决议有关精神，该意见专门对"规范集体建设用地流转，逐步建立城乡统一的建设用地市场"做了详细规定。"在城镇工矿建设规模范围外，除宅基地、集体公益事业建设用地，凡符合土地利用总体规划、依法取得并已经确权为经营性的集体建设用地，可采用出让、转让等多种方式有偿使用和流转。""完善土地资源配置机制，构建城乡统一建设用地市场。各地要按照公开、公平、公正的市场原则，健全完善市场配置集体建设用地的价格形成机制。""制定集体土地收益分配办法，增加农民财产性收入。各地在集体建设用地出让转让等流转活动中，要按照'初次分配基于产权，二次分配政府参与'的原则，总结集体建设用地流转试点经验，出台和试行集体建设用地有偿使用收益的分配办法。"

2010 年 6 月 26 日，国土资源部下发《关于进一步做好征地管理工作的通知》。在征地程序方面，该通知要求："认真做好用地报批前告知、确认、听证工作。征地工作事关农民切身利益，征收农民土地要确保农民的知情权、参与权、申诉权和监督权。""简化征地批后实施程序。……征地批准后，征收土地公告和征地补偿安置方案公告可同步进行。公告中群众再次提出意见的，要认真做好政策宣传解释和群众思想疏导工作，得到群众的理解和支持，不得强行征地。"在征地补偿方面，该通知要求"全面实行征地统一年产值标准和区片综合地价"，确保"建设用地位于同一年产值或区片综合地价区域的，征地补偿水平应基本保持一致，做到征地补偿同地同价"，提出"探索完善征地补偿款预存制度"的构想。为"保障被征地农民生产生活"，要求采取多元安置途径，在落实好"优先进行农业安置"和"规范留地安置"的同时，抓紧"推进被征地农民社会保障资金的落实"，"本着'谁用地、谁承担'的原则，鼓励各地结合征地补偿安置积极拓展社保资金渠道"。

2011 年 3 月，公安部下发《2011 年公安机关党风廉政建设和反腐败工作意见》明确规定："各级公安机关要把维护党的政治纪律放在首位，要认真贯彻国务院严格征地拆迁管理工作的有关要求，严禁公安民警参与征地拆迁等非警务活动，对随意动用警力参与强制拆迁造成严重后果的，严肃追究相关人员的责任。"

2011 年 5 月 15 日，国务院办公厅下发《关于进一步严格征地拆迁管理工作切实维护群众合法权益的紧急通知》，"要严格履行规定程序，征地前及时组织征地公告，并就征地补偿安置标准和政策征求群众意见。群众有意见的，要认真反复做好政策宣传解释和群众思想疏导工作，得到群众的理解和支持，不得强行实施征地拆迁；对于群众提出的合理要求，必须妥善予以解决。""各级国土资源部门要建立健全征地拆迁矛盾纠纷排查调处机制，认真做好征地拆迁中矛盾纠纷化解工作。在征地拆迁前，要分析评估易引发不稳定风险的环节和因素，提出预防和化解不稳定风险的对策措施。征地拆迁实施中要加强监管，及时发现出现的苗头性、倾向性问题，做好有关沟通协调工作，做到早发现、早处理，避免矛盾积累激化。"

2011 年 5 月 31 日，国土资源部正式印发《国土资源"十二五"规划纲要》，确定了未来五年国土资源管理的总体目标。明确"十二五"期间，全国耕地保有量保持在 18.18 亿亩，新增建设用地总量控制在3450 万亩。2011 年 7 月 20 日，温家宝主持召开国务院常务会议，会议审议并通过了调控土地市场的"国五条"。随后，国土资源部多次表示，为保障农民的土地权利，应尽快修改《土地管理法》。

2012 年 2 月 15 日，温家宝主持召开的国务院常务会议提出，2012年要制定出台《农村集体土地征收补偿条例》。16 日，中国科协国土资源分会土地和环境专业委员会主任郑振源称，《土地管理法》修订改革要到位，必须让集体土地入市，根本上要从地方的财税制度的改革做起：一方面要让地方政府有一个和实权匹配的财权，另一方面在土地税收上，要从重交易环节改为重土地保有环节。

2012 年 11 月，党的十八大报告要求"改革征地制度，提高农民在土地增值收益中的分配比例"。2012 年 11 月 29 日，国务院通过了《土地管理法修正案（草案）》并提请人大常委会会议审议。该草案删除了现行法律第四十七条中按土地原有用途补偿和三十倍补偿上限的规定，确定了"公平补偿"原则，但对如何计算补偿数额未明确规定。草案授权国务院制定具体的补偿办法。但该草案在人大常委会上引起了较大争议，有委员担心，无上限的补偿会形成因征地暴富的"暴富圈"，提高土地流转成本，造成新的不公。因此，改草案并没有在同年12月底闭幕的全国人大常委会会议上表决。这也意味着，征地补偿制度的修法进程，也将推迟到下一次审议。据2013年和2014年历次全国人大常委会的议程，《土地管理法修正案（草案）》未再次提请审议。

为进一步加强征地管理，防止违法违规征地，杜绝暴力征地行为，保护被征地农民的合法权益，维护社会和谐稳定，2013年5月13日，国土资源部办公厅发布《关于严格管理防止违法违规征地的紧急通知》，要求："要按照被征地农民发展权益不减少的原则，实行留地安置或留物业安置等多种安置方式；要按照发展权益均等的原则，制定相应的政策措施，将有稳定收入、风险小、易于管理的项目配置给被征地农村集体经营，确保被征地农民成为新型工业化、城镇化和农业现代化的积极参与者和真正受益者……要完善征地实施程序，严格落实征地信息公开要求，让群众充分了解征地相关信息，切实保障征地中农民的知情权、参与权，调动被征地农民的积极性，做到依法和谐征地。"要不断改进工作方法，建立健全征地矛盾纠纷调处机制，"征地实施前，要进行补偿安置收益分析，向被征地农民说明征地补偿标准的合理性、安置方式获得长远收益的可行性；要分析评估可能引发社会稳定风险的环节和因素，制定化解风险的预案。征地实施中，要加强监管，及时发现并化解苗头性、倾向性问题；要建立健全征地矛盾纠纷排查调处机制，认真做好征地中矛盾纠纷化解工作。"

2013年10月，党的十八届三中全会决议要求指出："建立城乡统一的建设用地市场。在符合规划和用途管制前提下，允许农村集体经营性建设用地出让、租赁、入股，实行与国有土地同等入市、同权同价。缩小征地范围，规范征地程序，完善对被征地农民合理、规范、多元保障机制。""建立农村产权流转交易市场，推动农村产权流转交易公开、公正、规范运行。"

2014年12月2日，中央全面深化改革领导小组第七次会议审议了《关于农村土地征收、集体经营性建设用地入市、宅基地制度改革试点工作的意见》。会议指出，这三项改革涉及农村集体经济组织制度、村民自治制度等一系列重要制度，关乎城镇化、农业现代化进程。要始终把维护好、实现好、发展好农民权益作为出发点和落脚点，坚持土地公有制性质不改变、耕地"红线"不突破、农民利益不受损三条底线，在试点基础上有序推进。2015 年 1 月，中共中央办公厅、国务院办公厅印发了《关于农村土地征收、集体经济建设用地入市、宅基地制度改革试点工作意见》的通知，并提出四大任务：一是完善土地征收制度。缩小土地征收范围，探索制定土地征收目录，严格界定公共利益用地范围；规范土地征收程序，建立社会稳定风险评估制度，健全矛盾纠纷调处机制，全面公开土地征收信息；完善对被征地农民合理、规范、多元保障机制。二是建立农村集体经营性建设用地入市制度。三是改革完善农村宅基地制度。四是建立兼顾国家、集体、个人的土地增值收益分配机制，合理提高个人收益。

2015 年 2 月 27 日，十二届全国人大常委会第十三次会议通过了《全国人民代表大会常务委员会关于授权国务院在北京市大兴区等 33 个试点县（市、区）行政区域暂时调整实施有关法律规定的决定》，授权国务院在上述行政区域，暂时调整实施《土地管理法》《中华人民共和国城市房地产管理法》关于农村土地征收、集体经营性建设用地入市、宅基地管理制度的有关规定。具体为《土地管理法》第四十三条第一款、第四十四条第三款和第四款、第四十七条第一款至第四款和第六款、第六十二条第三款、第六十三条，《中华人民共和国城市房地产管理法》第九条。

2017 年 2 月 9 日，国土资源部党组书记、部长、国家土地总督察姜大明主持召开会议。会议指出，2016 年 33 个试点地区三项试点工作，取得积极进展，成效初步显现。总体来看，农村集体经营性建设用地入市改革试点进展较快，积极探索了具有可操作性的规则体系，为建设城乡统一建设用地市场积累了有益经验，在增加农村土地财产收益，促进农村新产业、新业态发展，改善农村生产生活条件等方面取得积极成效。宅基地制度改革试点在实现"依法公平取得、节约集约使用、自愿有偿退出"的目标上取得积极进展。土地征收制度改革试点地区在缩小征地范围、规范征地程序、完善合理补偿和多元保障等方面作了积极的制度和实践探索。三项试点工作凸显了基层首创精神，为修法工作奠定了基础。2017 年是三项试点工作的收官之年，要紧紧围绕处理好农民和土地关系主线，坚持改革方向，坚守改革底线，系统梳理试点经验和做法，总结提炼具有重大制度价值的试点成果，为做好《土地管理法》修改审议及完善相关配套法规提供扎实的实践支撑和政策储备。

二　2000 年至今征地制度调整的具体成果

可见，改革开放以来，由于我国在实施征地过程中存在的弊端而产生了大量社会问题。21 世纪，我国出台的相关法律法规、政策意见数量之多和质量之高都大大超过了 20 世纪后半期。从征地程序和征地补偿来看，包括新增听证制度、完善矛盾处理机制、改革征地补偿费用计算标准、完善失地农民的社会保障、推动农村建设用地直接入市等。

（一）新增听证制度

2003 年 12 月 30 日，国土资源部制定《国土资源听证规定》，要求"主管部门组织听证"，分为主管部门组织听证和申请听证两种情况。2004 年 10 月，《国务院关于深化改革严格土地管理的决定》进一步要求，将"告知、确认、听证"程序引入征地批前程序，"确有必要的，国土资源部门应当依照有关规定组织听证"。2004 年 11 月，国土资源部制定《关于完善征地补偿安置制度的指导意见》，要求"当事人申请听证的，应按照《国土资源听证规定》规定的程序和有关要求组织听证"。2010 年 6 月 26 日，国土资源部下发《关于进一步做好征地管理工作的通知》，要求"认真做好用地报批前告知、确认、听证工作"。征地听证是征地制度的一次重大变革，它首次将"听证"这一化解社会矛盾的先进决策手段引入征地制度，将征地有关方案的制定这一征地的核心内容由政府的"单动"调整为政府与被征地集体经济组织和被征地群众的"互动"，将在征地过程中尊重被征地当事人的"知情权"提高到重被征地当事人的"话语权"，表明了决策层和管理层推进征地制度改革、保障被征地当事人利益的信心和决心，在征地制度改革进程中具有里程碑式的重要意义。[①] 因为这建立了一个被征地农民表达意见的平台，将关于征地程序的改革措施扩大到批前阶段。但是，这一听证规定仅涉及征地补偿程序的某个环节而缺乏系统性，且并不具备高于地方立法之法律效力，在实务操作中易使各地方政府为地方利益所驱使而

---

① 乔小雨：《中国征地制度变迁研究》，博士学位论文，中国矿业大学，2010 年，第 74 页。

置于一旁不予适用。

（二）改革征地补偿费用计算标准

2004 年 11 月，国土资源部制定《关于完善征地补偿安置制度的指导意见》，要求："省级国土资源部门要会同有关部门制定省域内各县（市）耕地的最低统一年产值标准，报省级人民政府批准后公布执行"，有条件的地区，"省级国土资源部门可会同有关部门制订省域内各县（市）征地区片综合地价，报省级人民政府批准后公布执行，实行征地补偿"。2005 年 7 月 23 日，国土资源部下发《关于开展制定征地统一年产值标准和征地区片综合地价工作的通知》，要求"制定征地统一年产值标准和区片综合地价"，"东部地区城市土地利用总体规划确定的建设用地范围，应制订区片综合地价；中、西部地区大中城市郊区和其他有条件的地区，也应积极推进区片综合地价制定工作；其他暂不具备条件的地区可制订征地统一年产值标准。"2008 年 6 月 26 日，国土资源部发布《关于切实做好征地统一年产值标准和区片综合地价公布实施工作的通知》，通知要求"新的征地补偿标准公布后，要坚持同地同价、协调平衡、公开透明的原则实施征地补偿，不得随意改变和降低补偿标准"，"建立征地补偿标准的更新机制，适时更新征地补偿标准，把握好调整幅度和周期。"2010 年 6 月 26 日，国土资源部下发《关于进一步做好征地管理工作的通知》。要求"全面实行征地统一年产值标准和区片综合地价"，确保"建设用地位于同一年产值或区片综合地价区域的，征地补偿水平应基本保持一致，做到征地补偿同地同价"。

（三）完善失地农民的社会保障

2004 年 2 月 8 日，中共中央、国务院发布《关于促进农民增加收入若干政策的意见》，要求："完善土地征用程序和补偿机制，提高补偿标准，改进分配办法，妥善安置失地农民，并为他们提供社会保障。"2004 年 10 月，《国务院关于深化改革严格土地管理的决定》要求：在城市规划区内，"当地人民政府应当将因征地而导致无地的农民，纳入城镇就业体系，并建立社会保障制度"，"劳动和社会保障部门要会同有关部门尽快提出建立被征地农民的就业培训和社会保障制度的指导性意见"。2004 年 11 月，国土资源部制定《关于完善征地补偿安置制度的指导意见》，要求，通过"向被征地农民提供免费的劳动技能培训"等办法让农民重新择业安置，征收城市规划区内的集体土地的，"应当将因征地而导致无地的农民，纳入城镇就业体系，并建立社会保障制度"。2006年2月21日，中共中央、国务院发布《关于推进社会主义新农村建设的若干意见》，规定："要完善对被征地农民的合理补偿机制，加强对被征地农民的就业培训，拓宽就业安置渠道，健全对被征地农民的社会保障。"2006年4月10日，国务院办公厅转发劳动保障部《关于做好被征地农民就业培训和社会保障工作指导意见的通知》，要求："在城市规划区内，当地人民政府应将被征地农民纳入城镇就业体系，并建立社会保障制度。在城市规划区外，应保证在本行政区域内为被征地农民留有必要的耕地或安排相应的工作岗位，并纳入农村社会保障体系；对不具备生产生活条件地区的被征地农民，要异地移民安置，并纳入安置地的社会保障体系。"2006年8月31日，国务院发布《关于加强土地调控有关问题的通知》要求："社会保障费用不落实的不得批准征地。"2007年4月28日，劳动和社会保障部、国土资源部联合发布《关于切实做好被征地农民社会保障工作有关问题的通知》，要求："被征地农民社会保障所需资金，原则上由农民个人、农村集体、当地政府共同承担，具体比例、数额结合当地实际确定。"2010年6月26日，国土资源部下发《关于进一步做好征地管理工作的通知》，要求抓紧"推进被征地农民社会保障资金的落实"，"本着'谁用地、谁承担'的原则，鼓励各地结合征地补偿安置积极拓展社保资金渠道"。

（四）推动农村建设用地直接入市

2004年2月8日，中共中央、国务院发布《关于促进农民增加收入若干政策的意见》，指出："积极探索集体非农建设用地进入市场的途径和办法。"2008年10月，党的十七届三中全会决议指出："逐步建立城乡统一的建设用地市场，对依法取得的农村集体经营性建设用地，必须通过统一有形的土地市场、以公开规范的方式转让土地使用权，在符合规划的前提下与国有土地享有平等权益。"2009年3月21日，国土资源部发布《关于促进农业稳定发展农民持续增收推动城乡统筹发展的若干意见》，专门对"规范集体建设用地流转，逐步建立城乡统一的建设用地市场"进行详细规定。"凡符合土地利用总体规划、依法取得并已经确权为经营性的集体建设用地，可采用出让、转让等多种方式有偿使用和流转。""完善土地资源配置机制，构建城乡统一建设用地市场。""按照'初次分配基于产权，二次分配政府参与'的原则，总结集体建设用地流转试点经验，出台和试行集体建设用地有偿使用收益的分配办法。"2013 年 10 月，党的十八届三中全会决议要求指出："建立城乡统一的建设用地市场。在符合规划和用途管制前提下，允许农村集体经营性建设用地出让、租赁、入股，实行与国有土地同等入市、同权同价。"2014 年 12 月 2 日，中央全面深化改革领导小组第七次会议审议了《关于农村土地征收、集体经营性建设用地入市、宅基地制度改革试点工作的意见》。2015 年 1 月，中共中央办公厅、国务院办公厅印发了《关于农村土地征收、集体经济建设用地入市、宅基地制度改革试点工作意见》的通知，将"建立农村集体经营性建设用地入市制度"作为重要任务。

（五）完善矛盾处理机制

2004 年 10 月，国务院颁布的《国务院关于深化改革严格土地管理的决定》，要求："征地补偿安置不落实的，不得强行使用被征土地。"2010 年 6 月 26 日，国土资源部下发《关于进一步做好征地管理工作的通知》，要求："征地批准后，征收土地公告和征地补偿安置方案公告可同步进行。公告中群众再次提出意见的，要认真做好政策宣传解释和群众思想疏导工作，得到群众的理解和支持，不得强行征地。"2011 年 5 月 15 日，国务院办公厅下发《关于进一步严格征地拆迁管理工作切实维护群众合法权益的紧急通知》，除了强调"要认真反复做好政策宣传解释和群众思想疏导工作，得到群众的理解和支持，不得强行实施征地拆迁"外，要求"各级国土资源部门要建立健全征地拆迁矛盾纠纷排查调处机制，认真做好征地拆迁中矛盾纠纷化解工作。在征地拆迁前，要分析评估易引发不稳定风险的环节和因素，提出预防和化解不稳定风险的对策措施。征地拆迁实施中要加强监管，及时发现出现的苗头性、倾向性问题，做好有关沟通协调工作，做到早发现、早处理，避免矛盾积累激化。"2013 年 5 月 13 日，国土资源部办公厅发布《关于严格管理防止违法违规征地的紧急通知》，要求不断改进工作方法，建立健全征地矛盾纠纷调处机制。2015 年 1 月，中共中央办公厅、国务院办公厅印发了《关于农村土地征收、集体经济建设用地入市、宅基地制度改革试点工作意见》的通知，任务之一是规范土地征收程序，建立社会稳定风险评估制度，健全矛盾纠纷调处机制，全面公开土地征收信息。

  总的来看，以上措施对于完善我国的征地补偿机制起到积极的推动作用。但实践证明，目前的各种征地补偿机制改革仍然只是过渡性的制度安排，要从根本上解决征地补偿的矛盾，还需要采取更深层次的改革措施。

第四章　我国征地制度运行中的公正缺陷

第一节　征地制度运行中的权利公正缺陷

征地过程中的权利公正问题是土地产权相关主体的权利关系问题，包括国家、集体和农民三个层面：国家拥有全部领土的主权和公权力，农村集体拥有土地所有权和管理土地的权力，而农民个人按份拥有农村土地所有权和排他性的使用权。

一　农村集体和农民个体之间的权利公正缺陷

（一）集体和农民的关系模糊

所有制和所有权有密切联系，但两者不是一一对应关系，不能由此认为，有什么样的所有制，就会有相应的所有权安排，有什么样的所有权安排就必然对应着相应的所有制。1950 年《土地改革法》确立了农民所有的土地制度，并得到 1954 年《中华人民共和国宪法》的承认，"国家依照法律保护农民的土地所有权和其他生产资料所有权"（第八条）。后来，随着社会主义改造，多元主体的土地私有制被改造成单一的公有制。以 1962 年《农村人民公社工作条例修正草案》为起点，"三级所有，队为基础"的集体土地所有权形式逐步在全国范围内确立，并严禁土地所有权转让，以保证社会主义公有制性质不变。这种政社合一的体制安排，使农村集体组织具有双重功能，即基层行政管理功能和农村集体土地所有者功能。在当时，土地对于以农业作为重要经济部门的中国而言，无疑是最重要、最根本的生产资料，其所有权必然应由国家和集体占有并支配。以至于我们一提到农村土地所有权性质问题，就只在于阐述它与土地私有的区别，以至于农村土地所有权的代表主体、内部结构和实现模式，我们往往忽略不计。这造成我们对农村土地所有权性质的认识长期处于直观和粗糙的模糊状态。

在理论界，研究者们对农村土地所有权性质提出了许多看法，归纳起来主要有两种代表性观点：第一，农村土地所有权是共有产权，农村集体成员共同对集体土地享有占有、使用和收益的权利，依照相关法规，平等自愿地行使自身对农村集体土地的所有权①；第二，农村集体土地所有权属于集体产权，是所谓"个人化与法人化的契合"的综合体，农村集体成员对集体土地财产享有相应的股权或社员权。② 事实上，农村土地所有权同时兼有这两种属性。

（1）从集体和外部市场交往来看，一方面，农村集体成员排斥本集体以外其他成员的染指，集体具有强烈的封闭性特征；另一方面，由集体通过一定的决策机构和决策机制，以民主程序在尊重各权利主体的基础上，做出各种决策安排。因此，我们说它具有较为独立的集体产权的性质。

（2）从集体内部成员来看，每一个成员对土地的拥有都不排斥其他成员拥有同样的权利，或者说，土地产权完全处于局部的"公共域"，集体成员占有土地产权的收益归自己，而由此带来的成本则由其他成员承担，形成所谓的"公地悲剧"。因此我们说，它具有共有产权的性质。

1. 农民无偿使用土地对集体土地所有权的否定

蔡继明研究认为，就集体土地所有权来说，其本身在经济上没有完全实现，从内部看，现在的农民无偿使用农村集体土地，是对集体土地所有权的另一个否定。而从外部看，政府对非公益性用地的强制征收，是对农村集体土地所有权的否定。③

就第一个层面的否定来看，比如，农村建设用地，从集体内部而言，农户使用宅基地的权利来源于相关法律规定。《土地管理法》第四十三条就规定：任何单位和个人进行建设，需要使用土地的，必须依法申请使用国有土地；但是，兴办乡镇企业和村民建设住宅经依法批准使用本集体经济组织农民集体所有的土地的，或者乡（镇）村公共设施

---

① 王卫国：《中国土地权利研究》，中国政法大学出版社 1997 年版，第 114 页。
② 孔祥俊：《民商法新问题与判解研究》，人民法院出版社 1998 年版，第 378 页。
③ 张曙光：《博弈：地权的细分、实施和保护》，社会科学文献出版社 2011 年版，第 22 页。

和公益事业建设经依法批准使用农民集体所有的土地的除外。《中华人民共和国物权法》明确规定了宅基地占有的长期性，严格限制集体调整和收回，使宅基地权利从静态上完全归属于农民个体并严格排除了集体土地所有权人的调整、收回行为。从实践来看，集体作为土地所有权人尽管享有分配宅基地的权利，但分配给农户使用后，农村集体在农民占有和利用宅基地的过程中基本上只是日常管理权，不能干预农户对宅基地的法定权利。因此，尽管从法理来看，农村集体对宅基地享有所有权、分配权、管理权和收回权，但现实中农村集体的管理权能、调整收回权能等行使空间变得狭小。

因此，有学者认为，农民对土地的使用权实质带有所有权的性质，甚至可以认为农民是以一种"类所有者"的身份来行使他们对集体土地的使用权。比如，"拥有宅基地使用权的公民，使用权没有期限，由公民长期使用，长期不变。"因此，农民普遍认为宅基地是一种私产，可以祖辈继承。这种认同不仅在农民个人的潜意识里存在，也得到了社会的广泛认可而具有事实上的合法性。比如，根据《土地管理法》，征地拆迁补偿费用包括土地补偿费、地上附着物及青苗补偿费和安置补助费三项。从理论上讲，如果农民作为个体仅仅拥有对土地的使用权而非所有权的话，那么他作为使用者的权益已经在土地补偿费、地上附着物及青苗补偿费两项赔偿中得到体现。作为征地方的地方政府也没有义务对不拥有所有权的农民个人实行劳动力安置，因为在保证农民使用土地过程中的投入和收益未受损失的条件下，农民似乎再无别的对等产权可让渡出来和地方政府相交换了。但事实上，安置补助费在三项对农户的补偿里才是农民关注的焦点所在。①

2. 农民集体行动逻辑困境

农民的力量恰恰不是取决于农民的人数，而是取决于农民的组织程度。在征地过程中，农村集体及农民能否有效地维护自身权益取决于农民自身能力的强弱和农民组织化程度的高低。本书基于农民个体和集体的产权关系角度论证农民维护征地权益的"集体行动的困境"。群体理论认为，具有共同利益的主体会自愿为促进他们的共同利益而行动。也

① 申静、王汉生：《集体产权在中国乡村生活中的实践逻辑——社会学视角下的产权建构过程》，《社会学研究》2005 年第 1 期。

就是说，如果某一利益集团一致认为，有一种前景可以使集团内部成员获得更高的收益，那么，该集团成员基于理性和自利本性，将会形成整体行动方案并朝着这一前景努力。① 根据奥尔森的集体行动理论，如果集体范围过大、监督不够和"搭便车"的问题，集体行动便无法成功实施。因此，即使一个大集团中所有人都具有理性和寻求自我利益的动机，并且作为一个集团，只要他们采取一致行动就能实现共同利益目标，他们仍然可能无法自动采取一致行动。我国农村土地是集体所有制。处于该集体之中的每个成员都可以称之为土地的主人，但又没有任何主体能够清楚了解自己在集体土地产权中所拥有的权益。因此，由于农民不可能共同承担维权的成本，却能够共同获得收益。也就是说，只要农民是集体中的一员，就无法排除在分享由他人努力所带来的维权收益之外。这样，理性的农民必然在土地征用中选择"搭便车"的行动，结果是：农民人数越多，农民的组织化程度越低。② 但是，在监督成本比较低的情况下，如果集体的规模比较小，集体行动就可以达成。在农村建设用地流转的问题上，每一个行动人也就是每一个村民都要付出相同的成本，那就是自己的宅基地，而法律规定的宅基地只能是一宅一户，一旦失去就不再补发。如果你不愿意付出这个成本，你就不可能获得最终的收益，无成本的坐享其成是不可能的。同时村镇领导和农户在集体行动成本方面是共担均分的关系，大家都要担负类似的成本和共同的风险。同时，人数众多的农民处于信息优势的地位，能够利用信息的优势对非农建设用地入市行为采取隐瞒、藏匿等机会主义行动来逃避中央和地方政府可能的惩罚。因此，偏低的组织化程度使农民在征地过程中处于弱势地位，对征地决策和补偿安排没有参与权和发言权，但是却能自发形成非农建设用地入市的行动逻辑。

（二）代表集体的主体不明确

按照《土地管理法》第八条规定：城市市区的土地属于国家所有。农村和城市郊区的土地，除由法律规定属于国家所有的以外，属于农民集体所有；宅基地和自留地、自留山，属于农民集体所有。但是，其属

---

① 参见埃莉诺·奥斯特洛姆《公共事务的治理之道——集体行动制度的演进》，余逊达等译，上海人民出版社 2000 年版，第 265—266 页。

② 肖屹：《失地农民权益受损与中国征地制度改革研究：基于产权视角的分析》，博士学位论文，南京农业大学，2008 年，第 70 页。

于哪一层级的集体所有呢？农村集体成员的边界在哪儿呢？《土地管理法》第十条规定：农民集体所有的土地依法属于村农民集体所有的，由村集体经济组织或者村民委员会经营、管理；已经分别属于村内两个以上农村集体经济组织的农民集体所有的，由村内各该农村集体经济组织或者村民小组经营、管理；已经属于乡（镇）农民集体所有的，由乡（镇）农村集体经济组织经营、管理。① 在上述法条中有两点不明确：其一，谁是农村集体土地所有权的真正代表？其二，代表农村集体行使土地所有权的主体如何确保农民的根本利益？

关于第一点，上述规定出现了村农民集体、村民委员会、村集体经济组织、村民小组、村内农村集体经济组织、乡（镇）农村集体经济组织、乡（镇）农民集体等多个概念，好像是农村集体经济组织、农民集体、村民委员会、村民小组甚至乡（镇）政府都拥有土地所有权。不过，在本书看来，"经营"和"管理"分别对应不同的理解，"经营"在《辞海》中的解释是"筹划营造（多用于工商企业的经办营销）"，"管理"则是"治理、管束"。那么，上述法条，比如"农民集体所有的土地依法属于村农民集体所有的，由村集体经济组织或者村民委员会经营、管理"，可以理解为：农民集体所有的土地依法属于村农民集体所有的，由村集体经济组织经营，或由村民委员会管理。这就是说，经营和管理的对应主体是明确的，如果没有经济组织进行经营，就由村民委员会实施行政管理权。实际上，《中华人民共和国村民委员会组织法》第八条第二款就规定：村民委员会依照法律规定，管理本村属于村农民集体所有的土地和其他财产，引导村民合理利用自然资源，保护和改善生态环境。我们可以理解为，村民委员会对集体土地只有管理权没有经营权是明确的。对于村民委员会和集体经济组织的关系，第八条第三款指出：村民委员会应当支持和组织村民依法发展各种形式的合作经济和其他经济，承担本村生产的服务和协调工作，促进农村生产建设和经济发展；村民委员会应当尊重并支持集体经济组织依法独立进行经济活动的自主权，维护以家庭承包经营为基础、统分结合的双层经

---

① 需要说明的是，上述法条的规定和《中华人民共和国民法通则》中关于农村土地被界定为乡（镇）、村两级所有的界定有出入。在本书写作中，如没有特殊说明，均按照《土地管理法》规定分析。

营体制，保障集体经济组织和村民、承包经营户、联户或者合伙的合法财产权和其他合法权益。但是，在实际操作中，政社合一的体制消失后，乡（镇）集体经济组织已名存实亡，乡镇集体土地实际由乡（镇）政府支配。村一级组织是我国宪法规定的基层政权组织（乡）的派出机关，组又是村的延伸，村组都是准行政组织而非纯粹的经济组织或集体财产所有权的行使者，但它们也行使村集体土地和村内集体土地的所有权控制。

关于第二点，答案已经很明确，由于行使集体土地所有权的大都是乡（镇）政府或其下派机构，其权力的行使是通过行政管辖权取得的，这种所有权和管理权相混合的所有权主体构筑方式容易导致公权干涉私权。一方面，由于农民集体往往是一个集合概念，如果不能有全民全程参与式的管理和表决，农村土地所有权的行使往往就只剩下抽象的意蕴，其难以成为市场交易的主体。① 土地所有权真正主体——农民因缺乏具体的组织形式和运作程序而无法直接从事经营管理，导致了主体虚置，这造成了广大农民对土地的疏离感，正如有些学者所言，他们不认为自己是土地的主人，而仅仅是类似佃户的土地租用者，只要其已经得到的土地实际利益（宅基地、承包地）有保障和相对公平即可。另一方面，所有权的行使主体发生了错位，土地管理者和经营者享有广泛的自由裁量权，并会因代理人身份向特权阶层身份的演化而成为专制的权力，容易使农村集体土地所有制异化为公有制包装下的权力所有制。

二　国家权力与集体（农民）权利的公正缺陷

（一）国家权力分割部分集体（农民）土地的权利

罗马法学家乌尔庇安对公权私权之分进行论证："公法是有关罗马国家稳定的法，私法是涉及个人利益的法。事实上，它们有的造福于公共利益，有的则造福于私人。"② 伴随着资产阶级革命的胜利，逐渐产生了"权力"与"权利"的近代观念，市民社会强调"权利"，主要解决平等主体间的权利义务边界以及利益交换问题。而"权力"则解决个人与国家之间的权利义务边界问题，即个人权利之所及，国家权力之

---

① 温世扬：《集体所有土地诸物权形态剖析》，《法制与社会发展》1999 年第 2 期。

② 参见桑德罗·斯奇巴尼《正义和法》，黄风译，中国政法大学出版社 1992 年版，第 35 页。

所止。就地权问题而言，各国政府都有公权力的主张，表现为规划管制、用途管制、交易管制以及公共使用等。也就是说，集体和农民享有的地权由国家界定了具体内涵的权利，不是绝对的、抽象的权利。因此，就地权问题的本质而言，不是一个简单的"国有"或是"私有"的问题，而是一个权利边界的问题，即个人对土地的权利边界在哪里，国家的公权力应当止于何处。①

因此，国家不能免费界定与保护产权，具有自利倾向的国家政府往往有可能凭借其独一无二的地位索取高于其提供服务的租金。② 因此，产权从一开始就注定由于国家的介入而不那么完整独立。正如德姆塞茨提出的"所有权残缺"所揭示出的：所有权残缺是指在完整的所有权约束中的部分被删除，一方面，产权不能完全离开国家政府而得到有效执行；另一方面，国家政府的介入又导致产权的残缺。③

国家为界定和保护农村土地产权所支付的成本应由土地产权来弥补：一方面，农村土地产权制度创新留有余地。一些地方对于城镇规划区内的农村土地不作确权安排，主要是由于地方政府担心，在这些未来要发生国家征地的区域，一旦颁证赋权，将增加今后工作难度。④ 而这集中体现了现存国家征地制度和农村土地产权制度改革创新之间的内在矛盾和冲突。另一方面，农村土地产权并不完整。即使已经对农村集体进行确权颁证，但在现行法律法规下，农村土地的流转仍然受到限制，地方政府确认权利的能力是有限的，故而名义上的确权并不能赋予农村集体或农户完整清晰的产权。因此，尽管地方政府为农村集体和农户颁发产权证，但农村土地能否流转、怎样流转以及收益分配等方面，依然受相关各方博弈的影响，最终需要相关法律法规及配套政策来推动。

（二）"个体权利"对"国家公权力"制约不足

从学理上讲，国家征地权作为公权力，需要处理好和农民个体权利的辩证关系。一方面，个体权利离不开公权力的界定和保障，另一方

---

① 张睿：《中国农地权正义论》，博士学位论文，浙江大学，2013 年，第 98 页。
② 袁林：《国家与产权：农村土地制度变迁的绩效分析》，《经济与管理》2008 年第 3 期。
③ 科斯等：《财产权与制度变迁》，刘守英等译，上海人民出版社 2004 年版，第 97 页。
④ 张曙光：《博弈：地权的细分、实施和保护》，社会科学文献出版社 2011 年版，第 145 页。

面，公权力也需要合理划分和个体权利的边界。也就是说，个体需要有效监督国家公权力。否则，公权力失控于个体权利最严重的后果是破坏权力运行正常轨道。① 因为，"公共权力一旦形成，就极易反过来控制公民权利甚至奴役公民本身，使公民同国家机关及其官员之间政治上的主仆关系在现实生活中换位。"② 从组织学来讲，"社会人假设"是公众参与的理论基础，其本质是通过一定的方法和程序让更多的公众能够参加那些与他们息息相关的政策和规范制定及决策过程中去。③ 但是，事实上，在征地过程中，由于农村土地的所有权主体是农村集体，因此，政府征地本身所涉及的主体为政府、用地单位、农村集体三者。在征地执行过程中，与相关主体打交道的是农村集体（村委会或名义上的集体经济组织），而不是农民本身。这样，农民"个体权利"很难制约"国家公权力"，农民始终处于被支配地位，没有发言权和决定权。其原因如下：

1. 信息公开不充分

征地审批过程基本是由土地行政管理部门封闭完成的，审批过程和项目详细信息既不向社会公布，也不向被农民公开用地项目的详细情况。农民对建设项目可行性论证、对征用土地方案拟订等过程，都被排斥在审批过程之外，既不能深入了解用地项目的详细情况和审批的过程，也不能发表自身意见和提出质疑。对两次公告方式的具体规程设置不够细致和严格，地方政府在执行公告过程时不够认真和规范，仅仅起到简单的知会和通知作用。

2. 农民自身维权能力不足

改革开放以来，农民的整体素质有了很大的提高。但是，相较于其他社会群体，农民文化程度依然较低。据有关资料统计，目前我国农村劳动力的平均受教育年限为 7.7 年，而城市劳动力受教育年限平均为12.2 年。农村劳动力中，初中以下文化程度的劳动力占 87.90%，大专

---

① 叶常林、李瑞华：《公共权力监督模式的历史研究》，《安徽工业大学学报》（社会科学版）2006 年第 1 期。

② 陈建新：《以"权力制约＋权利制衡"模式规范权力运行》，《桂海论丛》2005 年第 2期。

③ 刘秀华、邵景安：《县级土地利用规划的理论与实践》，西南师范大学出版社 2004 年版，第 254 页。

以上学历的仅为 0.5%。这样，正如阿马蒂亚·森在《以自由看待发展》中所说的那样，一个不识字的人，即使给予他参政议政的权利，也会由于不识字而无法真正行使自己的权利。对于文化程度很低的农民，即便赋予其维护自身权益的权利，也有可能因为自身能力的限制导致维权能力下降而使其无法有效维护自身权益。[①]

3. 农民缺乏利益表达渠道

"在一个农业大国，农民政治参与的程度，是衡量这个国家政治生活开明和健全程度的重要标志。"[②] 然而，农民在征地过程中，无从获知征地的具体细节，也没有话语权和表达权。同时，由于其自身能力不足，农民不可避免地成为众多博弈集团中的弱势群体，其结果必然会导致农民土地权益受损。当农民领悟到自身利益受损后，也缺乏合理的权利救济途径，缺乏畅通的利益表达渠道。农民往往采取集体上访、暴力上访的形式维权。而这又反过来加剧基层政府和农民集体之间的矛盾冲突，降低农民个体权利有效制约公权力的可能性。

（三）征地权压低土地补偿

如前所述，正是由于我国农村土地产权主体的模糊性和国家权力介入性，这为国家公权力介入农村土地提供了契机。国家在名义上承认农村土地归农民集体所有，而事实上的集体所有不同于私有产权，也不是国家所有权，而是由国家控制土地但由农村集体承担受控结果的一种农村社会制度安排。[③] 农村土地的终极支配权往往在国家的掌控之下，由各级政府代理。村一级组织是我国宪法规定的基层政权组织（乡）的派出机关，组又是村的延伸，村组都是准行政组织而非纯粹的经济组织或集体财产的所有权的行使者，但它们也行使村集体土地和村内集体土地的所有权控制。

正如蔡继明教授所提出的集体所有权两个否定：其一是农民无偿使用农村集体土地，是对集体土地所有权的否定。其二是政府对集体土地

---

① 肖屹：《失地农民权益受损与中国征地制度改革研究：基于产权视角的分析》，博士学位论文，南京农业大学，2008年，第70页。

② 同春芬：《转型时期中国农民的不平等待遇透析》，社会科学文献出版社2006年版，第132页。

③ 周其仁：《中国农村改革：国家和所有权关系的变化（上）——一个经济制度变迁史的回顾》，《管理世界》1995年第3期。

的强制征收权。具体来看，农村集体对农村土地的使用、处分和收益权是十分有限的。根据《土地管理法》的规定，就农业用地而言，农民集体所有的土地由本集体经济组织的成员承包经营，从事种植业、林业、畜牧业、渔业生产。土地承包经营期限为三十年。（第十四条）禁止任何单位和个人闲置、荒芜耕地。（第三十七条）违反本法规定，占用耕地建窑、建坟或者擅自在耕地上建房、挖砂、采石、采矿、取土等，破坏种植条件的，或者因开发土地造成土地荒漠化、盐渍化的，由县级以上人民政府土地行政主管部门责令限期改正或者治理，可以并处罚款；构成犯罪的，依法追究刑事责任。（第七十四条）对于农村建设用地而言，除了村民建房、兴办乡镇企业和修筑公益设施三种例外情形，农村建设用地不能直接用于非农建设，其法定途径就只能经过所有权的单向流转后，由国家垄断出让。比如，第四十三条第一款指出，其他非农村集体单位和村民要进行非农建设，必须依法申请使用国有土地。第二款则规定，国有土地包括国家现有的土地和国家对农村土地征用（收）的土地，这就是说，国有土地的范围是可以无限拓展的，而其拓展的空间主要就是农村土地。这样，通过征地这种强制手段，农村集体土地所有权单行流向城市，而"按照被征用土地的原用途给予补偿"太低，完全不符合土地价格决定的常理，即资产的价值取决于其未来收益的折现，而非历史成本或曾经的用途。实际上，《土地管理法》的补偿规定的主旨是限制性的，如耕地补偿大致按"年产值"的倍数，严格规定了最高限额。

这样，政府限制了农村土地集体所有权的流动，限制农村土地用途，就可以极低的价格从集体征用土地。集体农民所获得的补偿收益十分有限。

（1）由于所有权残缺，集体农民无法得到征地补偿款中的应有份额。如前所述，由于农村集体所有权主体模糊，国家对征地具有决定权，对征地补偿具有极大的自由裁量权，集体农民只能被动地接受，即使征地补偿太低而自身利益受损，也不能通过合理渠道得到解决。

（2）由于使用权残缺，农民按照原有用途所获补偿偏低。张成玉的研究表明，完整产权条件下，农地配置的最佳用途为建设用地，但由于我国实行严格的土地用途管制，农民所获得的土地收益是很有限的。而《土地管理法》第四十七条规定：征收土地的，按照被征收土地的原用途给予补偿。因此，征地中农民所获得补偿的基数只能是基于农业经营收益。① 与此同时，政府再改变土地的用途，并以公用或者商用的形式将低价从农民那里拿来的土地的使用权高价出让，从中赚取巨额差价。

第二节　征地制度运行中的机会公正缺陷

机会，是指社会成员生存与发展的可能性空间和余地。机会公正是指社会成员在解决如何拥有作为一种资源的机会问题时应遵循这样的原则。征地过程中的机会公正包括征地知情机会、征地参与机会、权利救济机会和土地发展机会四个方面。

一　机会公正是我国现代市场经济的重要要求

市场经济是建立在公平交易和竞争基础上的经济体系。在市场经济条件下，应"处理好政府和市场的关系，使市场在资源配置中起决定性作用和更好发挥政府作用"，让供求规律、竞争规律和价格发现规律发挥积极作用，所有生产要素和产品的配置和产销都需要符合价值规律。机会公正作为社会公正的一项重要理念和准则，它是同现代化进程和市场经济相伴随而产生的。现代市场经济、大工业生产、社会分化与社会整合则为机会公正提供了坚实基础。机会平等的理念与准则对于现代社会有着十分深远的影响，恩格斯曾经指出：自由通行和机会平等是首要的和愈益迫切的要求。② 其要义在于为社会成员提供一种平等竞争的公正环境，而力图消除先赋性等影响个人发展的不正常因素；为社会成员提供广阔的选择余地和有效的发展空间，从而激发社会活动主体的活力和创造力，创造一个充满活力、安定有序、竞争公平、分配合理的经济运行体制，进而为政治、文化事业的发展奠定坚实的基础。③

在我国建设社会主义市场经济的过程中，我党十分重视和强调机会

---

① 张成玉：《产权残缺条件下征地公平补偿问题研究》，《农业经济问题》2011 年第 6 期。

② 《马克思恩格斯选集》第 3 卷，人民出版社 2012 年版，第 145 页。

③ 孔祥峰：《论社会公正体系中的机会平等原则》，《太原师范学院学报》（社会科学版）2007 年第 1 期。

公平。党的十四大报告强调，"加强市场制度和法规建设，坚决打破条条块块的分割、封锁和垄断，促进和保护公平竞争。"党的十五届四中全会指出："健全市场规则，规范市场行为，加强市场监管，清除分割、封锁市场的行政性壁垒，营造公平竞争的市场环境。"党的十六届三中全会指出："加快建设全国统一市场。……废止妨碍公平竞争、设置行政壁垒、排斥外地产品和服务的各种分割市场的规定，打破行业垄断和地区封锁。"党的十八届三中全会指出："政府的职责和作用主要是保持宏观经济稳定，加强和优化公共服务，保障公平竞争，加强市场监管，维护市场秩序，推动可持续发展，促进共同富裕，弥补市场失灵。""国家保护各种所有制经济产权和合法利益，保证各种所有制经济依法平等使用生产要素、公开公平公正参与市场竞争、同等受到法律保护，依法监管各种所有制经济。""建设统一开放、竞争有序的市场体系，是使市场在资源配置中起决定性作用的基础。必须加快形成企业自主经营、公平竞争，消费者自由选择、自主消费，商品和要素自由流动、平等交换的现代市场体系，着力清除市场壁垒，提高资源配置效率和公平性。""建立农村产权流转交易市场，推动农村产权流转交易公开、公正、规范运行。……维护农民生产要素权益，保障农民工同工同酬，保障农民公平分享土地增值收益。"

二　我国现行征地过程的主要程序

依据《土地管理法》《土地管理法实施条例》《关于完善征地补偿安置制度的指导意见》《国土资源部关于进一步做好征地管理工作的通知》等，我国现行征地过程的主要程序见图4-1。

在用地单位提出用地申请后，依次经历征地报批前阶段、征地审批阶段、公告和登记阶段、征地实施阶段。

（一）征地报批前阶段

依据《关于完善征地补偿安置制度的指导意见》的规定，该程序包括：

（1）根据用地申请，告知征地情况。在征地依法报批前，当地国土资源部门应将拟征地的用途、位置、补偿标准、安置途径等，以书面形式告知被征地农村集体经济组织和农户。在告知后，凡被征地农村集体经济组织和农户在拟征土地上抢栽、抢种、抢建的地上附着物和青苗，征地时一律不予补偿。

（2）开展征地调查，确认征地调查结果。当地国土资源部门应对拟征土地的权属、地类、面积以及地上附着物权属、种类、数量等现状进行调查，调查结果应与被征地农村集体经济组织、农户和地上附着物产权人共同确认。

（3）初步拟订补偿方案并公告，告知听证。在征地依法报批前，当地国土资源部门应告知被征地农村集体经济组织和农户，对拟征土地的补偿标准、安置途径有申请听证的权利。当事人申请听证的，应按照《国土资源听证规定》规定的程序和有关要求组织听证。

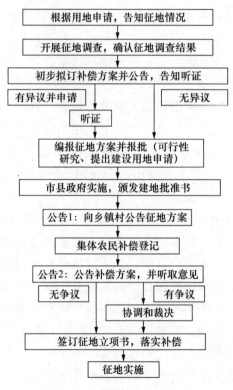

图 4-1 我国现行征地程序

《国土资源部关于进一步做好征地管理工作的通知》第十条强调："征地告知要切实落实到村组和农户，结合村务信息公开，采取广播、在村务公开栏和其他明显位置公告等方式，多形式、多途径告知征收土地方案。被征地农民有异议并提出听证的，当地国土资源部门应及时组织听证，听取被征地农民意见。对于群众提出的合理要求，必须妥善予以解决。"

（二）征地审批阶段

《土地管理法实施条例》第二十三条明确要求，能源、交通、水利、矿山、军事设施等建设项目确需使用土地利用总体规划确定的城市建设用地范围外的土地，涉及农用地的，按照下列规定办理：

（1）建设项目可行性研究论证时，由土地行政主管部门对建设项目用地有关事项进行审查，提出建设项目用地预审报告；可行性研究报告报批时，必须附具土地行政主管部门出具的建设项目用地预审报告。

（2）建设单位持建设项目的有关批准文件，向市、县人民政府土地行政主管部门提出建设用地申请，由市、县人民政府土地行政主管部门审查，拟订农用地转用方案、补充耕地方案、征用土地方案和供地方案（涉及国有农用地的，不拟订征用土地方案），经市、县人民政府审核同意后，逐级上报有批准权的人民政府批准。其中，补充耕地方案由批准农用地转用方案的人民政府在批准农用地转用方案时一并批准；供地方案由批准征用土地的人民政府在批准征用土地方案时一并批准（涉及国有农用地的，供地方案由批准农用地转用的人民政府在批准农用地转用方案时一并批准）。

（3）农用地转用方案、补充耕地方案、征用土地方案和供地方案经批准后，由市、县人民政府组织实施，向建设单位颁发建设用地批准书。有偿使用国有土地的，由市、县人民政府土地行政主管部门与土地使用者签订国有土地有偿使用合同；划拨使用国有土地的，由市、县人民政府土地行政主管部门向土地使用者核发国有土地划拨决定书。

（4）土地使用者应当依法申请土地登记。建设项目确需使用土地利用总体规划确定的城市建设用地范围外的土地，涉及农民集体所有的未利用地的，只报批征用土地方案和供地方案。

（三）公告和登记阶段

依据《土地管理法》和《土地管理法实施条例》，有以下三个流程：

（1）公告 1：国家征收土地的，依照法定程序批准后，由县级以上地方人民政府予以公告并组织实施。（《土地管理法》第四十六条第一款）征用土地方案经依法批准后，由被征用土地所在地的市、县人民政府组织实施，并将批准征地机关、批准文号、征用土地的用途、范围、面积以及征地补偿标准、农业人员安置办法和办理征地补偿的期限等，在被征用土地所在地的乡（镇）、村予以公告。（《土地管理法实施条例》第二十五条第一款）

（2）登记：被征收土地的所有权人、使用权人应当在公告规定期限内，持土地权属证书到当地人民政府土地行政主管部门办理征地补偿登记。（《土地管理法》第四十六条第二款）被征用土地的所有权人、使用权人应当在公告规定的期限内，持土地权属证书到公告指定的人民政府土地行政主管部门办理征地补偿登记。（《土地管理法实施条例》第二十五条第二款）

（3）公告2：征地补偿安置方案确定后，有关地方人民政府应当公告，并听取被征地的农村集体经济组织和农民的意见。（《土地管理法》第四十八条）市、县人民政府土地行政主管部门根据经批准的征用土地方案，会同有关部门拟订征地补偿、安置方案，在被征用土地所在地的乡（镇）、村予以公告，听取被征用土地的农村集体经济组织和农民的意见。（《土地管理法实施条例》第二十五条第三款）

为简化征地批准后实施程序。《国土资源部关于进一步做好征地管理工作的通知》第十一条要求：为缩短征地批准后实施时间，征地报批前履行了告知、确认和听证程序并完成土地权属、地类、面积、地上附着物和青苗等确认以及补偿登记的，可在征地报批的同时拟订征地补偿安置方案。征地批准后，征收土地公告和征地补偿安置方案公告可同步进行。公告中群众再次提出意见的，要认真做好政策宣传解释和群众思想疏导工作，得到群众的理解和支持，不得强行征地。

（四）征地实施阶段

依据《土地管理法实施条例》第二十五条第三款规定：

（1）无异议的，落实补偿，交地。征地补偿、安置方案报市、县人民政府批准后，由市、县人民政府土地行政主管部门组织实施。

（2）有争议的，协调和裁决。对补偿标准有争议的，由县级以上地方人民政府协调；协调不成的，由批准征用土地的人民政府裁决。征地补偿、安置争议不影响征用土地方案的实施。

从图4-1可以看出，我国在土地征收程序上已引进告知、听证和协调裁决机制，重视被征地农民和集体的参与权和表达意见的机会。但是，由于地方政府有意或无意忽视被征地农民的被告知权利和听证权利，就降低了我国征地程序中的农民和集体的参与程度。听证过程并未真正发挥协商平台作用，未将其作为征地补偿必须履行的前置程序。即使被征地农民和集体参与听证过程或其他协商过程，他们所获得的表达意见机会都是建立在征地方初始确定的征地补偿和安置方案上，没有机会参与确定征地补偿和安置方案。这增加了被征地农民和农村集体对征地补偿和安置方案进行对抗的风险。[1] 征地批准后实施的"两公告一登记"制度设置的主要目的是提高征地工作的透明度，重视被征地群众的知情权。但在征地实践中，对于已经由批准部门拟订的征地补偿标准和安置方案，农民并未真正参与进去，仅仅是告知，并"听取被征用土地的农村集体经济组织和农民的意见"。"听取意见"的同时，"征地补偿、安置方案报市、县人民政府批准后，由市、县人民政府土地行政主管部门组织实施"。而"对补偿标准有争议的，由县级以上地方人民政府协调；协调不成的，由批准征用土地的人民政府裁决"。可以发现，协调和裁决主体就是实施征地的政府主体，而且仅仅限于"对补偿标准有争议的"情况。并且"征地补偿、安置争议不影响征用土地方案的实施"。由此可见，征地程序中，虽然有关于农民和集体知情的规定和参与某些环节的公正权利规定，但是，一则其并未真正落实，二则这些权利规定本身并未能实现程序公正之本来要求。

三 征地知情机会有限

研究表明，只要补偿合理、过程公开、信息透明，绝大多数受访者均支持国家征地，农民最担心的是"暗箱操作"。事实上，由于在征地审批过程中，基本是由土地行政管理部门封闭完成的，审批过程和项目详细信息既不向社会公布，也不向被农民公开用地项目的详细情况。既缺少农民或集体代表、独立社会组织、权威专家的参与和评估，也缺少权威第三方的监督。农民对建设项目可行性论证、对征用土地方案拟订等过程，都被排斥在审批过程之外，既不能深入了解用地项目的详细情况和审批的过程，也不能发表自身意见和提出质疑。容易引起农民对项目合法性的猜疑，也给各类谣言传播提供了便利。

两次公告的过程，是被征地农民对了解征地情况的重要机会，但由

---

① 刘新华：《嵌入协商机制构建正当征地程序》，《北方经贸》2011 年第 9 期。

于对两次公告方式的具体规程设置不够细致和严格，地方政府在执行公告过程时不够认真和规范，仅仅起到简单的知会和通知作用：第一次公告是在征地审批之后，主要是通知农民进行产权登记，并未授予其发表反对意见或提出质疑的权利；第二次公告虽在安置补偿方案被批准前，虽然规定"听取被征用土地的农村集体经济组织和农民的意见"，但并未授予农民参与安置补偿方案制订的权利，农民往往无法及时准确获知公告内容。①

同时，国家的一些法律法规、规章制度等都是在政府公众信息网上披露，由于城乡"信息鸿沟"的存在，农民往往很难真正有条件、全面地掌握相关信息，他们对包括征地法规政策等征地信息了解的主要渠道仍是征地公告、拆迁动员会等，所获信息也非常有限。这也造成了一些农民对征地法规政策的误读。再加上一些基层乡镇干部对于国家征地政策法规也缺乏全面、准确的理解，他们很难在准确把握政策精神的基础上对农民释疑解惑。因此，由于对征地政策理解的模糊性，许多农民就将征地补偿款和安置费的地区和个体差异理解为"被政府及政府各级官员暗地里黑掉了"。②

四　征地参与机会缺乏

征地中的参与机会，是征地机会公正中的核心。也就是农民或集体代表就有关问题与政府部门及相关方进行讨论，提出合法的、合理的和建设性的意见，政府及有关部门应该支持农民的参与权，积极听取他们的建议和意见。

一种公正的程序设计能够充分保护公民参与权利。"程序的重点不在于产生出何种结果，而是按照何种手续作出政策的选择与决定。程序是决定的决定，它所决定的并不是结果而是作为结果的决定是如何产生的。"③土地是农民的命根子，征地意味着农民赖以生计的生产生活资料的丧失，它对农村集体及农户来说影响是深刻的。因此，征地程序的设计应让农民享有参与的机会，应允许农民与政府进行"讨价还价"。正如福尔克尔·施密特所言：所设立的机制，必须在决定过程的某个阶

---

① 祝天智：《纠纷化解机制构建与征地程序改革》，《华南农业大学学报》（社会科学版）2014年第2期。

② 杨春禧：《论征地程序改革与和谐社会构建》，《社会科学研究》2005年第5期。

③ 李建华：《公共政策的程序正义及其价值》，《中国社会科学》2009年第1期。

段，给予那些直接或间接地受决定影响的人一个发言机会。唯有让农民能充分参与到征地进程中，相关方才能真正处于平等的地位，拥有平等的机会，各方的意见才能得到平等的重视，最后对征地才能形成共识。①

从形式上看，我国法律法规也赋予了被征地权利人相应的参与权利。比如，《土地管理法》设有"两公告一登记"的规定。第四十六条规定：国家征用土地的，依照法定程序批准后，由县级以上地方人民政府予以公告并组织实施。被征用土地的所有权人、使用权人应当在公告规定期限内，持土地权属证书到当地人民政府土地行政主管部门办理征地补偿登记。第四十八条规定：征地补偿安置方案确定后，有关地方人民政府应当公告，并听取被征地的农村集体经济组织和农民的意见。《土地管理法实施条例》第二十五条规定：对补偿标准有争议的，由县级以上地方人民政府协调；协调不成的，由批准征用土地的人民政府裁决。可见，只允许就补偿和安置提出对行政裁决的异议，不允许对征收的合法性和合理性提出异议，征地补偿方案之前的过程、征地方案本身的拟订等，被征地的农村集体经济组织、农民对征地决定没有机会参与，更无权提出异议，而只能对征地补偿、安置方案提出意见。

就审批阶段的重要性来看，征地合法性与合理性审查是确保征地目的和审批条件都完全符合法律规定，从而使被征地农民集体乐于接受征地，避免出现各类纠纷的前提。《土地管理法实施条例》第二十三条规定：建设项目可行性研究论证时，由土地行政主管部门对建设项目用地有关事项进行审查，提出建设项目用地预审报告。《国务院关于深化改革严格土地管理的决定》第九条规定：加强建设项目用地预审管理。凡不符合土地利用总体规划、没有农用地转用计划指标的建设项目，不得通过项目用地预审。

可见，审批机关主要基于"符合土地利用总体规划"和"农用地转用计划指标"对征地项目进行审查，缺少对建设项目的"公共利益"性和可能造成的其他影响进行慎重调查。就前者而言，《中华人民共和国宪法》和《土地管理法》明确规定了公共利益是土地征收的法定要

---

① 秦勇：《分配正义："土地财政"法律制度改革的目标》，《法学论坛》2013 年第 9 期。

件，但"公共利益"本身具有模糊性和抽象性，在实践中的可操作性不强。而《国务院关于深化改革严格土地管理的决定》中，根本就没有对是否符合"公共利益"进行审查，导致了"公共利益"规定的落空。虽然《关于完善征地补偿安置制度的指导意见》要求当地国土资源部门将"确认征地调查结果"作为征地批前必备程序，要求"应对拟征土地的权属、地类、面积以及地上附着物权属、种类、数量等现状进行调查，调查结果应与被征地农村集体经济组织、农户和地上附着物产权人共同确认"。但是征地审批主要是对申报材料的审查，审批机关很难真正深入实地调查。作为征地当事人的农村集体和农民，对于项目本身实际造成的影响是很有发言权的，但是，他们没有机会参与到这个重要的审批环节。这就导致各类违法违规项目获批土地，如近年频频曝光的高污染、高耗能、高危害等各类不符合国家产业政策的项目，甚至不符合土地利用总体规划、耕地保护等审批条件的项目顺利获批土地。在当前环境安全事故频发、民众环境安全意识和权利意识高涨的背景下，一旦违法违规事实被曝光，后续纠纷就在所难免。①

需要指出的是，2001 年引入了听证制度。2001 年 10 月 18 日，国土资源部发布《征用土地公告办法》。《征用土地公告办法》第九条要求：被征地农村集体经济组织、农村村民或者其他权利人对征地补偿、安置方案有不同意见的或者要求举行听证会的，应当在征地补偿、安置方案公告之日起 10 个工作日内向有关市、县人民政府土地行政主管部门提出。第十条要求：有关市、县人民政府土地行政主管部门应当研究被征地农村集体经济组织、农村村民或者其他权利人对征地补偿、安置方案的不同意见。对当事人要求听证的，应当举行听证会。确需修改征地补偿、安置方案的，应当依照有关法律、法规和批准的征用土地方案进行修改。有关市、县人民政府土地行政主管部门将征地补偿、安置方案报市、县人民政府审批时，应当附具被征地农村集体经济组织、农村村民或者其他权利人的意见及采纳情况，举行听证会的，还应当附具听证笔录。2003 年 12 月 30 日，国土资源部制定的《国土资源听证规定》对听证会的原则和具体情况进行明确要求：主管部门组织听证，应当遵

---

① 祝天智：《纠纷化解机制构建与征地程序改革》，《华南农业大学学报》（社会科学版）2014 年第 2 期。

循公开、公平、公正和便民的原则，充分听取公民、法人和其他组织的意见，保证其陈述意见、质证和申辩的权利。依职权组织的听证，除涉及国家秘密外，以听证会形式公开举行，并接受社会监督；依当事人的申请组织的听证，除涉及国家秘密、商业秘密或者个人隐私外，听证公开举行。具体有两种情形：其一，有下列情形之一的，主管部门应当组织听证：（一）拟定或者修改基准地价；（二）编制或者修改土地利用总体规划和矿产资源规划；（三）拟定或者修改区域性征地补偿标准。有下列情形之一的，直接涉及公民、法人或者其他组织的重大利益的，主管部门根据需要组织听证：（一）制定规章和规范性文件；（二）主管部门规定的其他情形。（第十二条）其二，有下列情形之一的，主管部门在报批之前，应当书面告知当事人有要求举行听证的权利：（一）拟定拟征地项目的补偿标准和安置方案的；（二）拟定非农业建设占用基本农田方案的。有下列情形之一的，主管部门在作出决定之前，应当书面告知当事人有要求举行听证的权利：（一）较大数额罚款、责令停止违法勘查或者违法开采行为、吊销勘查许可证或者采矿许可证等行政处罚的；（二）国有土地使用权、探矿权、采矿权的许可直接涉及申请人与他人之间重大利益关系的；（三）法律、法规或者规章规定的其他情形。（第十九条）

但是，在实际操作中，征地听证程序实施效果并不理想。一方面，被征地农民和集体对听证程序缺乏了解，地方政府及政府官员对有关听证的规定认识不到位，甚至一些地方政府官员担心听证程序将增加征地难度，有意无意地忽略掉听证这一环节。① 另一方面，《土地管理法实施条例》第二十五条第三款关于"征地补偿、安置争议不影响征地方案的实施"的规定，就足以让听证因流于形式而效果大打折扣。这样，听证充其量只起到土地行政管理机关听取被征收人意见的功能，难以对土地行政管理机关构成实质性制约，其也很少真正吸收和采纳被征地人的利益诉求。

事实上，在征地过程中，由于农村土地的所有权主体是农村集体，政府征地本身所涉及的主体为政府、用地单位、农村集体三者。在征地执行过程中，与相关主体打交道的是农村集体（村民委员会或名义上

---

① 杨春禧：《论征地程序改革与和谐社会构建》，《社会科学研究》2005 年第 5 期。

的集体经济组织），而不是农民个体。相关法规也对农民参与村务作了相关规定。根据《中华人民共和国村民委员会组织法》的规定，对于"征地补偿费的使用、分配方案"的，需要"经村民会议讨论决定方可办理"（第二十四条），对于"由村民会议、村民代表会议讨论决定的事项及其实施情况"，均要求"村民委员会应当及时公布下列事项，接受村民的监督"（第三十条）。同时，农村基层在推行"四议两公开"的工作法当中，也对本村农民对征地等相关重大适宜的知情权与参与权作出了相应规定。比如，支部提议阶段，要贯彻民主集中制原则。从群众最关心、最需要的事着手，深入群众，广泛征求群众意见，集思广益，归纳分类，形成合民意、顺民心的方案，确保实施后能够惠及群众。在村民代表会议或村民大会决议阶段，对大多数人同意、少数人反对的决议事项，再次走访群众，弄清原因，做好解释工作，争取更多支持。对未能通过的事项深入分析原因，决策确实错误的及时中止，思路正确但条件不成熟或措施不完善的，待条件成熟、措施完善后再立项审议。但该工作法只是一种农村基层组织自治机制，并未得到法律强制力的保障实施。在 2012 年 7 月河南省洛阳市涧西区遇驾沟村和小所村征地冲突中，资料显示，两村改造项目过程中均已完整履行"四议两公开"的工作过程，但是存在伪造党员大会和村民代表大会会议记录、伪造征地补偿方案中的村民签字骗取上级土地审批的现象。①

五　征地中权利救济机会缺失

在征地过程中，农民寻求广泛参与的最终目的就是表达自己的利益诉求，使地方政府听取和采纳农民合法合理的要求和建议。这就要求有相关途径对政府权力进行约束，对农民自身权利进行救济，以保证政府、农民集体的权利和义务的实施和履行。

从已有协调裁决机制来看，《土地管理法实施条例》第二十五条规定为："对补偿标准有争议的，由县级以上地方人民政府协调；协调不成的，由批准征用土地的人民政府裁决。征地补偿、安置争议不影响征用土地方案的实施。"本规定存在执行主体的缺陷及逻辑缺陷。

从执行主体来看，政府既是征地双方的当事人，又是出现征地争议

---

① 参见赵芷珺《农村集体土地征收程序的缺陷与重构——以河南洛阳违规征地强拆事件为例》，《郑州航空工业管理学院学报》（社会科学版）2014 年第 10 期。

时的协调者和裁决者，其身份主体不符合公平性原则的要求，其协调和裁决结果必然受到质疑。即使能够公正协调和裁决，也会因明显的程序瑕疵而难以让被征地农民信服。第一，在协调过程中，县级以上政府既是安置补偿方案的批准者，又是征地主体，与被征地农民集体之间存在利益博弈关系，由其进行协调，公正性将被大大削弱。第二，在裁决过程中，省市政府和县级政府之间是上下级隶属关系，市、县政府制定补偿方案的依据就是省政府制定的统一产值标准，部分建设项目也是上级政府主导投资的。因此，由其裁决显然也不完全符合程序中立性的原则。①

从内在逻辑来看，"征地补偿、安置争议不影响征用土地方案的实施"的规定和上述协调裁决条款内容是自相矛盾的。因为，即使协调裁决过程本身是公正合理的，如果村民对补偿标准有异议，进入协调和裁决进程，但这也需要花时间让相关方各自举证和"讨价还价"。但这一规定就意味着，在异议未能达成共识、纠纷未能解决的前提下，地方政府按照"征地先行、争议后决"的原则而强行征地。这种"重效率、轻公平"的程序安排，取消了农民以土地作为唯一谈判手段的筹码，使其失去了实现合理补偿权利的条件。② 这造成农民在征地程序中处于"对是否征地不能有意见、对征地补偿有意见也无法阻止征地"的权利救济"真空"。

我国征地过程中没有赋予农民和集体提起行政诉讼的权利。我国《国有土地上房屋征收与补偿条例》第二十六条第三款规定：被征收人对补偿决定不服的，可以依法申请行政复议，也可以依法提起行政诉讼。《土地管理法》和《土地管理法实施条例》及其他相关规章制度中，均限于政府机构协调裁决、"反复做好政策宣传解释和群众思想疏导工作，得到群众的理解和支持"的层面，没有关于行政诉讼权利的规定。河南洛阳违规征地强拆事件中经历了两次强拆的陈月玲老人曾发问：自己的房屋征迁还在走行政复议程序，报案没人管，政府违法找哪

---

① 祝天智：《纠纷化解机制构建与征地程序改革》，《华南农业大学学报》（社会科学版）2014 年第 2 期。

② 杨春禧：《论征地程序改革与和谐社会构建》，《社会科学研究》2005 年第 5 期。

说理?[1]

同时，政府和用地单位在征地过程中出现违法或不履行法定义务，致使征地相对人的合法土地权利受到损害，应该承担何种法律责任，现行的法律规定界定不详。《土地管理法》第七章明确规定了法律责任。第七十六条规定：对非法占用土地单位的直接负责的主管人员和其他直接责任人员，依法给予行政处分；构成犯罪的，依法追究刑事责任。实践中，政府建设重大工程时，往往会成立相应的临时机构作为落实政府决策的部门。而一旦建设工程因违法用地涉及责任追究时，承担责任的往往是这些临时机构的负责人。这样，往往以对这些个别干部处分代替高级干部的处分，以对执行者的处分代替决策者的处分。比如，河南新郑市经济技术开发区 2011 年违法占地 1000 多亩，相关部门接到举报后，只是象征性地罚款了事，而该开发区仅有一个副主任受到"处分"，主要领导并未受到处分。同时，地方政府官员土地违法的主要动机在于实现地方经济增长进而获取政治利益，而现行的干部管理和晋升都和经济发展有关联。也就是说，政府官员因土地违法所受的处分，并不足以对其晋升产生实质性影响。在上级政府看来，下级政府官员土地违法是"因公违法"，对促进经济增长是有贡献的，因此在不得不对其处分的情况下，往往选择尽可能低的处分种类给予处分；即使基于各方面压力给予较重处分，受到处分的政府官员也会在其他方面得到"妥善安排"。[2]

由于协调裁决机制、政策宣传解释和群众思想疏导工作失效，农民又无法诉诸司法途径，因此，农民就诉诸信访途径，由于信访制度实行属地管理的原则，最终还要由当地政府管理，导致效果不佳。于是许多农民就寻求越级上访。最后，在阻止无力、诉讼无门、上访无果的情况下，被征地农民往往选择暴力维权，以"缠""闹"等灰色化方式寻求问题解决。从广东的乌坎征地冲突事件中，被征地农民在维权过程中出现严重的失当行为，对村委会进行围攻、对警务人员进行攻击、对强征人员施暴等，不仅没有有效解决征地问题，还造成了部分村民伤亡的惨

---

① 参见赵芷珺《农村集体土地征收程序的缺陷与重构——以河南洛阳违规征地强拆事件为例》，《郑州航空工业管理学院学报》（社会科学版）2014 年第 10 期。

② 李龙浩：《土地问题的制度分析》，地质出版社 2007 年版，第 209—213 页。

重代价。另外，由于缺乏可依托的社会组织，村民自治组织还存在行政化倾向。因此，当土地权益受到侵害时，农民可能通过各种手段维护其土地权益，而其团结起来维权的成本较小、成功的可能性较大，诱发群体性事件的可能性也会加大。征地冲突作为当前农村社会冲突的焦点使农民的利益诉求升级，农村的群体性事件在数量、规模和对抗程度方面都有所增长。

六 土地发展机会的实现障碍

（一）征地制度对农村土地发展机会的剥夺

我国征地制度具有鲜明的强制性和垄断性。就强制性来看，国家为了公共利益的需要，可以依照法律规定对土地实行征收或者征用并给予补偿。（《中华人民共和国宪法》第十条）国家是征地法律关系中的唯一主体。任何单位和个人进行建设，需要使用土地的，必须依法申请使用国有土地。所称依法申请使用的国有土地包括国家所有的土地和国家征用的原属于农民集体所有的土地。（《土地管理法》第四十三条）任何单位、企业和个人要使用土地，都必须经过国家征地这个环节。就垄断性来看，《土地管理法》第二条规定：任何单位和个人不得侵占、买卖或者以其他形式非法转让土地。第六十三条规定：农村集体所有的土地使用权不得出让、转让或出租用于非农业建设。即非农建设用地只有在征用为国有土地后才能出让。

正是由于我国征地制度的强制性和垄断性，造成了被征地农民的生产生活水平面临下降危险。吴群等认为，我国被征地农民在征地前后，存在一定的福利损失和效率不经济现象[1]，张安录等认为，农民、集体的福利总体是下降的，更不用说提高他们的福利了，因为征地补偿金无法使农民、集体保持原来的效用水平。[2] 农民被长期排除在非农建设用地收益之外，缺乏应有的收益权、处分权，在征地过程中所获得的收益甚少。刘明皓以重庆都市圈的土地数据测算的土地招拍价格和征地补偿价格之差达到 17 倍，农民集体只获得土地增值收益的 5.88%；张鹏利用支付意愿计算出农民仅得到土地增值的 17%，农民集体组织分得土

---

① 吴群等：《土地征收利用过程中福利与效率分析》，《农村经济》2008 年第 1 期。
② 张安录等：《农地城市流转福利变化的经济学分析框架》，载《湖北省首届涉农领域青年博士论坛论文集》，中国大地出版社 2007 年版，第 71—83 页。

地增值额的 40%。在中国人民大学课题组对北京市城乡接合部居民生活状况调查中发现，农民对征地补偿费满意度仅为 14.7%。[①] 我国纯粹按农业用途进行征地补偿的基本原则也未能很好地体现"合理补偿"的总体原则。[②] 王顺祥认为，农民征地后生活水平不致下降这一原则，本身就难以度量，也就难以实施到位，仅仅能将其定性为"适当补偿"。[③]

王华华等将征地补偿原则定性为"保障"，也就是给予农民最低的标准的补偿：基本生存、基本生活、基本医疗、就业、失业、阶段性的免费义务教育、基本养老、居住条件等。2004 年，中共中央、国务院发布《关于促进农民增加收入若干政策的意见》，要求：完善土地征用程序和补偿机制，提高补偿标准，改进分配办法，妥善安置失地农民，并为他们提供社会保障。2006 年，国务院发布《关于加强土地调控有关问题的通知》要求："社会保障费用不落实的不得批准征地。"2010 年，国土资源部下发《关于进一步做好征地管理工作的通知》，要求抓紧"推进被征地农民社会保障资金的落实"，"本着'谁用地、谁承担'的原则，鼓励各地结合征地补偿安置积极拓展社保资金渠道"。我国近些年来的征地制度改革和调整主要都是围绕"保障"这个核心展开。由于执行征地"保障"式的补偿政策，是一种宽泛的模糊性政策，政策执行主体的自由裁量权过大，导致被征地农民的正当利益受损，而地方政府获得高额的"土地财政"收入、开发商获取大部分土地增值收入，使征地过程与结果不符合社会公正的原则精神。归结起来看，这种补偿方式没有很好地考虑被征土地未来的发展权及其所蕴含的价值所在。[④]《土地管理法》第四十七条规定：征用土地的，按照被征用土地的原用途给予补偿。……征用耕地的土地补偿费，为该耕地被征用前三年平均年产值的六至十倍。……每一个需要安置的农业人口的安置补助

① 参见高静、唐建《试重构城镇化进程中农地转非的土地增值分配机制》，《城市发展研究》2011 年第 2 期。
② 朱仁友等：《农地征收中的土地发展权问题和征地补偿原则的完善》，载《2007 年中国土地学会学术年会》，中国大地出版社 2007 年版，第 722—727 页。
③ 王顺祥：《中国征地制度变迁：驱动因素与制度供给》，博士学位论文，南京农业大学，2010 年，第 49 页。
④ 王华华、王尚银：《中国土地征收政策社会公正化：由"保障"到"保护"》，《理论与改革》2012 年第 3 期。

费标准，为该耕地被征用前三年平均年产值的四至六倍。但是，每公顷被征用耕地的安置补助费，最高不得超过被征用前三年平均年产值的十五倍。可见，其给予的补偿款和政策优惠条件过低，只考虑静态的土地收入补偿，不考虑未来发展的动态的土地收入补偿。

（二）现行制度对农村建设用地流转的限制

1. 农村建设用地流转是把握土地发展机会的积极探索

随着我国经济实力的不断增强，农民的基本需求，即生存问题已经得到解决，随之而来的是追求满足更高层次的需求：更好的物质利益的满足、更好的精神需求和政治利益需求。当市场演化能够保证农民权利，提高农民收益时，农民就会自觉地对农村土地收益的压抑进行抗争。一方面，通过暴力抵抗征地来实现。我国每年因征地引发的农村群体性事件已占全国农村群体性事件的 65% 以上，已经成为影响农村乃至社会稳定的一个突出问题。[①] 另一方面，农民在改革开放三十多年来的市场经济大潮中培养了强烈的市场经济意识，农民的市场经济意识可能会形成强烈的分割制度创新潜在利润的愿望，从而积极捕捉或仿效他人获取潜在利润。[②] 农民的传统经济思想又使这一团体很容易团结起来，扩大这一创新团体或形成更强、更高层次的制度创新力量，以在最短的创新时滞内寻求土地发展机会，寻求农业用地被用作其他非农建设用途时所体现出来的价值增值可能性。

而农村建设用地天然就包含着这种发展机会。《土地管理法》第四条规定：国家实行土地用途管制制度。我国对农地非农用途转用进行严格管制，管制的核心是规划建设用地指标及其分配。国家通过自上而下编制土地利用总体规划，根据中央政府预测确定的耕地保有量和经济社会发展所需建设用地量，确定建设用地指标并层层分解，对于被占用耕地按照"占一补一"原则确保耕地总量动态平衡。这样，农用地很难直接用于非农用途，但农村建设用地却不需要获得建设用地指标，就可以直接用于非农建设，好像它天然就包含了农用地转为建设用地这一无形的"生产要素"——土地发展机会。由于农村建设用地流转受到限

---

① 李军杰：《土地调控需要制度改革》，《瞭望》2007 年第 5 期。

② 卢吉勇：《农村集体非农建设用地流转创新研究》，硕士学位论文，南京农业大学，2003 年，第 36 页。

制，农村建设用地作为资产长期处于停滞状态，与规划用途直接关联的"生产要素"在农村建设用地传统供给过程中未能显示出来。但是，为获取尽可能多的土地收益，在新农村建设、农民新居工程等推动下，农民和农村集体为有效规避地方政府的强制性征地，努力开展自救行动，积极推进农村建设用地流转。

2. 农村建设用地流转面临的法律政策困境

目前，我国涉及农村建设用地流转的相关法律主要有四部：《中华人民共和国宪法》（2004）、《土地管理法》（2004）、《中华人民共和国担保法》（1995）和《中华人民共和国物权法》（2007）。这些法律政策的相关规定存在内在矛盾，进而为农村建设用地流转留下了相应的法律政策空间。

（1）原则上允许农村建设用地流转的法律规定。《中华人民共和国宪法》第十条规定：任何组织或者个人不得侵占、买卖或者以其他形式非法转让土地。土地的使用权可以依照法律的规定转让。可以看出，宪法禁止对国有土地和集体土地所有权的任何形式的转让。而对于使用权来说，虽然该条要求"依照法律的规定"才能进行转让，但是依照法律解释学，根据该条的上下文意思判断，这里所称的法律应当是对转让的程序进行规范的法律，而不是实体上的限制。也就是说，不管是国有土地使用权还是集体土地使用权均可转让。《土地管理法》第二条"土地使用权可以依法转让"的规定与《中华人民共和国宪法》第十条精神是一致的。《中华人民共和国物权法》规定了物权体系中主要由所有权、土地承包经营权、建设用地使用权、宅基地使用权、地役权、抵押权、质权、留置权等基本物权组成，涉及农村集体土地方面的物权主要包括：农民集体土地所有权、土地承包经营权、农村建设用地使用权、宅基地使用权四种基本物权。第一百四十七条规定：建筑物、构筑物及其附属设施转让、互换、出资或者赠与的，该建筑物、构筑物及其附属设施占用范围内的建设用地使用权一并处分。总体看来，上述允许农村建设用地流转的法律规定过于抽象，比如《土地管理法》除上述第二条规定外，整部法律八章86条再也没有一处提及"土地转让权"的内容、主体归属、转让程序、执行原则和定价方式。更没有出台农村土地流转的细则规定，即使是2004年10月国务院颁布的《关于深化改革严格土地管理的决定》也仅仅原则性地提出："在符合规划的前提下，村庄、集镇、建制镇中的农民集体所有建设用地使用权可以依法流转。"这显然不利于依法推进农村建设用地流转市场建设。

（2）原则上禁止农村建设用地流转的法律规定。《土地管理法》第四十三条规定，任何单位和个人进行建设，需要使用土地的，必须依法申请使用国有土地，第六十三条规定，农民集体所有的土地的使用权不得出让、转让或者出租用于非农业建设。这一规定不符合《中华人民共和国宪法》第十条主张，基于上位法优于下位法的原则和《中华人民共和国立法法》第七十八条规定宪法具有最高的法律效力，一切法律、行政法规、地方性法规、自治条例和单行条例、规章都不得同宪法相抵触的精神，这明显是违背宪法原则的。《中华人民共和国物权法》第一百五十三条规定：宅基地使用权的取得、行使和转让，适用土地管理法等法律和国家有关规定。这没有超出《土地管理法》的规定。

当然，《土地管理法》对农村建设用地使用和流转也作出例外规定。第四十三条规定：兴办乡镇企业和村民建设住宅经依法批准使用本集体经济组织农民集体所有的土地的，或者乡（镇）村公共设施和公益事业建设经依法批准使用农民集体所有的土地的除外。建设使用集体土地仅限定在农村宅基地、乡镇企业用地及乡村公共设施和公益事业建设用地三种形式。第六十条对乡镇企业用地作出进一步规定：农村集体经济组织使用乡（镇）土地利用总体规划确定的建设用地兴办企业或者与其他单位、个人以土地使用权入股、联营等形式共同举办企业的，应当持有关批准文件，向县级以上地方人民政府土地行政主管部门提出申请。确立了集体经济组织"单独"或"共同"举办企业使用农村建设用地的制度。即是说，集体组织除兴办乡镇企业不流转集体建设用地使用权外，还可以在符合相关规划和规定的情况下，将集体土地使用权以入股、联营等形式与其他组织或个人"共同"举办企业。第六十三条对企业用地流转作出例外规定：符合土地利用总体规划并依法取得建设用地的企业，因破产、兼并等情形致使土地使用权依法发生转移的除外。段占朝认为，按照第六十条规定，农村经济组织以入股或联营方式，以土地形式持有企业的股份，不是完全意义上的集体建设用地使用权流转，可称为农村建设用地使用权"准流转"。① 我们也可称这种农村土地使用权没有真正脱离集体经济组织的农村建设用地流转为初次流转，称第六十三条规定的土地使用权在使用者之间的流转形式为二次流转。从这三条规定可以看出，任何非农村集体组织或个人要想使用集体土地，除了与集体"共同"举办企业外，唯一的形式就是购并集体土地上的农村企业。

担保抵押权是土地流转的重要一环。《中华人民共和国担保法》第三十六条规定的"乡（镇）、村企业的土地使用权不得单独抵押"条款也原则上禁止抵押流转，例外情形是"以乡（镇）、村企业的厂房等建筑物抵押的，其占用范围内的土地使用权同时抵押"。也就是说，没有地上附着物的农村建设用地使用权的"裸体"流转是不被认可的。《中华人民共和国物权法》第一百八十四条规定六种不得抵押的财产，该条第二款规定：耕地、宅基地、自留地、自留山等集体所有的土地使用权，但法律规定可以抵押的除外。② 第一百八十三条规定：乡镇、村企业的建设用地使用权不得单独抵押。以乡镇、村企业的厂房等建筑物抵押的，其占用范围内的建设用地使用权一并抵押。可以看出，被人们寄予厚望的《中华人民共和国物权法》没有超出《中华人民共和国担保法》的规定。

从上述法律规定来看，第一，我国根本大法原则上是允许农村建设用地流转的，而《土地管理法》、《中华人民共和国物权法》、《中华人民共和国担保法》原则上禁止农村建设用地流转，其具体形式包括：出让、转让、出租；第二，《土地管理法》《中华人民共和国物权法》《中华人民共和国担保法》规定了除农村村民享有权益外的农村建设用地流转的三种例外的法定情形：入股联营等形式共同举办企业、因破产兼并等情形致使土地使用权依法发生转移、具有地上附着物的农村建设用地使用权抵押流转。从法律规定可以看出，明确规定了禁止的流转形式，又允许三种形式的流转，按照"法无明文禁止即为允许"的原则，除出让、转让、出租三种流转形式外，人们可以采取任何其他的形式进

---

① 段占朝：《"裸体"交易：农村集体经营性建设用地使用权流转的冰点》，《调研世界》2008 年第 5 期。

② 《中华人民共和国物权法》第一百八十四条也没有把话说死，而是留了一个尾巴，规定"法律有规定的例外"，这就给各地土地使用权抵押贷款的试点工作留下了空间。

行农村建设用地流转探索和实践。

3. 地方政府支持农村建设用地流转是为实现收益最大化

一般来说，在各级地方政府中，越接近农村集体的基层政府，其支持和参与农村集体创新行为越坚定，而层级越高的地方政府，其越趋于维持征地现状。当然，地方政府也会支持农村集体和基层创新行为，但其支持并推动农村建设用地流转的行为归宿点是利益最大化。[①]

农民集体推动农村建设用地流转包括住房流转和中小工业用地流转两种形式，由此就形成了国有和农村集体混合工业用地市场和混合房地产市场。一方面，混合工业用地市场可以达到地方政府和农村集体双方利益的共赢。长期以来，为实现经济增长目标，只要工业用地供给的边际收益超过地方政府供给工业用地的成本，地方政府就会提供工业用地，甚至部分地区还牺牲部分财政收入用于补贴工业用地供给，以至于出现"零地价"现象。而这给地方政府带来巨大的财政金融风险。因此，农村集体建设用地用于中小工业生产，促进地方经济增长并由此带来税收增加，因而受到地方政府的默许和支持。另一方面，混合房地产市场则存在两者潜在的利益冲突。因为农村建设用地进入房地产市场会大大降低地方政府（特别是层级较高政府）高价出让用于商品房开发等用途的国有土地。故而，尽管地方政府积极推动集体土地流转以发展工业，但大都限制农村集体土地进入房地产市场。《广东省集体建设用地使用权流转管理办法》第五条明确规定："通过出让、转让和出租方式取得的集体建设用地不得用于商品房地产开发建设和住宅建设。"目前，仅有烟台市和成都市有限地允许进行房地产开发，烟台市人民政府颁布的《关于严格土地管理推进节约和集约用地的意见》第五条第四款规定：城乡接合部村庄要搞好规划，推行"撤村并居"，集中建设农村居民点。旧村占用的土地经整理后用于农业生产、安排工业项目或在统一规划的前提下进行商业性房地产开发。进行房地产开发的，必须以"招拍挂"方式公开出让。但第三条第三款却规定：禁止农村集体经济组织擅自非法转让、出租集体土地用于非农业建设，禁止城镇居民到农村购置宅基地和在集体土地上建设的住宅。《成都市集体建设用地使用

---

① 王贝：《农村集体建设用地流转中的地方政府行为研究》，《农业经济》2013 年第 3 期。

权流转管理办法（试行）》第二十三条第一款明确规定：集体建设用地可以用于建设农民住房、农村集体经济组织租赁性经营房屋，不得用于商品住宅开发。

　　究其根源，这是地方政府基于直接财政收入和由经济增长带来间接收入之和的最大化来决定是否支持、如何支持的集中表现。土地出让收益是地方政府重要的直接财政收入来源，而高额的土地出让收益主要来自商品住宅用地。一旦农村集体建设用地进入房地产市场，地方政府无法垄断土地供给，土地价格降低必然引致地方收益减少。因此，就不难理解地方政府为什么不遗余力地禁止农村集体建设用地进入房地产市场。禁止农村集体土地进入房地产市场后的农村建设用地流转不会显著影响国有土地的出让收益，而农村集体建设用地市场为中小企业解决了其发展中遭遇的土地"瓶颈"，最大限度地利用土地资源，促进经济的增长。这样做，既能发展地方经济，又不显著影响地方政府收入。

第三节　征地制度运行中的结果公正缺陷

　　结果公正是指在权利公正和机会公正的前提下，竞争结果能被绝大部分主体所接受，未造成严重的两极分化。在征地过程中，结果公正要求征地补偿标准和倍数制定合理，集体和农民作为土地的所有者和使用者能以其所得以保证其生活水平不低于征地前的生活水平。但在现实征地实践中，结果公正呈现土地增值收益分配缺乏公正性、征地补偿水平偏低、被征地农民生活质量下降，并由此带来征地冲突日趋尖锐。

一　土地增值收益分配缺乏公正性

　　征地过程中土地增值收益分配涉及主体及分配情况表现为：中央政府作为土地的最终所有者通过税收方式参与征地收益分配；地方政府作为地方经济发展的负责人，从征地中获取土地增值收益，用于城镇化发展和地方经济建设；农村集体作为农村土地的所有人，获得部分土地补偿费；被征地农民获得部分土地补偿费、安置补助费、青苗补偿费和地上附着物补偿费。具体见表4-1。

表4-1   征地收益分配

收益主体		收益构成	分配比例
被征地农民		安置补助费、青苗补偿费、地上附着物补偿费、部分土地补偿费	5%—10%
农村集体		部分土地补偿费	15%—20%
政府	地方政府	土地出让金、耕地占用税（50%）、土地增值税、新增建设用地使用费（70%）等	50%—60%
	中央政府①	耕地占用税（50%）、新增建设用地使用费（30%）	15%

资料来源：于田旭：《中国城镇化进程中征地收益分配研究》，博士学位论文，辽宁大学，2014年，第50页。

　　由表4-1可以看出，在政府与集体（农民）的分配关系中，前者占65%—75%，尤其是地方政府占50%—60%。由于中央政府多数情况下并未收齐应得的土地相关收益，地方政府在征地收益中所占比例甚至可能会达到75%。这种情况就造成了熟知的"土地财政"现象。比如，就地市级政府而言，更有研究认为其是下层县域发展要素的"抽水机"，尤其是土地要素的"抽水机"，中心城市和大量开发区圈占土地，而土地出让收益被层层截留，往往不能向基层政府和农民集体下沉，造成农民失地、失业、失利的情况严重。② 比如，在成都市，2005—2007年全市国有土地供应年均纯收益达到291.9亿元，2007年，成都市土地出让价款达到635.7亿元，纯收益达到421.5亿元，分别高于当年预算内财政收入（286.4亿元）和预算内财政支出（356亿元），

---

　　① 事实上，中央政府法定的土地收益并未收齐。比如，《土地管理法》第五十五条规定了新增建设用地的土地有偿使用费的分配比例：百分之三十上缴中央财政，百分之七十留给有关地方人民政府，都专项用于耕地开发。但是，该费用经常被拖缴和欠缴，比如，2003—2004年4月，各级地方政府拖缴、欠缴的土地有偿使用费就有123.3亿元。为了强化地方政府土地出让收入的管理，增强地方政府承担社会公共事业管理的责任，中央政府不断作出对地方土地出让收益支出的规定。比如，在土地出让金中应按15%计提农业土地开发费用、按10%计提廉租住房保障资金、按10%计提教育资金、按20%计提农田水利建设资金。

　　② 吴越：《地方政府在农村土地流转中的角色、问题及法律规制》，《甘肃社会科学》2009年第2期。

"土地财政"是成都市政府可支配财力的第一支柱。① 其中，出让价格的20%—25%被提取为土地使用权出让金，进入专户管理，剩下的净收益则在成都市本级和各区市县之间六四分成。

与此同时，农村集体和被征地农民作为土地的所有者和使用者，所得土地收益仅为20%—30%，远远低于地方政府所占比例。而对于农民与农民之间的补偿分配问题，《土地管理法实施条例》第二十六条规定："土地补偿费归农村集体经济组织所有；地上附着物及青苗补偿费归地上附着物及青苗的所有者所有。征用土地的安置补助费必须专款专用，不得挪作他用。需要安置的人员由农村集体经济组织安置的，安置补助费支付给农村集体经济组织，由农村集体经济组织管理和使用；由其他单位安置的，安置补助费支付给安置单位；不需要统一安置的，安置补助费发放给被安置人员个人或者征得被安置人员同意后用于支付被安置人员的保险费用。"但是，从实际分配比例来看，农民占5%—10%，而集体占15%—20%，是农民的2—3倍。

与此同时，还存在地区之间的公平性问题。总的来看，东部和南部的地区征地补偿更有可能高于土地价值，而西部和北部地区则更有可能低于土地价值；发达地区征地补偿更有可能高于土地价值，而落后地区正好相反；靠近城市的近郊征地补偿更有可能高于土地价值，而偏远地区的补偿标准则相去甚远。② 进一步观察还可以发现，在现行征地补偿费中，安置补助费所占比重较高，"每一个需要安置的农业人口的安置补助费标准，为该耕地被征收前三年平均年产值的四至六倍。"究其本意来说，安置补助费是为了让被征地农民尽快实现就业转移，因此其计算标准应该依据当地的劳动力平均转移成本为依据。而劳动力转移成本和当地经济社会发展程度密切相关，发达地区的转移成本低，欠发达地区的转移成本高。但是，现行安置补助费的计算标准却过于注重地区土地资源，而缺乏对当地实际劳动力转移成本的考量。"征收耕地的安置补助费，按照需要安置的农业人口数计算。需要安置的农业人口数，按照被征收的耕地数量除以征地前被征收单位平均每人占有耕地的数量计

---

① 北京大学国家发展研究院综合课题组：《还权赋能：奠定长期发展的可靠基础》，北京大学出版社2010年版，第5页。

② 刘祥琪：《我国征地补偿机制及其完善研究》，博士学位论文，南开大学，2010年，第4页。

算。"按照这一规定，人均耕地越少者，土地征用时得到的安置补助费也会越多；反之，则越少。在较为发达的沿海地区，耕地越少，工业越发达，就业机会越多，就业相对容易，劳动力转移成本越低，相对于其他地区，其所获得的安置补助费就要高一些。在经济欠发达的中西部地区，人均耕地较多，劳动力转移相对困难而成本较高，但是相对于发达地区，被征地农民所能得到的安置补助费却少得多。[①] 这就形成就业容易、安置补助费高，就业困难、安置补助费低这种"倒挂"局面。

二 征地补偿水平偏低

就现行征地补偿来看，关于补偿标准和补偿倍数均存在广泛的争论。《土地管理法》第四十七条指出：征收土地的，按照被征收土地的原用途给予补偿。征收耕地的补偿费用包括土地补偿费、安置补助费以及地上附着物和青苗的补偿费。征收耕地的土地补偿费，为该耕地被征收前三年平均年产值的六至十倍。征收耕地的安置补助费，按照需要安置的农业人口数计算。需要安置的农业人口数，按照被征收的耕地数量除以征地前被征收单位平均每人占有耕地的数量计算。每一个需要安置的农业人口的安置补助费标准，为该耕地被征收前三年平均年产值的四至六倍。但是，每公顷被征收耕地的安置补助费，最高不得超过被征收前三年平均年产值的十五倍。……依照本条第二款的规定支付土地补偿费和安置补助费，尚不能使需要安置的农民保持原有生活水平的，经省、自治区、直辖市人民政府批准，可以增加安置补助费。但是，土地补偿费和安置补助费的总和不得超过土地被征收前三年平均年产值的三十倍。无论是年产值倍数法还是区片综合法都与市场无关，不反映土地市场价格，这种政府主导下的、原用途计算补偿标准的定价机制难有说服力。尤其是近年来，土地由原农业用途改为非农用途后存在巨大升值空间，而农民却未能在城市化和工业化的进程中分享经济增长带来的好处，这与我党倡导的"让人民分享发展成果"是相违背的。同时，按照一定标准确定土地补偿费和安置补助费的倍数方式存在较强的主观性，在具体实施中更难实现对被征地农民进行公平合理的补偿。

相对于城市房屋拆迁，征地中农村房屋补偿问题也存在不公平现象。比如，为规范城市房屋拆迁和建立城市房屋拆迁补偿的公允价格，

---

① 李明月、江华：《征地补偿标准的公平性研究》，《调研世界》2005 年第 10 期。

2003 年四川省出台了《四川省城市房屋拆迁补偿评估管理办法》，该办法在城市房屋拆迁补偿中引入了中介评估机制，以社会第三方参与方式达成拆迁价格共识，保护了被拆迁人的合法权益。但是，这一机制并未引入到农村房屋拆迁补偿中。对包括房产在内的附着物拆迁依旧执行"被征收土地上的附着物和青苗的补偿标准，由省、自治区、直辖市规定"的政府定价方式。

　　另外，"一次性补偿"还存在通货膨胀的风险。从机会成本来看，假如农民自己占有并经营土地，将会获得持续的实物性的农业经营收益，实物不会受通货膨胀的影响而贬值。再如集体或农民能按市场方式出让土地，其将获得一笔不菲收入，在剔除相关支出后，其可将大部分所得收益存入银行而获得利息收入，这也可能在一定程度上平抑通货膨胀的贬值影响。但是，在征地过程中，普遍采用一次性货币补偿的办法，农民所获收益甚少，在扣除保障支出和日常开销后，其征地收益便所剩无几。对于缺乏必要生产性资本和基本投资技能的被征地农民而言，他们无法抵御通货膨胀的压力。未来随着我国经济的快速发展，较高水平的通货膨胀率是不可避免的，农民存在因缺乏必要的生活保障而陷入贫困的风险。

　　三　被征地农民生活质量下降

　　在完善征地制度过程中，相关规定越来越重视社会保障的构建问题。2004 年 10 月，国务院颁布《关于深化改革严格土地管理的决定》，要求："劳动和社会保障部门要会同有关部门尽快提出建立被征地农民的就业培训和社会保障制度的指导性意见。"2006 年 8 月，国务院发布《关于加强土地调控有关问题的通知》，要求："社会保障费用不落实的不得批准征地。"2007 年 4 月，劳动和社会保障部、国土资源部联合发布《关于切实做好被征地农民社会保障工作有关问题的通知》，要求："被征地农民社会保障所需资金，原则上由农民个人、农村集体、当地政府共同承担，具体比例、数额结合当地实际确定。"2010 年 6 月，国土资源部下发《关于进一步做好征地管理工作的通知》，要求抓紧"推进被征地农民社会保障资金的落实"，"本着'谁用地、谁承担'的原则，鼓励各地结合征地补偿安置积极拓展社保资金渠道"。

　　但在实际操作中，被征地农民的就业培训和社会保障工作效果却不尽如人意。在贯彻"被征地农民社会保障所需资金，原则上由农民个人、农村集体、当地政府共同承担，具体比例、数额结合当地实际确定"的意见精神时，大都将社保所需资金来源指向征地补偿费用。以东部沿海发达地区浙江省为例，在浙江省《关于建立被征地农民基本生活保障制度的指导意见》中，对被征地农民基本生活保障金的筹措和缴纳进行了详细规定：要求政府出资部分不低于保障金总额的30%，但要从土地出让金中扣支；集体出资部分不能低于总额的40%，但需要从征地补偿费中扣支；个人承担部分则从征地安置补助费中抵缴。可见，被征地农民所需社保资金，表面上是农民个人、农村集体、当地政府共同承担，但是其最终来源却是农民应得的征地补偿费。另外，被征地农民的就业形势也不容乐观，2002年，杭州市淳安县鼓山工业园区用于开发项目的征地面积达到2076亩，征地涉及的农民人数达到1322人，其中处于劳动年龄的有898人，但是就业率却只有5%左右。[1]

在征地前后，农民的生活质量如何呢？据国土资源部征地制度改革课题组（2006）在南京、宁波、武汉、石家庄四个城市的问卷调查结果显示，只有10.9%的被征地农民认为征地对他们没有影响或使他们的生活水平有所提高，43.5%的被征地农民认为征地使他们的生活水平有所降低，23.9%的农民认为征地使他们的生活水平有很大降低。可见，高达67.4%的被征地农民表示他们的生活质量有不同程度的下降。[2]

2005年12月至2006年1月，张安录教授带领课题组对武汉市洪山区、汉阳区等六个城区部分征地农村进行了调查。调查显示：（1）就征地前后农民家庭收支状况来看：武汉市平均家庭月收入从1821元下降到1785元，下降幅度为1.92%。究其原因，征地后绝大多数农民的家庭收入来源于短期临时工作，这可以从后面的资料得到印证。武汉市平均家庭月支出从737元（支出占收入比例为40.47%）上升到1068元（支出占收入比例为59.83%），上涨幅度达44.91%。究其原因，征地前农民粮食和蔬菜基本自给自足，每月的基本生活消费相对较少；征地后，粮食和蔬菜完全靠市场解决，每月的基本生活消费支出显著增

---

① 参见张元庆《我国征地补偿制度变迁的路径依赖与路径创新研究（1949—2013）》，博士学位论文，辽宁大学，2014年，第46页。
② 国土资源部征地制度改革课题组：《被征地农民面临的生存风险》，《第一财经日报》2006年6月2日。

加。从就业情况来看，农村集体和用地企业只安排 6.79% 的农民就业，仅有 8.02% 的农民谋得了较为稳定的职业，59.26% 的农民靠打零工取得收入。此外，有 2.47% 的农民经商，23.46% 的农民没有就业。究其原因，由于农民文化水平低、职业技能缺乏，一旦失去了土地，可以从事的职业岗位相对较少，且多从事的是收入水平较低的劳动密集型行业。从社会保障来看，大部分实现了农村合作医疗，农民看病难的问题得到了较大改善。农民每年只需交纳 10—20 元的费用（其余钱由村支付），就能享受医疗优惠。享受社会保障金的占被调查农民的 11.11%。养老保险的人数仅占调查人数的 22.84%，每月养老金为 100—300 元。[①]

四　征地冲突日趋尖锐

社会公正的标准本来就存在分歧，要达成社会公正的共识，需要各方在互信的基础上，通过诉求博弈和利益整合而逐步形成。如前所述，在征地问题中，关于征地程序和补偿标准是否公平的分歧，是目前我国征地过程中面临的最为棘手的问题。在农民看来，由于感受到严重的被剥夺感和认为遭受不公正待遇，基于维权诉求，他们往往利用各类边缘型博弈行为和灰色博弈行为，诸如缠访、闹访、威胁、群体聚集、贿赂等，力争能从土地增值收益中多分一杯羹。而作为征地主体的基层政府仍是按照计划经济的思维，在"土地财政"意识的惯性思维下，遵循行政的逻辑来看待征地中的各种矛盾，缺少尊重农民土地权利的意识和习惯，甚至把农民的各种利益表达看成无理取闹。一些基层政府甚至采用各种非规范性博弈行为对付农民，软的手段诸如收买、分化、情感感化等，硬的手段如将征地与其他福利的分配相捆绑进行胁迫，动用公安力量强制征地，甚至利用各类灰黑色力量进行威胁、殴打或暗中破坏。这样会加剧被征地农民与基层政府之间的不信任感，农民猜忌政府，政府对农民也有偏见。最终，如果任由农民的愤怒情绪蔓延，那么就极有可能会造成严重的社会冲突。[②]

中国社会科学院 2013 年发布的《2013 年社会蓝皮书》指出，每年因各种社会矛盾而发生的群体性事件多达数万起甚至十余万起，其中，

---

① 张安录、匡爱民、王一兵等：《征地补偿费分配制度研究》，科学出版社 2010 年版，第 80—83 页。

② 祝天智、黄汝娟：《公正视域的农村征地冲突及其治理》，《理论探索》2013 年第 4 期。

征地拆迁引发的群体性事件"占一半左右"。这些群体性事件主要有三类，按危害程度从轻到重依次为静坐上访、集会游行、打砸抢。① 征地拆迁群体性事件的发生一般轨迹为：起因—导火索—爆发—激化—结果。以 2008 年 11 月的"陇南事件"为例。2008 年 11 月 17 日上午，陇南市武都区东江镇 30 多名拆迁户集体到位于武都区新市街的陇南市委上访。拆迁户们要求市委对陇南市行政中心搬迁后可能导致他们的住房、土地以及今后生活方面的问题作出答复。15 时，上访人数增加到 200 多人，围观群众超过 1000 人。上访户们打着写有"反对搬迁"的横幅，喊着"反对搬迁"的口号，围堵了市委大门。19 时，陇南市委召开了专题会议，传达了省委、省政府主要领导的批示精神，并形成了 10 条具体意见，要求对群众的上访高度重视、认真解决，尊重和爱护群众，耐心细致地做好上访群众的思想疏导工作；同时，对群众关心的陇南市行政中心搬迁问题，要讲明在搬迁后，市委、市政府会更加重视武都区人民群众的利益，积极稳妥地处理各种遗留问题。在市委中院与民警对峙一段时间后，这些上访群众进入市委后院主办公大楼前。20 时，陇南市委调集武警和民警到市委后院主办公楼前维持秩序，22 时，武警和民警采取措施将上访人员驱出市委大门。24 时，上访人员和围观群众增加到 2000 多人。部分闹事者开始在市委大门前向门口维持秩序的武警投掷砖块、石头、酒瓶。随后，部分闹事者冲进市委大门，冲进市委前院三层办公大楼，砸毁门窗玻璃、办公设施，并抢劫财物。现场维持秩序的武警和民警抓捕了 30 多名打砸抢分子。18 日 10 时左右，约有 1000 名闹事者冲进市委后院，手持铁锹、棍棒、砖头、石块等攻击武警和民警。为防止事态扩大，民警开始抓捕带头闹事的不法分子，武警则将其余人员驱逐出市委后院。从 18 日 14 点 30 分左右开始，武警和公安干警对陇南市委门前大街约 500 米路段实施封锁。②

由此可见，征地引发的矛盾冲突是我国城镇化过程中必须面对和解决的重要社会问题，它已经严重影响到我国基层社会治理与社会的和谐稳定。

---

① 吴美颖：《征地拆迁引发的群体性事件及其对策研究》，硕士学位论文，中国海洋大学，2012 年，第 11—13 页。

② 王申：《甘肃陇南群体事件始末：市政府酝酿搬迁引发》，2008 年 11 月 27 日，ht-tp：//news. sina. com. cn/c/2008 - 11 - 27/034916732305. shtml。

第四节　社会公正视域下我国征地制度改革的总体思路

一　我国征地制度运行中社会公正不足概述

我国征地制度运行中社会公正问题主要表现在权利公正、机会公正和结果公正三个层面。（1）权利公正存在问题。一方面，从农村集体和农民个体之间的权利关系来看，集体和农民的关系模糊，代表集体的主体不明确。另一方面，从国家权力与集体（农民）权利的关系来看，国家权力分割部分集体（农民）土地的权利，我国政府的强制征地权压低农民补偿，"个体权利"对"国家公权力"制约不足。（2）机会公正存在的问题，具体表现为以下四个方面：征地知情机会有限、征地参与机会缺乏、征地中权利救济机会缺失和土地发展机会的实现障碍。（3）结果公正存在问题。土地增值收益分配缺乏公正性、征地补偿水平偏低、被征地农民生活质量下降，并由此带来征地冲突日趋尖锐。

二　我国征地制度改革的总体思路

2008年10月，党的十七届三中全会通过的《中共中央关于推进农村改革发展若干重大问题的决定》指出："改革征地制度，严格界定公益性和经营性建设用地，逐步缩小征地范围，完善征地补偿机制。依法征收农村集体土地，按照同地同价原则及时足额给农村集体组织和农民合理补偿，解决好被征地农民就业、住房、社会保障。……逐步建立城乡统一的建设用地市场，对依法取得的农村集体经营性建设用地，必须通过统一有形的土地市场、以公开规范的方式转让土地使用权，在符合规划的前提下与国有土地享有平等权益。"虽然该决定的内容仅限于政策性和原则性，就如何界定公益性和经营性建设用地、如何确定征地补偿价格问题、如何推进经营性建设用地入市、如何界定集体农民权利等问题都没有作出具体的可操作性规定。但这既为我国深化征地制度改革提供了创新的思路，也为解决土地征收所存在的问题指明了方向。

（一）农村土地产权公正的实现是我国征地制度改革的基础

产权公正是指一定的社会财产权利安排及产权制度设计符合时代普遍正义的具体要求，它作为经济制度中的根本价值尺度是衡量和确定一种产权制度是否合理的内在依据和标准，是对产权制度伦理特质的总体规定。内容包含产权主体的平等性、产权获得的正当性、产权保护的严格性、产权处置的自主性。①

（二）公益性征地和农村经营性建设用地流转两种思路

郑振源认为，征地制度改革必须缩小征地范围，现在新增建设用地用到集体用地的都要征地，远远超过法律规定的公共利益范围。而要缩小征地范围，必须放开集体土地入市。② 王小映提出，"对于公益性用地，通过土地征收实现转用，并提高征地补偿标准；在一般农区和人少地多、建设用地需求量小、土地用途转换性增值低的地区，可通过流转的方式实现经营性目的的农地转用。在城镇地区尤其是在城市规划口内，人多地少、建设用地需求量大、土地用途转换性增值强的特定地区，允许农民出让土地，但政府可以优先购买的方式实现经营性目的农地转用。"③ 袁诚进一步认为，农村征地制度改革可以归纳为公益性用地征收和经营性集体建设用地入市两种模式，两种模式是农村征地制度改革的两翼，且应做到有机统一：公益性征地制度改革应按照经营性集体建设用地市场价值的标准对失地农民进行补偿，经营性集体建设用地入市模式也应按照公益性农地征收制度的公正程序对非农化收益进行分配。④ 从公益性征地来看，应创新征地程序，提高征地补偿；从农村建设用地流转来看，应完善相关配套政策，实现国家、集体、个人和业主利益的合理分配。

---

① 邵晓秋、段建斌：《产权正义原则下的被征地农民产权问题探析》，《社会科学辑刊》2009 年第 1 期。

② 《土地法修正案删征地 30 倍补偿上限在人大引争议》，2013 年 1 月 12 日，http：//news. sina. com. cn/c/2013 - 01 - 12/035926017070. shtml。

③ 王小映：《全面推进征地制度改革的思路选择》，《调研世界》2005 年第 4 期。

④ 袁诚：《农地征收制度改革模式的解析及创新路径的选择》，《湖南财经高等专科学校学报》2009 年第 10 期。

第五章　我国农村土地产权公正的完善

产权公正是指一定的社会财产权利安排及产权制度设计符合时代普遍正义的具体要求，它作为经济制度中的根本价值尺度是衡量和确定一种产权制度是否合理的内在依据和标准，是对产权制度伦理特质的总体规定。邵晓秋、段建斌认为，产权公正包括产权主体平等性、产权获得正当性和产权保护严格性等。[1] 杜明义则认为，产权公正包括产权制度制度、产权行为公正、产权程序公正。[2] 本章在分析农村土地产权体系缺陷的基础上，从所有权、使用权和产权收益三个方面论证我国农村土地产权公正的实现路径。

第一节　我国农村土地产权公正缺陷

一　农村土地产权概念及特征

时至今日，"尚未有一个可满足不同目的的产权定义"（Ryan），其界定取决于不同制度背景下的约束条件而具有明显的经济社会属性。[3] 从经济属性视角来看，德姆塞茨认为，产权的首要功能就是"引导人们实现将外部性较大的内在化的激励"。科斯等认为，作为一种社会工具，产权的作用在于能够帮助市场交易主体形成他与其他交易主体进行市场交易的稳定而合理的预期，这些预期"规定其受益或受损的权

---

[1]　邵晓秋、段建斌：《关于产权正义的探析》，《湖北社会科学》2010 年第 3 期。

[2]　杜明义：《城乡统筹发展中农地产权正义与农民土地权益保护》，《现代经济探讨》2011 年第 6 期。

[3]　田莉：《有偿使用制度下的土地增值与城市发展》，中国建筑工业出版社 2008 年版，第 9 页。

利"。① 从社会属性视角来看，科斯等认为，产权是一种社会权利，它是社会规则所强调并予以强制实施的涉及市场交易物品使用的权利。② 费吕博腾则进一步明确指出，产权不是简单地指向人与物的关系属性，而是由于物存在及权利关系所引致的人们之间互相认可的行为关系，在资源稀缺的背景下，它就是用来确定人们使用资源的经济地位和交往关系。③ 利贝卡普则更是认为："产权是一些社会制度。这些制度界定或划定了个人对于某些特定的财产，如土地或水，所拥有的特权范围。"④ 诺斯则将政治学的分析引入产权研究，认为政治体制决定和实施经济运行的规则。由于国家对产权形成的重要影响，而为了减轻其消极影响，如何通过政治秩序、法律依据和宪法等手段遏制国家权力对产权干预和控制，是能否建立有效产权的重要前提条件。⑤

由此，农村土地产权是在一定的经济基础之上产生，是由生产资料所有制决定的法权上层建筑范畴，它是一组权利束，这种产权关系不仅是人与农村土地之间的关系，更是由于农村土地的存在和有效利用，而逐步被法律规范所认同和调节的行为关系。它应具备完整性和完全性特征。所谓完整性，是指农村土地产权应该包括土地资源享有充分排他性的所有权、使用权、处分权和相应的收益权等。其中，排他性是产权完整性的重要标志，反映的是人与人之间的规则约束，本质就是人与人之间的权利关系界定是否清晰。这里应该注意的是，并非只有私有产权才具有排他性的特点，公有产权同样具有排他性，正如国有的或公共财产一样，农村土地产权也不允许其他组织和个人非法侵入。所谓完全性，是指农村土地产权内涵的各个权利得到充分界定和实施，不存在巴泽尔意义上的产权公共域。一般来说，完全性的农村土地产权安排应有如下特征：农村土地产权权能的分解细化，界限明晰，并随着社会发展不断出现分化；各个产权形态在质上可交易，在量上可量度；相关权益主体

① 科斯等：《财产权与制度变迁》，刘守英等译，上海人民出版社2004年版，第97页。

② 同上书，第166页。

③ 同上书，第204页。

④ 加里·D. 利贝卡普：《产权的缔约分析》，陈宇东译，中国社会科学出版社2001年版，第1页。

⑤ 参见卢现祥《西方新制度经济学》，中国发展出版社2007年版，第199—205页。

的行为只要不违反相关法律规范就不应该受到不应有的限制。①

二　我国农村土地产权结构

产权是一种权利复合体，根据《牛津法律大辞典》的界定，具体包括占有权、使用权、转让权、收益权以及其他相关的权利。事实上，产权可以做进一步细分，其具体形态和权项数量随着社会发展而发生变化。一般而言，大多数经济学家认为，一项财产上的完备产权一般包括使用权、收益权和让渡权，其中后者是最根本的环节。② 张曙光认为，完备的产权应主要包括所有权、经营权和收益权。③ 概而言之，一项完整的产权结构上应包括所有权、使用权、处分权和收益权。

相应地，作为一种权利复合体，农村土地产权主要包括所有权、使用权、处分权和收益权。四权合一的状态可以称其为农村土地产权结构的古典形态，而权能细分则是农村土地产权在现实中的发展形态，或称为产权的实施形态。④ 农村土地产权的流转过程，在很大程度上也就是产权权能细分的过程。根据现有法律的实际情况，我国农村土地所有权和使用权是两种最主要的独立的土地权利，处分权和收益权作为农村土地的非独立的他项权利附着于这两项基本权利。

（一）农村土地所有权

从理论上讲，在土地产权权利束中，所有权居于核心地位，是土地产权权利束中最充分的物权。《经济大辞典》（农业经济卷）就指出，土地所有权是"土地所有者在法律规定的范围内自由使用和处理其土地的权利。受国家法律保护"。以 1962 年《农村人民公社工作条例（修正草案）》为起点，"三级所有，队为基础"的集体土地所有制形式逐步形成并在全国范围内全面建立，并由此确立了三权合归所有权的格局。1982 年《中华人民共和国宪法》第十条明确规定，农村地区（包括城郊地区）的土地，除由相关法律规定的属于国家外，"属于集体所有"，包括农村居住宅基地在内。1998 年通过的《土地管理法》，第八

---

① 吴玲：《新中国农地产权制度变迁研究》，博士学位论文，东北林业大学，2005 年，第 25 页。

② 胡乐明：《新制度经济学》，中国经济出版社 2009 年版，第 31 页。

③ 张曙光：《博弈：地权的细分、实施和保护》，社会科学文献出版社 2011 年版，第 6 页。

④ 同上。

条规定：农村和城市郊区的土地，除由法律规定属于国家所有的以外，属于农民集体所有；宅基地和自留地、自留山，属于农民集体所有。《中华人民共和国物权法》第六十条对农村土地集体所有的具体层级进行明细界定：（一）属于村农民集体所有的，由村集体经济组织或者村民委员会代表集体行使所有权；（二）分别属于村内两个以上农民集体所有的，由村内各该集体经济组织或者村民小组代表集体行使所有权；（三）属于乡镇农民集体所有的，由乡镇集体经济组织代表集体行使所有权。

（二）农村土地使用权

对于农村土地使用权的法律界定，较早可以追溯到 1963 年最高人民法院通过的《关于贯彻执行民事政策几个问题的意见（修正稿）》，该意见明文规定，村民建房需要宅基地的，只要经过农户申请并有社员大会讨论同意（这大都流于形式而未能真正施行），便可"由生产队统一规划，予以解决"。作为农村集体经济中发展最快的部门，集体工副业只需吸收生产队若干劳力、支付少量地上物补偿费，并在盈利后返回若干利润供社队生产或公益建设使用，即可取得生产队的土地。[1] 自此以后，农村土地使用权的无偿使用制度在全国逐步推行。

1998 年通过的《土地管理法》也进一步沿用这一制度规定。比如，第四十三条规定：任何单位和个人进行建设，需要使用土地的，必须依法申请使用国有土地；但是，兴办乡镇企业和村民建设住宅经依法批准使用本集体经济组织农民集体所有的土地的，或者乡（镇）村公共设施和公益事业建设经依法批准使用农民集体所有的土地的除外。可见，单位和个人进行建设，原则上使用国有土地，但是，包括农村集体成员创办乡镇企业、村民建房、兴修乡（镇）村公共设施及公益事业而"依法批准使用农民集体所有的土地的除外"。由于"兴办乡镇企业和村民建设住宅"的主体是农民个体或农户本身，因而，农民或农户对集体土地的占有使用权，是农村集体土地产权的关键实现环节。就农村宅基地使用权来看，《土地管理法》第六十二条规定：农村村民一户只能拥有一处宅基地，其宅基地的面积不得超过省、自治区、直辖市规定的标准。农村村民建住宅，应当符合乡（镇）土地利用总体规划，并

---

[1] 邹玉川：《当代中国土地管理》（上），当代中国出版社 1998 年版，第 137 页。

尽量使用原有的宅基地和村内空闲地。农村村民住宅用地，经乡（镇）人民政府审核，由县级人民政府批准，其中，涉及占用农用地的，依照本法第四十四条的规定办理审批手续。农村村民出卖、出租住房后，再申请宅基地的，不予批准。宅基地使用权承担着我国农村重要的社会保障职能。即使经济较为发达的农村地区，随着农地生产功能趋于弱化，以宅基地为主的农村建设用地使用权对于农民的社会保障功能更加强化。因此，农民基于集体成员权而获取的农村土地使用权，已经不同于一般意义上的土地承租权，它可由农民长期免费占有并加以继承，它受到国家法律政策的强力保护以至于成为村民不可剥夺的权益。

（三）农村土地处分权

农村土地处分权是指决定土地所有权、使用权以转让、出租等形式流转的自由裁处权。在我国现行法律中，它不是一项独立的权利，而是伴随土地所有权和使用权的实际运行，并实现相关主体间的合理收益分配。对于农村土地所有权而言，处分权就是对集体所有的土地进行处置、自由决定土地利用者、在合乎规划条件下决定土地用途的权利，比如，集体对宅基地拥有所有权、分配权、管理权和收回权。

对于使用权来说，农村土地处分权，就是经合法途径取得的土地使用权依法流转的权利。依据《中华人民共和国宪法》第十条规定的"土地的使用权可以依照法律的规定转让"的精神，虽然要求"依照法律的规定"才能进行转让，但是依照法律解释学，这里所称的法律应当是对转让的程序进行规范的法律，而不是实体上的限制。但是，按照《土地管理法》第六十条的规定：农村集体经济组织使用乡（镇）土地利用总体规划确定的建设用地兴办企业或者与其他单位、个人以土地使用权入股、联营等形式共同举办企业的，应当持有关批准文件，向县级以上地方人民政府土地行政主管部门提出申请，按照省、自治区、直辖市规定的批准权限，由县级以上地方人民政府批准。农村土地用于兴办企业的，要么是集体经济组织创办企业，要么是农户以土地使用权入股等形式共同创办企业。这是对农村土地使用权处分权的限制。同样，宅基地使用权也处于相对静态的状态，农户作为宅基地使用者对集体经济组织具有身份上的依赖性。宅基地处分权受到严格限制，比如，《中华人民共和国物权法》第一百八十四条列举了六种不得抵押的财产，其中包括第二款规定的"耕地、宅基地、自留地、自留山等集体所有的土地使用权"。另外，宅基地及房屋不能对城镇居民出售，更不得在宅基地上进行"小产权房"开发等。

（四）农村土地收益权

农村土地收益权是指从农村土地这一价值物品上取得经济利益的权利。在法律规定和制度安排中，它也不是一项独立的权利，但又时刻体现于农村土地所有权和使用权之中，并在相关主体间进行合理的收益分配。

1. 所有权收益

在农村土地所有权安排中，土地收益是基于行使土地集体所有权而取得的经济收益和孳息。从理论上看，农村集体土地所有权是农村土地绝对地租存在的内在条件，因此，农村集体土地所有权收益主要表现为绝对地租。在马克思看来，在资本主义社会，"租地农场主不支付地租就能按普通利润来增殖他的资本这一事实，对土地所有者来说，决不是把土地白白租给租地农场主并如此慈善地给这位营业伙伴以无息信贷的理由。这样一个前提，意味着土地所有权的取消，土地所有权的废除。而土地所有权的存在，正好是对投资的一个限制，正好是对资本在土地上任意增殖的一个限制。"① 否则，"所有这些情况都意味着土地所有权的废除，即使不是法律上的废除，也是事实上的废除"。② 因此，只要土地私有产权存在，绝对地租必然存在。在当代中国，随着社会主义土地公有制的确立，绝对地租是否丧失存在的社会基础呢？农村土地绝对地租是否依然存在呢？马克思曾说过：凡是土地私有制（事实上或法律上）不存在的地方，就不支付绝对地租。有人据此就认为，社会主义中国不存在绝对地租。事实上，马克思关于"土地私有制"不存在，继而绝对地租就不存在的论断，是相对于共产主义社会而言的。恩格斯在《论住宅问题》中明确指出：同样，消灭土地私有制并不是消灭地租，而是要求把地租——虽然形式发生变化——转交给社会。所以，由劳动人民实际占有全部劳动工具，绝不排除保存租赁关系。事实上，只有在马克思所设想的未来社会中，全社会实行单一的生产资料公有制，土地所有者阶层不复存在，绝对地租当然也就消失了。

---

① 《资本论》第三卷，人民出版社1975年版，第846页。
② 同上。

　　然而，在我国现阶段，虽然消灭了土地私有权，但并未建立单一的土地公有制，还存在国家和集体两种不同类型的土地所有权。而绝对地租的产生直接依赖于土地所有权本身，它与土地所有权之间具有必然联系，故而绝对地租并未在我国消失。比如，就农村建设用地来说，《土地管理法》第八条明确规定了两种不同的土地所有权形式，"城市市区的土地属于国家所有。农村和城市郊区的土地，除由法律规定属于国家所有的以外，属于农民集体所有……"农村建设用地属于农村集体所有，第十条、第十一条和第十三条分别就农建设用地"三级所有，队为基础"的所有权安排模式、产权确认和产权保护作出进一步规定。虽然农村建设用地所有权制度安排尚存在诸多矛盾与困境：所有者缺位的问题、管理者的权限过大的问题等，但农村建设用地的集体所有权是客观存在的，它和国家所有权在立法初衷和原则上处于对等地位。

　　总之，我国农村土地所有权的客观存在决定其必须实现其全部的经济要求，即除了获得级差地租外，还应占有绝对地租，即使最劣等土地也不例外，这关系到农村土地所有者产权在经济法权上能否充分实现，关系到农村土地能否真正实现有偿使用和按市场配置。

　　2. 使用权收益

　　对农村土地使用权而言，土地收益是占有并使用者基于土地使用而取得的经济收入和孳息。比如，农村村民可以直接免费使用农村宅基地用于建房。随着社会经济发展、农村交通条件的改善和人口流动加剧，在城市郊区及乡镇驻地等房地产相对活跃的农村地区，农民通过住宅出租或以"小产权房"等方式进行流转，这都是农民积极争取农村土地使用权收益的最大化的行为。从理论上看，农村土地使用权是级差地租产生的内在根据。农村土地级差地租主要由于等级较高的土地获得的级差收益，或者在较优等级的土地上，用地者连续追加投资而获得的超额收益转化而来（不是由企业改进经营管理而产生的收益），而这部分超额收益须交给农村集体等，这就形成了农村土地级差地租。一般来说，对农村土地地块的经营垄断，是形成级差收益的原因，而土地集体所有权的存在则是级差收益转化为级差地租的原因。

　　（1）土地经营的垄断，导致生产主体在经营中稳定地形成一定量的超额利润。在我国工业化深入推进进程中，城市原有工业和乡镇企业纷纷迁入新规划建设的工业园区，这些工业园区一般多在郊区。这些进驻产业往往以土地为重要的生产经营条件，这对地处郊区的农村建设用地产生了巨大需求。由于土地资源本身是一种越来越稀缺的生产要素，尤其是区位条件优越的农村建设用地数量就更为有限。因此，谁率先经营某优质土地，谁就垄断了土地经营权，继而，这些用地主体就能在经营合同期限内，长期拥有较高的经营效率，也就能稳定地形成超额收益。

（2）土地资源经营垄断，不仅使优等条件的建设用地，而且还使中等条件的土地，都可能形成部分超额收益。当前我国城市化、工业化正在加速发展，尤其是我国正处于产业转型升级的阶段，新产业没有形成效益之前，现有传统产业的淘汰也需要有个替代的时间和空间。所以，在土地资源严重短缺的态势下，一切可用之地即便是可用的处于劣等条件下的土地，也有经营利用上的必要性。当然，这部分属于劣等条件的土地，其得以使用的前提条件是必须使其使用者能够获得平均利润。因此，和农业产品类似，农村建设用地产品的社会生产价格应该由经营劣等土地的个别生产价格决定。不过，在非农业生产中，劣等地是相对而言的，当一部分劣等地由于无法达到社会平均生产条件会被淘汰，新的更高社会平均生产条件又会形成，新一批的相对差一些的土地又可能被淘汰。同时，这里的土地优劣之分还要参考不同行业和用途等。

由此可见，农村土地级差地租的实体是产品中的超额利润。由于土地本身的差异，其劳动生产率有较大差异，在投入相同资本的情况下，所能够生产出来的产量不同，个别生产价格也不同。那些垄断了具有优等和中等自然条件的土地的经营者，由于他们产品的个别价格经常低于社会生产价格，在这两者之间也就会经常地形成一个差额性的超额利润。而这部分超额利润和土地本身的条件息息相关，土地所有者凭借所有权，把优等地和中等地的地租定得高于劣等地的地租，正如列宁所认为的那样：级差地租形成和土地私有权毫无关系，土地私有权只是使用土地占有者有可能从农场主手中取得这种地租①，从而使土地产品中的超额利润以级差地租形式被集体所有者获取。

在农村土地作为产权体系中，农村土地使用权与所有权的关系是：

---

① 《列宁全集》第 5 卷，人民出版社 1984 年版，第 103 页。

一方面，所有权是整个权利体系中的基础性权利，而使用权则是农村土地所有权在现实中的实现和伸延。农村土地所有权是使用权的充分但非必要条件，所有权必然有土地使用权伴随，而拥有农村土地使用权就不一定拥有土地所有权；另一方面，农村土地处分权和收益权是前两种产权的派生权利。这两种派生权利既可以与所有权融为一体，也可以与使用权合为一体。在计划经济体制下，农村土地的占有、使用和收益，均严格依据农民对于集体的身份依赖，其自由流转的处分权受到全面禁止，农村土地的流转仅限于国家征收。这样，四种产权形态都是合而为一，即所谓产权结构的古典形态。但近些年来，随着产权权能细分和实施，农村土地开始自发流转并呈蔓延之势，土地所有权和使用权开始逐步摆脱相关法律限制，在市场流转中逐步实现处分权和收益权，并逐步形成庞大的农村土地市场。

三　我国农村土地产权公正缺陷

（一）主体关系的非平等性

1. 国家与集体（农民）关系的非平等性

如前所述，"国家权力"解决个人与国家之间的权利义务边界问题，即个人权利之所及，国家权力之所止。就地权问题而言，各国政府都有公权力的主张，表现为规划管制、用途管制、交易管制以及公共使用等。也就是说，集体和农民享有的地权由国家界定了具体内涵的权利，不是绝对的、抽象的权利。国家不能免费界定与保护产权，具有自利倾向的国家政府往往有可能凭借其独一无二的地位索取高于其提供服务的租金。① 因此，产权从一开始就注定由于国家的介入而不那么完整独立。在征地过程中，由于我国农村土地产权主体的模糊性和国家权力介入性，这为国家公权力介入农村土地提供了契机。农村土地的终极支配权往往在国家的掌控之下，由各级政府代理。村一级组织是我国宪法规定的基层政权组织（乡）的派出机关，组又是村的延伸，村组都是准行政组织而非纯粹的经济组织或集体财产的所有权的行使者，但它们也行使村集体土地和村内集体土地的所有权控制。在征地过程中，由于农村土地的所有权主体是农村集体，因此，政府征地本身所涉及的主体

---

① 袁林：《国家与产权：农村土地制度变迁的绩效分析》，《经济与管理》2008 年第 3 期。

为政府、用地单位、农村集体三者。在征地执行过程中，与相关主体打交道的是农村集体（村委会或名义上的集体经济组织），而不是农民本身。这样，农民"个体权利"很难制约"国家公权力"，农民始终处于被支配地位，没有发言权和决定权。

2. 农村集体关系的非平等性

按照《土地管理法》第八条规定，农村和城市郊区的农村土地，除了相关法律规定其属于国家所有的以外，"属于农民集体所有"。但是其属于哪一层级的集体所有呢？农村集体成员的边界在哪里呢？该法第十条这样规定："农民集体所有的土地依法属于村农民集体所有的，由村集体经济组织或者村民委员会经营、管理；已经分别属于村内两个以上农村集体经济组织的农民集体所有的，由村内各该农村集体经济组织或者村民小组经营、管理；已经属于乡（镇）农民集体所有的，由乡（镇）农村集体经济组织经营、管理。"① 在上述法条中暴露出两个层面的非平等关系：其一，乡（镇）、村和村民小组这三类权利主体之间存在事实上的隶属关系。其二，农村集体和农民个体之间利益的非均衡性。

由于"三级所有，队为基础"的体制安排和"一大二公"的思想惯性，乡（镇）农民集体、村农民集体和村内小组等集体之间的关系一直不明了。为了尊重历史，在立法上保留了"三级所有"的形式，但在现实中，由于划界不清，同一块土地可能面临两个以上的集体产权主体的权益主张，村内集体经济组织或村民小组，可能会和村民委员会有权益之争，比如，根据《土地管理法》，村民小组对自己所辖土地拥有所有权，对集体成员的宅基地使用及补偿费用，拥有决定权和分配权。而按照《中华人民共和国村民委员会组织法》的立法精神，村民委员会可以依法管理本村范围内属于村民集体所有的集体土地等其他财产，而按照《土地管理法》，村民申请使用宅基地的，村民委员会必须提请村民会议讨论决定，方可办理。也就是说，村民小组所在地的村民委员会对其管辖的所有土地有法定的管理权、分配权和决策权，这在实

---

① 需要说明的是，上述法条的规定和《中华人民共和国民法通则》中关于农村土地被界定为乡（镇）、村两级所有的界定有出入。在本书写作中，如没有特殊说明，均按照《土地管理法》规定分析。

践中就造成诸多矛盾。面对这种情况，有人认为：乡（镇）农民集体、村农民集体和村内的农民集体所涵盖的范围逐步缩小，因此，这三种农民集体之间存在着依次包含的关系，小范围的农村集体应服从大范围的农村集体，即村内农民集体服从村农民集体和乡镇农民集体，而村农民集体服从乡镇农民集体。甚至有学者干脆就认为三者之间存在上下级关系。① 这实际上是"一大二公"思想惯性，当然不可取。但是，在现实实践中，这种农村集体之间的服从关系确实是存在的。

因此，我国现行法律制度未能明确农村集体占有农村土地资源的边界，这就导致各经济当事人未能享有农村土地资源的排他性，当然也就不能造就能够对农村土地资源真正独立自主的所有权主体。这种农村土地产权主体的多层次化必然导致这三级土地相关主体为争夺土地所有权而发生矛盾，更造成公权力对农民农村土地产权的随意侵入，而农民集体和用地者由于不能形成有效的和较稳定的预期，当然，也就大大降低了农村土地资源的有效配置。

3. 农村集体和农民个体之间利益的非均衡性

农村集体和农民个体之间利益的非均衡性，可以引申出两个问题：谁是农村集体土地所有权的真正代表？代表农村集体行使土地所有权的主体如何确保农民的根本利益？

关于第一点，上述规定出现了村农民集体、村民委员会、村集体经济组织、村民小组、村内农村集体经济组织、乡（镇）农村集体经济组织、乡（镇）农民集体等多个概念，好像是农村集体经济组织、农民集体、村民委员会、村民小组甚至乡（镇）政府都拥有土地所有权。不过，在本书看来，"经营"和"管理"分别对应不同的理解，"经营"在《辞海》中解释是"筹划营造（多用于工商企业的经办营销）"，"管理"则是"治理、管束"。那么，上述法条，比如"农民集体所有的土地依法属于村农民集体所有的，由村集体经济组织或者村民委员会经营、管理"，可以理解为：农民集体所有的土地依法属于村农民集体所有的，由村集体经济组织经营，或由村民委员管理。这就是说，经营和管理的对应主体是明确的，如果没有经济组织进行经营，就

---

① 谷宗谦：《论我国集体建设用地流转制度及其完善》，硕士学位论文，安徽大学，2007年，第14页。

由村民委员会实施行政管理权。实际上，《中华人民共和国村民委员会组织法》第八条第二款就规定：村民委员会依照法律规定，管理本村属于村农民集体所有的土地和其他财产，引导村民合理利用自然资源，保护和改善生态环境。我们可以理解为，村民委员会对集体土地只有管理权没有经营权是明确的，对于村委会和集体经济组织的关系，故而第八条第三款规定：村民委员会应当支持和组织村民依法发展各种形式的合作经济和其他经济，承担本村生产的服务和协调工作，促进农村生产建设和经济发展；村民委员会应当尊重并支持集体经济组织依法独立进行经济活动的自主权，维护以家庭承包经营为基础、统分结合的双层经营体制，保障集体经济组织和村民、承包经营户、联户或者合伙的合法财产权和其他合法权益。但是，在实际操作中，政社合一的体制消失后，乡（镇）集体经济组织已名存实亡，乡镇集体土地实际由乡（镇）政府支配。村一级组织是我国宪法规定的基层政权组织（乡）的派出机关，组又是村的延伸，村组都是准行政组织而非纯粹的经济组织或集体财产的所有权的行使者，但它们也行使村集体土地和村内集体土地的所有权控制。

关于第二点，答案已经很明确，由于行使集体土地所有权的大都是乡（镇）政府或其下派机构，其权力的行使惯性地通过行政管辖权取得的，这种所有权和管理权相混合的所有权主体构筑方式容易导致公权干涉私权。一方面，由于农民集体往往是一个集合概念，如果不能有全民全程参与式的管理和表决，农村土地所有权的行使往往就只剩下抽象的意蕴，其难以成为市场交易的主体。[①] 土地所有权的真正主体——农民因缺乏具体的组织形式和运作程序而无法直接从事经营管理，导致了主体虚置，这造成了广大农民对土地的疏离感，正如有些学者所言，他们不认为自己是土地的主人，而仅仅是类似佃户的土地租用者，只要其已经得到的土地实际利益（宅基地、承包地）有保障和相对公平即可。另一方面，所有权的行使主体发生了错位，土地管理者和经营者享有广泛的自由裁量权，并会因代理人身份向特权阶层身份的演化而成为专制的权力，容易使农村集体土地所有制异化为公有制包装下的权力所有制。

---

① 温世扬：《集体所有土地诸物权形态剖析》，《法制与社会发展》1999 年第 2 期。

（二）产权权能缺乏完整性

1. 所有权权能残缺

农村土地所有权权能主要是指处分权和收益权。处分权就是对集体所有的土地进行处置、自由决定土地利用者、在合乎规划条件下决定土地用途的权利。但按照法律规定，各集体土地所有权主体除了在国家依法征用属于其集体所有的土地时，应将国家需征用的属于其集体所有的土地所有权处分给国家之外，集体土地所有权主体不能处分其集体土地所有权。比如，《中华人民共和国宪法》第十条规定：农村和城市郊区的土地，除由法律规定属于国家所有的外，属于集体所有；宅基地和自留地、自留山，也属于集体所有。国家为了公共利益的需要，可以依照法律规定对土地实行征收或者征用并给予补偿。任何组织或者个人不得侵占、买卖或者以其他形式非法转让土地。《土地管理法》第二条也做了类似规定：国家为了公共利益的需要，可以依法对土地实行征收或者征用并给予补偿。因此，农村土地属集体组织所有，但是，集体组织作为所有者却仅有"不完全"的处分权。

土地收益权就是基于行使土地集体所有权而取得的经济收益和孳息。比如，1963年以后，农村建设用地使用权的无偿取得制度逐步在全国展开，这种产权制度安排得到1975年《中华人民共和国宪法》的确认。就宅基地而言，1988年，山东省德州地区试行农村宅基地有偿使用办法，按照农户实际使用的面积收取费用。随后山东省的经验在河北、江苏和上海等地相继推广。1990年，国务院批转的《关于加强农村宅基地管理工作的请示》中，将这项工作在全国推开。直到1992年初，全国有1200多个县（市）6600多个乡镇13万个行政村实行了宅基地有偿使用。对于土地所有权征收后，农村集体及农民的土地收益，《中华人民共和国物权法》第五十九条第三款规定，"土地补偿费等费用的使用、分配办法"，"应当依照法定程序经本集体成员决定"。除通过使用权有偿取得、征地补偿等形式获取土地收益外，农村集体基于乡村公益建设和其他集体性经营性建设，在法律框架下经过农民集体表决，可以通过合并农民宅基地等土地，以经营结余的土地来获取相应的收益。

特别地，由于农村集体土地处分权不充分和不完全的特性，农村土地的自由流转受到禁止，农村土地的流转往往局限于依靠行政权力进行的所有权低价征收。故而集体土地收益是相当低下的。

2. 使用权权能残缺

根据国家立法原意，国家对农村集体农业用地转为集体建设用地进行严格控制，主要手段有土地利用总体规划和建设用地审批，以实现对农用地转变用途进行严格控制。有资格取得集体土地使用权的个人和组织，必须是农村集体经济组织及其成员。[①]

比如，就农村宅基地产权来说，按照《土地管理法》《中华人民共和国物权法》等规定，宅基地使用权有以下权能：一是占有使用权，是指村民为了建造房屋、添置附属设施而长期占有和控制依法取得的宅基地，并排除他人非法占有的权利，这是实现其他权能的基础；二是流转处分权，是指村民依法处置宅基地的权利；三是收益权，是指村民可以因自己使用宅基地而获益，也可以因宅基地上房屋出卖、出租而获益，甚至可以利用院落内的空地从事农业生产而获得自然孳息。

《土地管理法》对农村建设用地使用权交易，原则上不准流转，但允许例外流转，比如利用农村建设用地兴办乡镇企业的主体，在破产和兼并时可以发生土地使用权的依法转移。但相较而言，宅基地使用权残缺性十分突出：其一，目前，国家限制宅基地使用权的单独流转，农民只能按"地随房走"的原则依法转让宅基地，但宅基地使用权和上盖房屋不能对城镇居民出售，宅基地也不能抵押，不得在宅基地上进行商品房开发，如"小产权房"等；其二，按照《土地管理法》第四十三条、第六十条的规定，农村建设用地能够用于兴办企业的主体，仅限于本土乡镇企业或者以土地使用权入股等形式共同创办企业。问题是，非本土企业是否可以在农村宅基地上独立兴办企业呢？答案显然是否定的。

总之，宅基地使用权主体为村民这一特定民事主体，这与现行法律禁止或限制农村建设用地使用权流转的立法精神是一脉相承的。总的看来，宅基地使用权具有相对处于静态的产权特征，村民作为土地使用者与土地所有者集体具有身份上的依赖性和归属性特征。村民在保有宅基地并直接使用的情况下，处分权和收益权是合一的。如果村民欲将房产（包括宅基地）的全部或部分权利让渡给非本集体成员，则会违背国家相关法律法规的限制。在北京宋庄画家村纠纷中，法院最后也是判画家

---

① 吴远来：《农村宅基地产权制度研究》，湖南人民出版社 2010 年版，第 85 页。

归还农民房产。

再比如，对于宅基地的担保抵押问题。《中华人民共和国担保法》第三十七条明确规定：下列财产不得抵押：（一）土地所有权；（二）耕地、宅基地、自留地、自留山等集体所有的土地使用权，但本法第三十四条第（五）项、第三十六条第三款规定的除外……这两个例外都与宅基地使用权无关，分别是，（五）抵押人依法承包并经发包方同意抵押的荒山、荒沟、荒丘、荒滩等荒地的土地使用权（第三十四条第五款），乡（镇）、村企业的土地使用权不得单独抵押。以乡（镇）、村企业的厂房等建筑物抵押的，其占用范围内的土地使用权同时抵押（第三十六条第三款）。被人们寄予厚望的《中华人民共和国物权法》也没有超出《中华人民共和国担保法》的立法内容。《中华人民共和国物权法》第一百八十四条规定：下列财产不得抵押：（一）土地所有权；（二）耕地、宅基地、自留地、自留山等集体所有的土地使用权，但法律规定可以抵押的除外……可见，和国有土地产权相对完整性不一样，宅基地使用权权能是不完整的，其抵押功能被堵住而丧失了获得金融支持的可能。[①]

可见，与国有土地相比，农村土地产权受到很多限制，处于模糊状态和不平等地位。在我国土地资源日益稀缺的情况下，大量闲置的农村土地急需入市。在田莉看来，中国选择的模糊产权制度，是对高昂的交易成本和萌芽状态的土地市场的不确定性的一种回应。[②]

第二节 我国农村土地所有权公正的完善

一 实现农村土地产权主体的公正关系

（一）实现国家和集体的公正关系

总的来看，农村集体土地产权具有二元主体，即国家是显性主体，

---

① 第一百二十八条规定：土地承包经营权人依照农村土地承包法的规定，有权将土地承包经营权采取转包、互换、转让等方式流转。流转的期限不得超过承包期的剩余期限。未经依法批准，不得将承包地用于非农建设。上述规定表明，《中华人民共和国物权法》所调整的农村土地流转的对象仅限于土地承包经营权的流转，且其流转不得改变承包土地的农业用途。

② 田莉：《有偿使用制度下的土地增值与城市发展》，中国建筑工业出版社 2008 年版，第 72—101 页。

集体农民是隐性主体。[①] 对于土地产权及其增值来看，其增值源于国家的发展战略、城市规划、非农用地供应政策和城市化速度等因素。只有处在特定位置的土地非农使用，才可能产生较高的发展增益。土地增值从本质上来源于社会发展，是社会大众共同努力的结果，但现实中却因诸多因素的共同影响而聚集于个别地块之上。[②] 因此，一方面，国家是国土资源所有权主体。因为包括农地在内的土地发展权源于国家行政管理权，从终极权利角度看，任何国家的土地，国家享有终极所有权，这种终极所有权主要表现在国家对土地的规划或用途管制上，体现在关乎重大生态利益和社会整体经济利益等方面。另一方面，集体是农地财产所有权主体。

同时，从国家治理体系和治理能力来看，村这一级组织是国家治理体系在农村最基层的一个不可缺少的环节，其承担的职能是国家治理能力中不可缺少的部分。因此，在处理国家与集体产权关系时，必须考虑集体在国家治理体系中所发挥的功能、所负有的这种政治和社会责任，如果只把它作为一个纯经济单位来看待，来考虑它的改革方向，那么就脱离了中国的国情，或者说看问题只有经济面向而缺乏政治和社会面向，从而具有片面性。[③] 因此，集体经济组织在产权制度改革中，需要充分考虑村级组织所承担的政治与社会责任，在考虑集体经济收入分配时首先留够承担这个责任所需要的部分，必须要能够和国家治理能力建设进行有效衔接。随着社会管理的成本越来越高，村级组织用于所承担的政治与社会责任的支出也越来越大。如果在产权制度改革时把集体经济分红比例定死，村民分红支出变成刚性之后，国家、集体与个人的利益容易发生冲突。

（二）实现农村各层级集体的公正关系

依法明确集体土地所有权主体，这是农村土地产权制度创新的基础和前提。对集体土地所有权，《中华人民共和国民法通则》（1986 年）第七十四条规定：集体所有的土地依照法律属于村农民集体所有，由村

---

① 戴中亮、杨静秋：《农村集体土地发展权的二元主体及其矛盾》，《南京财经大学学报》2004 年第 5 期。

② 彭新万、崔苗：《我国农地发展权配置与实现路径的理论与策略分析》，《求实》2015 年第 11 期。

③ 周建明：《应如何看待村级集体经济》，《毛泽东邓小平理论研究》2015 年第 5 期。

农业合作社等农业集体经济组织或者村民委员会经营、管理。已经属于乡（镇）农民集体经济组织所有的，可以属于乡（镇）农民集体所有。《土地管理法》第十条进一步规定：农民集体所有的土地依法属于村农民集体所有的，由村集体经济组织或者村民委员会经营、管理；已经分别属于村内两个以上农村集体经济组织的农民集体所有的，由村内各该农村集体经济组织或者村民小组经营、管理；已经属于乡（镇）农民集体所有的，由乡（镇）农村集体经济组织经营、管理。从而对农村土地集体所有权制度作了三个层次的规定，即农民集体土地所有权可分为三种类型：乡（镇）农民集体土地所有权、村农民集体土地所有权、村民小组农民集体土地所有权。因此，集体土地所有权主体就是"一定范围内的农民集体"。①

事实上，乡（镇）、村、村民小组农民集体拥有的土地多数在各地均有明确的界线和范围，其面积比例大致为 1∶9∶90。② 尽管部分乡（镇）、村干部及土地行政主管部门从便于组织管理和登记发证的角度出发，认为应当适当收集土地所有权，将集体土地所有权界定为村集体经济组织或乡（镇）集体经济组织，笔者认为，这需要因地制宜，不适合强行实施，主要理由是：第一，村民小组之间往往有明确的土地界线，法律对村民小组的土地所有权地位有明确规定，不能人为调整，更不能因为详查技术精度上未能满足发证到村民小组等技术原因而上调集体土地所有权；第二，村民小组的组织形式确实不够健全，但这决不能成为剥夺其应有的土地财产权的借口；第三，在当前农民土地权益保障不力的情况下，所有权越往下沉越有利于保护农民土地权益，有利于发挥所有者的积极性。

因此，必须从实际出发，依法、合理确定农村土地所有权主体和相应土地产权范围，通过土地登记、发证予以认定，同时从法律上明确集体土地所有者的权利和义务。具体来说，村内有两个以上的农村集体经济组织（村民小组），各集体经济组织之间有明确的土地界线和范围，并在各自范围内使用占有，确认村民小组为相应的集体土地所有者；农

---

① 丁关良、周菊香：《对完善农村集体土地所有权制度的法律思考》，《中国农村经济》2000 年第 11 期。

② 吴远来：《农村宅基地产权制度研究》，湖南人民出版社 2010 年版，第 92 页。

民集体土地已经属于村民集体所有的，包括虽未打破村民小组界线但由村民集体实际使用的土地，以及过去村办企业，村公共设施、公益设施建设使用村民小组的土地，并且在使用时已给予相应补偿或土地调剂的，宜承认现状，依法确认为村农民集体所有的土地，由村集体经济组织或村民委员会负责经营、管理；已经属于乡（镇）农民集体所有的土地，包括过去乡（镇）企业，乡（镇）公共设施、公益设施建设使用村农民集体所有土地或村民小组所有土地且在使用时已给予相应的土地补偿或土地调剂的，应依法确认为乡（镇）农民集体经济组织所有，没有乡（镇）集体经济组织的，可由乡（镇）政府代为负责经营管理。[①] 当然，乡（镇）、村、村民小组土地所有权主体的法律地位平等，不存在任何隶属关系，其土地边界既不交叉也不重合。[②] 更不能随意打破各自的土地财产权界限，严禁行政权侵占所有权，随意上收集体土地所有权。

二　夯实农村土地所有权主体地位

（一）我国农村土地所有权主体实现的有关争论

应当构建什么样的农村土地产权制度，学界主张不一，主要有以下观点：有的人主张维护现行集体土地所有权并进行改革完善。[③] 也有人主张根本改变集体土地所有权制度，其观点又可以分为：一是主张实行国有化，即废除农村土地的集体所有制，一切土地归国家所有[④]；二是主张私有化，即打破农村土地集体所有制，将农村土地的所有权给予农民。[⑤] 还有人主张实行多层次的土地所有制，即我国农村应建立部分土地国家所有、部分土地集体所有以及部分土地个体所有的国家、集体和个人"多层次土地所有制"[⑥]；建立土地社会（国家）占有基础上的农

① 刘永湘：《中国农村土地产权制度创新》，博士学位论文，四川大学，2003 年，第186页。

② 周建春：《集体非农建设用地流转的法制建设》，《中国土地》2003 年第 6 期。

③ 陈家泽：《产权对价与资本形成：中国农村土地产权改革的理论逻辑与制度创新》，《清华大学学报》（哲学社会科学版）2011 年第 4 期。

④ 蔡昉：《土地所有制：农村经济第二步改革的中心》，《中国农村经济》1987 年第 1期。

⑤ 秦晖：《关于地权的真问题：评无地则反说》，《经济观察报》2006 年 8 月 21 日。

⑥ 林毅夫：《制度、技术与中国农业发展》，上海人民出版社 1992 年版，第 75 页。

民（农户）个人所有制的"农地复合所有制"①；或在明确集体土地的所有者主体基础上，发放农民个人持有的集体所有权面积份额的土地所有权证书的"规范的农村集体土地所有制"。② 本书拟就农村集体土地国有化和私有化观点进行简要分析。

1. 农村集体土地国有化方案分析

在蔡昉看来，我国目前农业集约化水平较低和土地报酬递减现象严重：土地划分细碎狭小、土地集中过慢、农村产业结构调整进展缓慢等。解决这一问题的出路在于对农村土地所有制进行改革。从战略上看，农村土地所有制改革的方向是加强土地的国家所有权，从而建立两套土地集中机制和投资机制。但是，本书认为土地国有化方案的缺陷也十分明显：

（1）土地国有使土地权属的变动更加剧烈，使农民对国家的土地政策和法律制度的稳定性产生怀疑。尽管主张农村土地国有的学者从理论上推断，土地国有不会形成对农民的剥夺，但改革开放30多年来的经验已经证明，农村土地国有肯定会形成对农民的剥夺。③ 据估算，自1979—2004年国家和城市工商业从农村集体土地低价征用中获取了90000多亿元的资产。④

（2）实行农村国有土地所有权，国家要付出高昂的经济成本甚至政治成本。因为，国家无非采取两种方式将农村集体土地所有权改革为农村国有土地所有权：有偿赎买或无偿剥夺。假如对农村土地采取有偿赎买，其经济交易成本太高，囿于目前中国的国情国力，势必难以实现；假如对农村土地采取无偿剥夺，则必然引起广大农民的强烈不满，恶化国家与农民的关系，甚至引起剧烈的社会动荡，其政治风险非常高。

（3）即便我国有足够的实力与能力将农村土地所有权改革为农村国有土地所有权，国家也不可能对广袤的农村土地亲自行使所有权，不

---

① 钱忠好：《中国农村土地制度变迁和创新研究》，中国农业出版社1999年版，第11—27页。

② 朱秋霞：《中国土地财政制度改革研究》，立信会计出版社2007年版，第220—230页。

③ 杨继瑞：《中国农村集体土地制度的创新》，《学术月刊》2010年第2期。

④ 廖洪乐：《我国农村土地集体所有制的稳定与完善》，《管理世界》2007年第11期。

得不委托其他主体代为行使，这会比现行的农村集体土地制度多出一块委托—代理费用，加大了农村土地制度运行的交易费用与成本。因此，将农村集体土地所有权改革为农村国有土地所有权，势必会大大降低农村土地制度的宏观运行效益。

2. 农村集体土地私有化方案分析

秦晖认为，土地是农民的命根子，应该交给农民。在法律秩序不完善、委托—代理关系混乱的情况下，抽象地谈集体、个体意义是不大的，因为掌握地权的不是农民，而是政府和官员。以"社会保障不能私有"为理由反对地权归农，是一种颠倒权利义务的怪论，它把"国家责任不能推给个人"颠倒为"国家可以剥夺个人权利"。同时，导致地权集中的主因都是不受制约的专制权力，而不是"小私有者自由买卖"。最后，他也认为，如果农民有结社权，可以自由结成"集体"，那么土地是归农户还是归集体，并没有原则上的区别。秦晖的观点很具有代表性，正如李昌平所言："我们从新中国成立以来的土地制度变迁来看，1949—1960 年的发展是一个连续的过程，是由有限的'家庭所有'向'公社所有'转变的过程，1962—1997 年是一个连续的过程，是'公社所有和经营'向'公社所有 + 社队集体经营'，再向'国家所有 + 农民双层经营'，最后向'国家所有 + 家庭长期承包'转变的过程。现在阶段，处于一个十字路口了，多数人的主张是退回到 1952年——农户拥有土地农用的全部权利。"[①] 而这种观点背后的利益考量是有目共睹的，正如陈锡文所说，现行土地管理制度的两个基本特征：一是用途管制，二是土地集体所有，现在要撬动这个东西的力量非常大，很多人总是拼命想攻破集体这个圈，把集体土地拿出来给全社会用，或者原来不应该进入集体圈的资本和力量拼命想进入这个圈。[②] 实际上，土地私有化的设想在我国社会主义制度和现行农村土地制度安排的条件下，不具备可行性。主要表现在如下几个方面[③]：

（1）《中华人民共和国宪法》明确规定，中国的基本经济制度是社会主义制度，坚持社会主义制度就必须坚持生产资料公有制。土地是农

[①] 李昌平：《大气候：李昌平直言"三农"》，陕西人民出版社 2009 年版，第 105 页。

[②] 陈锡文：《做错了就改，做对了就坚持》，载张曙光《博弈：地权的细分、实施和保护》，社会科学文献出版社 2011 年版，第 264 页。

[③] 杨继瑞：《中国农村集体土地制度的创新》，《学术月刊》2010 年第 2 期。

业最基本的生产资料，假如实行了农地私有化，那就彻底动摇了社会主义制度在农村的经济基础，这与中国的基本经济制度是相违背的，也是违宪的主张。

（2）农村集体土地私有化过程中，如何做到土地分配的公平合理是一个难题。农民如何获得集体土地所有权？倘若有偿赎买，农民限于自身的财力，困难很大；倘若无偿取得，等于瓜分集体资产，而且根据何种原则进行分配，难度颇大。正如佩恩指出："土地私有制的好处是显而易见的，它为人们投资房地产提供了最强劲的动力，但问题也不能回避……可能产生永久和大量的下层平民，这在南美的很多国家中并不鲜见。"①

（3）实行农村集体土地私有化，势必导致土地的兼并和集中。在我国，农村土地对于农民来说除具有其基本的经济功能外，还具有重要的社会保障功能，在我国整个社会保障制度尚未建立起来的条件下，农民对土地的需要和态度首先表现为土地的福利保障功能。失去了宅基地等这一最基本的生产生活保障后，随着城市化发展，"三无农民"问题将可能成为社会动荡的根源。

因此，中国现行的农村土地制度改革必须坚持并完善农地集体所有制，而不要在农村集体土地所有权的改革上大动干戈。因为，任何一种制度变革必须综合考虑改革的替代成本和摩擦成本，即"学习新制度以对新的和从未有过的事情做出恰当反应的成本"和"制度创新还受到达成社会一致的成本的巨大影响"。② 在新制度执行缺乏社会保障系统支持的情况下，贸然进行孤军奋进的农村土地所有权创新，其巨大的经济成本和政治风险将是无法承受的。事实上，稳定和完善现行农村集体土地所有制比土地国有或私有更符合中国实际。自新中国成立以来，我国农村集体土地制度一直在频繁调整。先是 20 世纪 50 年代将地主土地分配给农民私有，没过几年就组织农民搞合作社。合作社没实行几年，就取消土地股份和分红，实行农村土地集体所有。1962 年通过的《农村人民公社工作条例（修正草案）》提出，生产队作为基本核算单

---

① 参见田莉《有偿使用制度下的土地增值与城市发展》，中国建筑工业出版社 2008 年版，第 12 页。

② 参见温世扬《土地承包经营权流转中的利益冲突与立法选择》，《法学评论》2010 年第 1 期。

位，至少30年不变，但20年后生产队直接组织生产和收益分配的模式被家庭承包经营模式所替代。因此，问题的关键不是在理论上纠缠于产权的归属问题，而是应放在产权的实施上。而一个不能实施或者不能有效实施的产权等于没有产权。①

（二）夯实农村土地所有权主体实体

为了避免现行农村集体行使主体"缺位"或"越位"的"硬伤"，在明确了农村土地所有权主体范围后，应进一步明晰农村集体土地所有权主体。事实上，根据前面分析，《土地管理法》第十条已经明确集体土地所有权主体的合宜顺序，首先为乡（镇）农村集体经济组织、村集体经济组织或者村小组经济组织，其次才是乡（镇）政府机构、村民委员会和村民小组。

1. 村级集体经济组织是农村集体土地所有权最合宜的主体

第一，集体经济组织最适合作为农村集体土地所有权主体。以行政区划的村、组为基础的农村集体经济组织，是在1956年基本完成农业的社会主义改造、农村土地和其他生产资料逐步从农民所有转变为集体所有后，逐步建立和完善起来的。《中华人民共和国宪法》（2004年）第八条第一款规定：农村集体经济组织实行家庭承包经营为基础、统分结合的双层经营体制。农村中的生产、供销、信用、消费等各种形式的合作经济，是社会主义劳动群众集体所有制经济。第十七条明确规定：集体经济组织在遵守有关法律的前提下，有独立进行经济活动的自主权。集体经济组织实行民主管理，依照法律规定选举和罢免管理人员，决定经营管理的重大问题。《中华人民共和国农业法》（2012）第十条规定：农村集体经济组织应当在家庭承包经营的基础上，依法管理集体资产，为其成员提供生产、技术、信息等服务，组织合理开发、利用集体资源，壮大经济实力。《国务院关于加强农村集体资产管理工作的通知》也明确指出：集体经济组织是集体资产管理的主体。由此可见，我国农村集体经济组织的法律地位是明确的。党的十七届三中全会提出，"发展集体经济，增强集体组织服务功能"的任务，2010年中央1号文件《中共中央国务院关于加大统筹城乡发展力度进一步夯实农业

---

① 张曙光：《博弈：地权的细分、实施和保护》，社会科学文献出版社2011年版，第6页。

农村发展基础的若干意见》明确指出："力争用三年时间把农村集体土地所有权证确认到每个具有所有权的农民集体经济组织"，"壮大农村集体经济组织实力，为农民提供多种有效服务"，"鼓励有条件的地方开展农村集体产权制度改革试点"。其意有二：一是明确农村集体经济组织是社会主义劳动群众所有制的组织载体，对集体资产具有所有权和管理权；二是加强农村集体经济组织建设，是坚持党在农村的基本经营制度、维护农民基本权益的关键之举。①

第二，村级集体经济组织最适合作为农村集体土地所有权主体。施建刚等认为，首先，多年来农村基层民主自治建设为塑造村级集体土地所有权主体提供了良好的民主土壤和丰富的自治经验。其次，村级农民集体更有利于集体土地的统一规划与适度规模经营。最后，确立村级集体作为集体土地所有权主体有利于化解村民小组间因土地资源不均引发的社会矛盾。具体来说，应秉承尊重历史和制度变迁路径的原则，将村民小组的集体土地所有权上移至村级集体经济组织代为所有，即确立"村级农民集体"作为农村集体土地的同一、单一的所有权主体，但承包权分配仍由村民小组完成。这样，可以实现全村土地统一规划和管理，既可以实现规模生产，也可以入股合作等形式开展经营活动，收益在村民小组和村集体之间协商分配。

需要注意的是，当前村集体经济组织存在诸多问题。一是根据前面分析，村集体经济组织和村民委员会分别行使农村集体土地所有权的所有者和经营管理者职能，但由于相关法律法规没有具体规定行使两种职能的组织形式和程序，两者在职能范围划分、职能行使方式上存在"错位"和"缺位"现象。二是村集体经济组织本身的存在及运行状况也存在诸多弊端。比如，有些地方没有真正建立村集体经济组织，或者仅存在一个空架子。有些地方即使组建了村集体经济组织，但大多和村民委员会是"两块牌子、一套班子"，没有相应的经济经营功能。故而，村集体经济组织应进行彻底的主体改造，将其主体性质、组织形式和组织程序等规范化和法制化，方能真正承担农村集体土地所有权主体

---

① 关锐捷、黎阳、郑有贵：《新时期发展壮大农村集体经济组织的实践与探索》，《毛泽东邓小平理论研究》2011 年第 5 期。

职能。①

2. 推进农村集体经济组织公司化运作

强化农村集体土地所有权职能，关键在于落实村集体经济组织这一实体形态，重点对村集体经济组织进行公司化改造，推进村集体经济组织公司化运作。尤其是在经济社会发展较好、市场经济较发达的地区，农民对土地的依赖程度日益下降，土地的生存保障功能已经让位于土地的财产性功能，可以将集体经济组织改造成为公司制法人型的新型经济组织。② 这种改造可以有效解决农村集体土地所有权主体缺位、土地流转不规范、相关利益分割不合理等问题。第一，可防止集体土地所有权主体缺位。法人型公司化改造后的村集体在法律上明确其作为集体土地所有权主体的民事主体地位，并按照相关规定设立组织机构行使所有权。第二，可实现农村土地市场流转。改造后的村集体可以作为市场主体参与土地交易，风险由法人组织承担，保障了农民基本生存权利；理顺了村集体和村民各自的权利义务关系。第三，可有效保障农民权益。改造后的村集体经济组织中，农民享有平等的决策、监督和收益权利，从而实现保障农民权益、健全基层民主治理的目标。③

1993 年 8 月，广东南海市委市政府发布《关于推行农村股份合作制的意见》，正式在全市农村范围内推行股份合作制，并逐步探索出较为成熟的新型经济组织及经营模式——"南海模式"。其基本做法是：第一步，将农村土地划分为农田保护区、工业发展区和商业住宅区；第二步，将集体资产和土地折价入股，组建股份合作社经营土地，股份按集体在籍人口分配；合作社按照公司化运作，成立董事会等公司机构。合作社经济收入来源有：集体企业直接经营利润；农业用地、建设用地、物业出租这"三出租"方式获得的租金收益。

2008 年前后，在成都市推进农村土地产权改革进程中，锦江区也进行了类似的探索。把"198"区域原 14 个农村集体经济组织改革改

---

① 施建刚等：《农村集体建设用地流转模式研究——以上海试点为例》，同济大学出版社 2014 年版，第 131 页。

② 张建军：《成都锦江农村集体土地流转的主要做法及启示》，《中国国土资源经济》 2010 年第 6 期。

③ 施建刚等：《农村集体建设用地流转模式研究——以上海试点为例》，同济大学出版社 2014 年版，第 139—140 页。

造为 11 个村级有限责任公司，将农村集体土地所有权、使用权确权登记颁证给这些公司。公司注册股东为原农村集体经济组织选出的村民代表，他们和其代表的村民签署了委托持股协议。同时，11 个村级有限责任公司又联合组建了成都市农锦资产管理有限责任公司，委托其统一经营管理农村集体土地。这样，按照"农民—村级新型集体经济组织—区农锦公司—项目业主"的流程，通过集体经济组织的创新改造，建立起农民与集体经济组织之间稳定利益连接机制，真正落实了农村土地所有权主体。

3. 以基层自治组织行使集体土地所有权是不少地区的重要选项

实际上，在理论界提出将农村土地明确划归为乡（镇）政府、村民委员会或村民小组一级所有的主张就是希望明确产权主体，消除行政管理对土地产权的负面影响，尽管主张有失偏颇，但确实也是不少地区的现实选择，理由是：（1）这些经济水平相对较低的地方，农民虽然也希望进行土地流转，但土地要素市场还未真正建立，只能由政府主导完成流转。在实际操作中，本地区集体资产的生产经营活动，大都是村党支部和村民委员会负责，集体经济组织的经济活动都是由村党支部和村民委员会代理。（2）在村民自治制度下，由这些权力机构代行本地区集体经济的经营职能，如果做到事务和财务公开，村民可以对本区集体土地资产管理收益与支出做到有效监督，这样也避免支付政治民主与经济民主双重成本的问题。[1]（3）而在尚未通过集体经济组织重构农村集体土地产权主体之前，通过厘清乡镇政府、村民委员会和村民小组实际代表之间的产权关系，明确三级主体之间的产权边界，能够在一定程度上降低产权主体虚置带来的负面影响。

三　完善和保障农村土地所有权权能

明确农村土地所有权主体很重要，因为这清楚厘定了经济资源各有其主，人们的注意力从争夺、分配现有的资源转向增加生产。但是，农村土地所有权主体界定仅仅提供了土地流转并获取收益的可能，进一步完善农村土地所有权的收益权能和处分权能，更是重中之重。农村土地处分权能、收益权能是实现土地流转、扩大专业化分工范围和大幅度提高农村集体和农民收益的关键性制度安排。

---

[1]　郑有贵：《村社区性集体经济组织是否冠名合作社》，《管理世界》2003 年第 5 期。

（一）做好确权登记，完善农村土地所有权主体确认的法律形式

对农村土地，主要按照行政村或者村民小组（自然村）全面进行地籍登记（按村民小组登记的，要逐步过渡到按村登记），明确农村土地的所有者主体和所有权客体，发放农村土地所有权的所有权证书。

在所有权确权中，一定要清晰农地产权"四至"，解决事实上存在的边界模糊问题。只要产权四至边界清晰，产权的负外部性就会减少。长期以来，人们在确权问题上，一是忽略了农地产权的地理属性。过去农地确权只是按照农户家庭进行分配，具有平均化、细碎化的特征，没有考虑到产权的地理特性，因为有的土地可以细分为"私地"，如山区、丘陵土地，有的土地只能界定为"共有"，如水塘、草地、生态林地。二是模糊了农地产权四至边界。目前，农民土地使用权证对四至边界的确定是通过文字来定性描述，既没有具体的数字量度说明，也没有宗地位置及宗地图的确切标注。由于土地边界的经常可变性，模糊定性说明只会留下农民间土地纷争的隐患。①

（二）完善农村土地所有权处分权能

这主要是针对农村集体土地所有权转移的单向流出性而言。《土地管理法》第二条第四款规定："国家为了公共利益的需要，可以依法对土地实行征收或者征用并给予补偿。"同时，由于集体土地上人口与房屋密度较小，征地成本较低，农村集体土地被征收（用）的可能性极大，而在耕地压力加大的背景下，农村土地更是面临被征的风险。

党的十七届三中全会明确要求："改革征地制度，严格界定公益性和经营性建设用地，逐步缩小征地范围，完善征地补偿机制……在土地利用规划确定的城镇建设用地范围外，经批准占用农村集体土地建设非公益性项目，允许农民依法通过多种方式参与开发经营并保障农民合法权益。逐步建立城乡统一的建设用地市场，对依法取得的农村集体经营性建设用地，必须通过统一有形的土地市场、以公开规范的方式转让土地使用权，在符合规划的前提下与国有土地享有平等权益。"按照这一精神，我国立法应予以明确规定：按土地用途管制原则，农村土地能够按土地利用总体规划和城市规划自主进入土地产权

---

① 闵桂林、饶江红：《农地产权正义实现的路径探讨》，《江西社会科学》2013 年第 10 期。

交易市场，以实现土地所有权在各集体经济组织之间、集体经济组织和国家之间的双向流动。比如，工商企业和开发商需要用地，可以由农村集体通过市场交易、公开规范的方式转让土地使用权，不需要通过政府征地环节。

（三）完善农村土地所有权收益权能

完善农村土地收益权能包括农村集体作为整体的收益权能、农村集体和农民之间的收益权能两个方面。第一，从实现农村集体作为整体的收益权能来看，党的十七届三中全会要求："改革征地制度，严格界定公益性和经营性建设用地，逐步缩小征地范围，完善征地补偿机制。依法征收农村集体土地，按照同地同价原则及时足额给农村集体组织和农民合理补偿，解决好被征地农民就业、住房、社会保障。"按照这一精神，国家为了公共利益的需要而征地的，用地单位、农村集体和地方政府应该共同参与征地过程，农村集体有义务转让土地使用权，土地使用单位必须按市场价格给予农民合理补偿。如果条件具备，政府应该采取规划手段保证每个农村集体住宅用地外，还有一定数量比例的保留建设用地；对于非公益利益项目，农民没有义务转让土地所有权，土地使用单位只能通过与农村集体达成平等土地交易合同取得土地。需要指出的是，公共利益项目必须有明确的规定。在德国，只有公共交通如铁路、公路、飞机场和军事用等才能作为公共利益项目。而大量公共事业单位用地，如政府办公楼等并不能作为公共利益项目，政府只能像私人企业一样到土地市场买地。[1] 第二，在农村集体内部也应逐步实行土地有偿使用制度，除公益设施用地继续采用无偿供地外，村民使用宅基地、村办企业使用土地要交纳土地使用费。这样有利于节约土地资源和提高土地资源的使用效率。

总之，明确农村集体土地所有权的主体，可以有效解决土地所有权行使主体的"缺位"与"错位"的问题，完善农村土地所有权权能，可以解决城乡土地"同地不同权""同地不同价"的问题，从而为推进农村土地有效流转创造良好条件。当然，在完善农村集体土地所有权制度的前提下，变农村土地使用权为相对独立和完整的土地产权就成为逻

---

① 朱秋霞：《中国土地财政制度改革研究》，立信会计出版社 2007 年版，第 224 页。

辑必然。①

第三节　我国农村土地使用权公正的完善

一　强化农村土地使用权物权性质

（一）明确农村土地使用权物权性质

以宅基地为例，揭示使用权公正何以实现。《中华人民共和国物权法》确立了宅基地使用权的用益物权性质，"宅基地使用权人依法对集体所有的土地享有占有和使用的权利，有权依法利用该土地建造住宅及其附属设施"（第一百五十二条）。党的十七届三中全会报告提出："完善农村宅基地制度，严格宅基地管理，依法保障农户宅基地用益物权……逐步建立城乡统一的建设用地市场，对依法取得的农村集体经营性建设用地，必须通过统一有形的土地市场、以公开规范的方式转让土地使用权，在符合规划的前提下与国有土地享有平等权益。"在这里，有两个问题并未解决：一是宅基地的用益物权太宽泛，缺乏可操作性，尤其是限制太多。比如，"宅基地使用权的取得、行使和转让，适用土地管理法等法律和国家有关规定"（第一百五十三条）。二是除了宅基地用益物权的规定，农村建设用地使用权作为整体的物权属性未能确立。在第十二章"建设用地使用权"中，并不能将农村建设用地使用权归于用益物权，其第一百五十一条就做了排除性规定，"集体所有的土地作为建设用地的，应当依照土地管理法等法律规定办理"。党的十八届三中全会要求："建立城乡统一的建设用地市场。在符合规划和用途管制前提下，允许农村集体经营性建设用地出让、租赁、入股，实行与国有土地同等入市、同权同价。"相较十七届三中全会规定，"逐步"二字删除，表明我国"建立城乡统一的建设用地市场"这一战略任务显得更为紧迫和重要。

实现农村土地使用权的物权化的重要意义表现为：首先，能赋予农村集体或农民直接支配土地并排除他人干涉的权利，能够保障主体将农村土地作为经济要素投入经营活动。其次，有利于保证市场交易稳定进

---

① 杨继瑞：《中国农村集体土地制度的创新》，《学术月刊》2010 年第 2 期。

行。农村土地流转是一个连续性的市场交易过程，只有将农村土地使用权的物权内容由法律规定并公之于世，才能降低交易成本，增强交易信用安全，维护交易秩序。最后，才能保证农村土地使用权真正取得与国有土地的平等地位。①

《中华人民共和国物权法》实行物权法定原则，物权的类型和内容需由法律明确界定。《中华人民共和国物权法》规定了所有权、用益物权、担保物权三类物权，用益物权又包括土地承包经营权、建设用地使用权、宅基地使用权、地役权四类。比如，农村建设用地使用权只能归属于用益物权，具体有两种途径：一是在《中华人民共和国物权法》的"用益物权"篇中专门增加"农村建设用地使用权"章；二是不将农村建设用地使用权作为独立的用益物权种类，而将其纳入《中华人民共和国物权法》第十二章"建设用地使用权"之中。显然，第二个途径更为恰当。因为作为用益物权的建设用地使用权都是主体对土地以建造建筑物、构筑物及其附属设施为目的处分和收益的权利。在我国明确"建立城乡统一的建设用地市场……实行与国有土地同等入市、同权同价"的目标指导下，建设用地所有权是国家所有还是集体所有并没有本质差别。② 从法理上看，第一，《中华人民共和国物权法》第一百五十一条虽然只是一个原则性的转让条款，并无具体的规范内容，但在解释上不能由此得出立法意图是将农村建设用地使用权排除在用益物权之外。第二，《中华人民共和国物权法》第一百五十一条规定的"集体所有的土地作为建设用地的，应当依照土地管理法等法律规定办理"中，"应当依照土地管理法等法律规定办理"的对象应该理解为，针对农村建设用地使用权能否流转、流转范围、如何流转等问题，而不是其产权属性的界定问题。③

（二）创新农村土地使用权确权登记

在我国，不动产登记是物权生效的要件（土地承包经营权除外）。以 2007 年《中华人民共和国物权法》颁布为起点，我国正式提出了国家对不动产实行统一登记的制度规划。《中华人民共和国物权法》第九

---

① 韩松：《论农村集体经营性建设用地使用权》，《苏州大学学报》2014 年第 3 期。

② 同上。

③ 房绍坤：《农村集体经营性建设用地入市的几个法律问题》，《烟台大学学报》（哲学社会科学版）2015 年第 3 期。

条规定：不动产物权的设立、变更、转让和消灭，经依法登记，发生效力；未经登记，不发生效力，但法律另有规定的除外。2013 年 11 月，国务院常务会议决定整合不动产登记职责、建立不动产统一登记制度。2014 年 1 月，全国国土资源工作会议正式提出组建不动产登记局，国土资源部着手起草《不动产登记条例（草案送审稿）》。在《不动产登记条例（草案送审稿）》基础上，2014 年 11 月 24 日，国务院发布《不动产登记暂行条例》。中央政府确定从 2014 年开始，用 3 年左右时间建立和实施不动产统一登记制度，用 4 年左右时间构筑统一的不动产登记信息管理基础平台，形成全国不动产统一登记体系。

从《中华人民共和国物权法》来看，我国不动产登记主要有集体土地所有权、土地使用权、农村宅基地使用权、土地抵押权登记等形式。其中，土地使用权确权和颁证是不动产登记的核心内容，是推进农村土地流转的基础工程。它能够有效地解决农村土地权属纠纷，保障农村土地用益物权，维护集体和农民合法权益，顺利推进农村土地财产权抵押、担保和转让。[①] 但是，我国农村土地物权性质模糊，根源就在于确权和颁证工作相对滞后。要推进农村土地使用权确权工作，一是查清记录土地权利人及家庭成员情况；二是要依据权利人提供的准建证、村镇规划选址意见书、乡村建设规划许可证；三是对村民整体搬迁的要调查记录房屋所在自然层次和房屋编号。总之，要以不动产统一登记为契机，将集体土地上的建筑物、构筑物统统纳入登记范围，实现统一调查、统一确权登记、统一发证。[②]

如前所述，由于历史原因，我国广大农村地区宅基地面积普遍超标，超标准宅基地理应退还集体。这样，宅基地使用权标准内面积和超标准面积权利归属不稳定。这造成农民对宅基地产权稳定性预期降低。因此，在各地实践中，在将宅基地使用权确权给农户时，法律权威性、公平性和利益平衡性往往很难把握。部分地方出现了"确空权"的现象，成都市金龙村二组就是将总建设用地除以组总人口数，并按此数进行确权：如果一户实际占用面积大于其确权面积，将多余面积确为公

---

① 宋才发、马国辉：《农村宅基地和集体建设用地使用权确权登记的法律问题探讨》，《河北法学》2015 年第 3 期。

② 同上。

田；反之，如果小于确权面积，则从公田中分出一部分确定给该农户。这样保证每户大体平均，以调整后的地块确权登记，但并没有调整各户实际占用的情况。这种操作办法为以后留下隐患：由于农户对宅基地的权利和实际占有相分离，在面临拆迁或土地流转时，势必产生土地权属纠纷，严重影响社会稳定。

本书赞同这样一种办法[1]：将农民居住的宅基地分成住宅用地（合法面积，如人均 35 平方米）和其他建设用地，均确权给农户。硬化住宅用地且不允许流转，以保证其居住需求，软化其他建设用地并可以在一定条件下流转。也有地区是把土地使用权直接确给农村集体。比如，为了实现规模流转，成都市锦江区按照"大统筹、大集中、大流转"的思路，即将全区"198"范围视为一个整体来统筹推进确权进程，依据 2004 年地籍台账，将农村土地使用权确给 11 个新型经济组织（记载到村民小组），这样做，农村土地没有简单按现状将集体土地使用权确定给实际使用者，也没有将土地具体地块——对应，为下一步集体土地流转创造了条件，也确保了农村土地总量不增加、农用地总量不减少。

二　完善农村土地使用权权能

农村土地使用权改革不仅仅在于确认其使用权，更应该赋予土地更多的产权权能，包括处分权和收益权。从动因来看，正是由于农村土地资产的流转可以实现合理配置资源和提高主体收益，为推进农村土地产权改革和创新而付出相应成本才是值得的。农村土地使用权权能的完善所面临的主要问题是：使用权权益缺乏保障、土地用途管制有待优化、产权处分与收益面临障碍。因此，需要在权能方面充分赋权，在产权处分与收益障碍的破解方面，需要在制度建设方面下功夫，尤其是在加强农村土地流转制度和农村土地金融制度的建设等方面。

（一）充分保障农村土地使用权权能

1. 保障农村土地承包经营权权能

现行农村土地承包经营权存在两方面不足：一是农民土地承包权是有期限的权利，即在承包期限内，农民才能享有占有权、使用权、流转

---

[1]　北京大学国家发展研究院综合课题组：《还权赋能：奠定长期发展的可靠基础》，北京大学出版社 2010 年版，第 133 页。

权和收益分配权，超出期限之外，其权利的继承或享有具有不可预期性。二是农民土地承包是不稳定的权利，由于农民土地承包经营权是通过订立契约建立的一种债权关系，双方权力地位存在不对等，承包权容易受制于发包权，集体组织及其代理者可以随意干预农民地权，如随意调整土地、强制流转或征收征用，甚至任意撕毁合同等。因此，应以《中华人民共和国物权法》的精神修改土地相关法律，使农民土地承包经营权长期化、物权化，让农民的承包经营权作为财产权得到具体落实。与此同时，更应该清理与废除地方许多不合理的土地政策法规，拔除土地侵权的根子，如土地征收征用、土地整理和土地置换中的强制条款，将上述农民应有的权利通过立法界定给农民，对当前突出的土地问题进行立法，如"农地流转法"，特别注意对流转主体、经营主体、流转利益分配进行具体约定。①

2. 保障农村建设用地使用权权能

（1）规范使用权的设立。按照《中华人民共和国物权法》第一百三十七条规定：设立建设用地使用权，可以采取出让或者划拨等方式。工业、商业、旅游、娱乐和商品住宅等经营性用地以及同一土地有两个以上意向用地者的，应当采取招标、拍卖等公开竞价的方式出让。严格限制以划拨方式设立建设用地使用权。采取划拨方式的，应当遵守法律、行政法规关于土地用途的规定。出让和划拨是建设用地设立的两种主要方式，而土地出让则是国家积极倡导的。从长远来看，严格限制农村建设用地使用权的无偿设立（划拨），鼓励农村建设用地使用权的有偿设立（出让），是未来农村建设用地利用的趋势所在。

（2）规范使用权的年限。现行法律法规没有对农村建设用地使用权的年限进行规定。《城镇国有土地使用权出让和转让暂行条例》第十二条规定：土地使用权出让最高年限按下列用途确定：（一）居住用地70年；（二）工业用地50年；（三）教育、科技、文化、卫生、体育用地50年；（四）商业、旅游、娱乐用地40年；（五）综合或者其他用地50年。本书认为，可以参考该条例规定的精神，设置农村建设用地的使用年限。当然，由于房屋和其他建筑设施等附着物的所有权人和土地的所有权人不统一，而房屋等建筑物的无期限性与农村建设用地使用权的有期限性之间的矛盾就凸显出来。农村建设用地使用权期限的确定大致结合建筑物的结构和使用年限，将两者结合起来考虑最为合适。为了防止当事人约定很短的使用年限，损及与土地使用人进行交易的第三人的利益，维护农村建设用地使用权作为一种物权本应具有的稳定性，规定一个最低年限是妥适的。国外地上权立法一般规定最短期间，最长期间可以由当事人约定，如《日本借地借家法》即规定，借地权存续期间为30年，但契约约定超过30年者，从其约定。[1]

（3）合理划分使用权产权类型。借鉴国有土地使用权有偿使用制度的经验，为明晰和规范农村建设用地使用权的类型，本书认为，可以将农村建设用地使用权设立为无偿划拨土地使用权和有偿土地使用权，从而构建出与国有土地产权外在形式相似、内在权益相当并涵盖各类用地的农村建设用地产权体系（见表5-1）。[2][3]

表5-1 农村建设用地使用权产权类型

项目 \ 类型	无偿划拨土地使用权		有偿土地使用权	
具体形式	"批准面积内"的宅基地	闲置的"批准面积外"的宅基地和无主的乡镇企业用地、公共设施和公益事业用地	新增宅基地	有偿使用的乡镇企业用地等
流转条件	宅基地产权人在城市拥有住房和城镇居民相应的社会保障	符合规划，确保农村基本公共设施和生产保障	宅基地产权人在城市拥有住房和城镇居民相应的社会保障	符合规划，确保农村基本公共设施和生产保障

[1] 高圣平：《建设用地使用权设立规则》，《中国土地》2009年第11期。
[2] 胡存智：《从产权制度设计和流转管理推进集体建设用地改革》，《国土资源导刊》2009年第3期。
[3] 杨继瑞：《中国农村集体土地制度的创新》，《学术月刊》2010年第2期。

续表

项目 ＼ 类型	无偿划拨土地使用权		有偿土地使用权	
流转主体	农户（应补交宅基地使用费）或者集体	由集体收回进行统一规划和流转	农户或者集体（需补偿农户相关费用）	用地企业或集体（需补偿企业相关费用）

注：房屋及其占地是一个整体，宅基地权属从理论上可以分成"批准面积内"和"批准面积外"两部分，这在实际操作中存在一定困难。

在表5－1中，无偿划拨的土地使用权主要是基于既成事实而形成的，对于宅基地，在确保"住有所居"的前提下，在交纳相关费用后可以由农户（或交由集体）推动流转，对于无主的乡镇企业用地、公共设施和公益事业用地则由集体收回进行统一规划和流转。有偿使用的土地使用权主要是随着土地资产价值显化后逐步形成，在"住有所居"的条件下，宅基地可以实现市场流转，而其他建设用地则由用地企业或集体推动流转。

（1）农村宅基地使用权的产权创新。农村宅基地是农村建设用地的重要组成部分，其使用制度改革的方向是在实行有偿使用的基础上，将宅基地使用权改造为可以流转的新型宅基地产权。其改革的方案可以这样展开：

第一，对农村宅基地的存量实行规范管理。我们将宅基地分为"批准面积内"和"批准面积外"两部分。首先，"批准面积内"宅基地是基于个人最基本的生产生活底线（如35平方米）进行设置，在历史沿革中，其具有法定的福利性质，应该继续保持"无偿"使用，原则上不能流转。除非宅基地产权人在城市拥有住房和城镇居民相应的社会保障，则可以农户资格流转（需要补交土地使用费）或交由集体进行流转而获取相应收益。其次，"批准面积外"宅基地由于已经超出法定界限且大多处于非有效利用状态，原则上可以农户资格流转（需要补交土地使用费）或由集体流转获益。当然，由于"批准面积内"和"批准面积外"两部分很难截然分开，因此，我们主张处于闲置状态的对基本居住条件不会有损害的宅基地才可以流转。

第二，对农村宅基地的增量实行"三有"使用的制度安排。各地可以依据其社会经济发展水平、农民收入水平和征地补偿标准等，制定一定的宅基地收费标准和相应的使用年限，对新增的宅基地实行"三有"使用，即有偿、有限期和有条件流转。由于实行严格的土地管理，我们假定新增宅基地都是在法律规范框架下批准，比如按照个人最基本的生产生活底线（如35平方米）进行设置，只要基地产权人在城市拥有住房和城镇居民相应的社会保障，则可以以农户资格流转（需要补交土地使用费）或交由集体进行流转而获取相应收益。

（2）乡镇企业用地和公用事业用地使用权的产权创新。由于历史缘故，乡镇企业用地大多是由村集体直接划拨使用的，呈现出无偿、无期限的划拨供给特征，其用地缺乏统一规划，土地资产价值得不到体现，利用率低下。其他集体公用事业用地大多分散，基础设施少，闲置浪费严重。对于部分乡镇企业用地和公用事业用地，可以进行统一规划，收回闲置乡镇企业用地，集中整理公用事业用地并进行流转开发；对于部分乡镇企业用地实行有偿、有期限使用，按照一定的使用标准，对乡镇企业用地收取土地使用费并允许企业主体推进土地流转。

（二）加强农村土地流转制度建设

农村土地使用权产权制度建设与城乡统一建设用地市场建设是相辅相成的关系。前者是后者的前置条件，后者也会有效促进前者的进一步完善。就农村土地市场建设如何促进产权制度建设，本书以成都市的实践来进行说明。

2007年7月，成都市国土资源局出台《成都市集体建设用地使用权流转管理办法（试行）》，规定农村建设用地可以进入市场公开出让。由于农村建设用地产权主体不明晰，土地流转不能顺利推进。2008年1月，成都市委、市政府下达《关于加强耕地保护进一步完善农村土地和房屋产权制度的意见（试行）》，要求在普遍的农村土地房屋主体确权基础上，推动农村建设用地使用权流转。决定先行在四个区（市）、县试点确权，包括集体土地所有权、宅基地使用权和房屋所有权，并成功地摸索和总结出了一系列既有原则性，又有灵活性，既讲究公序，又讲究良俗的土地产权改革方法。2008年10月13日，全国第一家农村产权交易所"成都农村产权交易所"挂牌成立并完成了第一宗农村土地产权的交易。可以发现，完善农村建设用地使用权权能并促进其流转，对盘活集体经济资产、改善农民生产生活起到了巨大的推动作用，其积极意义是不可否认的，从这个角度说，放松农村建设用地用途管制对农民、农村的发展来说是利大于弊。但就目前来看，农村建设用地流转价格仍然很低，比如，成都市锦江区 2004—2008 年共 18 宗国有土地拍卖评价价格为 1304 万元/亩，而 2008 年两块建设用地流转拍卖价格仅为 80 万元/亩，使用年限为 40 年。就其原因在于流转土地规划为汽车产业园区，限制用作品牌汽车 4S 点和相关配套，对竞拍者的品牌和代理资格都有严格的限制。

（三）加强农村土地金融制度建设

土地金融是以土地为担保，获得资金融通的各种信用行为的总称，而土地担保是以土地使用权抵押为主要形式的。《中华人民共和国物权法》和《中华人民共和国担保法》严格限制了农村土地"裸体"抵押担保，这严重束缚了农村土地金融的发展。党的十七届三中全会公报指出，"允许农民以转包、出租、互换、转让、股份合作等形式流转土地承包经营权"，并没有涉及担保抵押形式。实际上，随着农村土地产权制度的完善、农村土地流转方式的逐步确立，农村土地金融将在农村经济建设与发展中筹集资金、国家对农村土地流转市场进行宏观调控、推行国家土地政策等方面发挥重要作用。

作为城乡统筹综合配套改革实验区，2008 年 4 月，成都市农村产权流转担保有限公司成立，公司对利用宅基地、农村房屋、新居工程等抵押融资进行信用担保，并在经济基础较好的区县成立了区县一级的担保公司。同年 12 月，成都彭州市首家土地银行——磁峰镇皇城农业资源经营专业合作社正式挂牌营运。2009 年年底，《成都市人民政府办公厅转发市政府金融办等部门关于成都市农村产权抵押融资总体方案及相关管理办法的通知》明确宣布对土地承包经营权、农村建设用地使用权和农村房屋产权抵押。2010 年 7 月，央行、银监会、证监会、保监会决定实施"探索开展农村土地承包经营权和宅基地使用权抵押贷款业务"的工作。应该说，各地实践和国家相关机构已经对农村土地金融做出可贵的探索。但由于农村建设和发展基础薄弱，农村生产回报低、风险大和期限长的特点决定了农村土地金融不同于城市土地金融，还需加大各级政府的扶持力度。

第四节　我国农村土地收益权的公正分配

一　农村土地收益权的分配主体

（一）农村土地产权收益概念

亚当·斯密在《国民财富的性质和原因的研究》中将收益定义为，"那部分不侵蚀资本的可予消费的数额"，把收益看成是资本的增值。王佑辉认为，农村土地收益应该采取扣除法，也就是全部土地收益，先应扣除土地开发成本（包括投资利息与正常的投资平均利润）、政府税收和行政规费等，剩余部分则应全部归于农村集体经济组织。[①] 但是，这种界定方法是从经济学的角度出发，将土地收益范围界定在相对狭义范畴，难以将土地收益在流转收益、应得收益和土地纯收益三个层面上体现出来。本书认为，收益一词本来就是包含收入和利益的内涵，其本身并不特指纯收益，农村土地收益是土地出让方将一定年限内的土地使用权，通过出让、转让、出租等方式让渡给受让方，受让方支付的相应对价，即"土地出让金"或"土地租金"[②]，包含土地出让价款、租金、转让金，以及相关的税费等。

（二）农村土地收益权归属的有关争论

理论界对土地增值收益的归属问题存有三种不同的观点[③]：第一种观点是"涨价归私"论，在我国以周天勇、蔡继明等为主要代表。这一观点认为全部土地自然增值归原土地所有者所有，即国家将集体土地征收变为城市建设用地后，其土地增值应属于被征地的农村集体经济组织和农民个人所有。第二种观点是"涨价归公"论，以美国经济学家乔治和孙中山先生为主要代表，主张将土地增值归国家所有。亨利·乔治指出："土地价值不表示生产的报酬……它在任何情况下都不是占有

[①] 王佑辉：《集体建设用地流转制度体系研究》，博士学位论文，华中农业大学，2009年，第78页。

[②] 胡存智：《从产权制度设计和流转管理推进集体建设用地改革》，《国土资源导刊》2009年第3期。

[③] 参见秦勇《分配正义："土地财政"法律制度改革的目标》，《法学论坛》2013年第9期。

土地者个人创造的；而是由社会发展创造的。因此，社会可以把它全部拿过来。"① 孙中山先生的"平均地权"理论认为：土地价值之所以能够增加的理由是由于众人的功劳、众人的力量，地主对于地价涨跌没有功劳。"地价是由什么方法才能增涨呢？是由于众人改良那块土地，争用那块土地，地价才增涨。"② 第三种观点是"私公兼顾"论，此论以周诚为主要代表，该论主张在充分补偿失地者之后将其剩余部分收归中央政府所有。③

在征地和土地流转中，农村土地产权收益分配机制实际上要解决的就是收益分配给谁及如何分配的问题。在农村土地产权收益分配主体界定及各自承担的角色问题上，学者们有不同的理解。李延荣认为，农村土地产权收益分配关系的参加者，主要是土地的所有者和土地的使用者，而土地增值收益，应以税的形式归属于全体社会成员，由国家代为收取。但他认为，地方政府既不是农村集体土地的所有者，更不是集体土地的使用者，从法理上讲，是不能直接参与农村土地流转地租收益的分配过程的。否则，很可能导致农村集体土地供求失衡，这不仅侵害了农村集体土地所有者和使用者的合法权益，并直接影响到农村土地市场配置机制的形成。④ 而卢吉勇等认为，农民集体、村民和国家政府因承担相应的权益义务，三方均能参与农村土地产权收益分配，而国家收益主要应由市、县、乡三级政府为代表。⑤

（三）农村土地收益权归属主体的界定

本书认为，农村土地产权收益分配主体主要涉及地方政府、农村集体、农民和用地方，其分配关系具体表现在三个层次：

（1）农村土地产权收益分配的第一个层次问题，即农村土地产权对价，应当为出让方——农村集体（农民）作为权利所享有。可分为三个方面：第一，由于集体因国家征地而丧失所有权，农村集体（农民）获得土地征地补偿。第二，农村集体作为土地所有者和土地使用

---

① 亨利·乔治：《进步与贫困》，吴良健、王翼龙译，商务印书馆1998年版，第347页。
② 《孙中山选集》（下），人民出版社1981年版，第94页。
③ 周诚：《我国农地流转非自然增值分配的"私公兼顾"论》，《中国发展观察》2006年第9期。
④ 李延荣：《集体建设用地流转要分清主客体》，《中国土地》2006年第2期。
⑤ 卢吉勇、陈利根：《集体非农建设用地流转的主体与收益分配》，《中国土地》2002年第5期。

者的收益分配关系，其实质就是农村集体土地使用权的出租与承租问题。第三，用地方在使用集体土地的时候，增加土地投入、改善土地质量，一则增加自身级差地租Ⅱ收益；二则将土地交还集体后，作为级差地租Ⅰ归集体所有。

（2）国家征地和农村土地流转并非完全的市场行为，国家因素尤其是地方政府较深介入用地流转各个环节，地方政府凭借征地权、对土地流转市场的管理以及市场运行的调控，有强烈参与收益分配的愿望和动力。这涉及农村土地产权收益分配的第二个层次问题，即农村集体和地方政府之间的收益分配关系。地方政府或者以征地主体身份，或者基于提供投资服务和以管理者身份而获取部分土地收益。

（3）农村集体作为土地的所有权人在获得产权收益时，应当如何在集体内部成员之间进行使用和分配，如何将收益落实到每个农民，这涉及农村土地产权收益分配的第三个层次问题，即集体作为土地所有者在取得相应流转收益后，应该处理好在农村集体成员之间的利益分配关系。如何使每个农村集体成员都能公平分配到其应得的土地产权收益，这是农村集体作为土地所有者应当承担的重要职责。

二　农村土地收益权的地租本质

在《资本论》中，马克思立足于农业生产，将农业地租作为地租的普遍形式，详细论证了农业级差地租和农业绝对地租的本质及其运动规律，而对涉及非农建设用途的地租问题，只是提出："至于建筑上使用的土地，亚当·斯密已经说明，它的地租的基础，和一切非农业土地的地租的基础一样，是由真正的农业地租调节的。"[1] 本书立足马克思地租理论，基于以下假设构建农村土地地租模型：①农村土地所有权和使用权分离；②农村土地流转市场机制比较完善；③生产资本能稳定实现土地超额收益并至少获取平均利润。本书主要研究源于农村土地条件好坏而产生的级差地租和由农村土地所有权垄断而产生的绝对地租。[2]

（一）农村土地绝对地租

1. 农业土地绝对地租通过产品市场价格高于生产价格的余额实现

关于农业绝对地租来源，马克思提出三个命题：第一，一般情况

---

① 《资本论》第三卷，人民出版社 1975 年版，第 871 页。

② 由于垄断地租是由处在极为特殊地段并带来超额利润转化而来的，对于农村建设用地来说，这一条件很难具备，本书对垄断地租不作研究。

下，其来源在于农产品市场价格高于生产价格的余额，"因为有了土地所有权的限制，市场价格必须上涨到一定的程度，使土地除了生产价格外，还能支付一个余额，也就是说，还能支付地租。"① 第二，从本质上看，在农业低资本有机构成的前提下，绝对地租是农产品价值超出生产价格的余额的全部或一部分，"农业上一定量的资本，同有社会平均构成的同等数量的资本相比，会生产较多的剩余价值，即推动和支配较多的剩余劳动（因此一般地说，也就是使用较多的活劳动）。"② 第三，在资本有机构成提高到接近于社会平均资本构成时，绝对地租的实现有三种途径：在农产品按价值出售的前提下，土地所有者只好自己雇人耕种这些土地，或者在租金的名义下，把他的租典者的一部分利润甚至一部分工资刮走。③ 或者"只能来自市场价格超过价值和生产价格的余额，简单地说，只能来自产品的垄断价格"。④ 学者们将其总结为"两权结合论""利润和工资扣除论""垄断价格论"。⑤ 可以发现，上述三个命题蕴含这样一个思路：在资本有机构成低于社会平均构成时，农产品价值高于生产价格，市场价格在生产价格与价值之间波动以实现绝对地租；在资本有机构成逐步提高后，农产品价值将等于或低于生产价格，绝对地租还是依靠市场价格高于生产价格的方式实现，农产品市场价格高于生产价格的余额是绝对地租实现的唯一来源。可见，资本有机构成的高低并不是绝对地租存在的必要条件。

2. 农村建设用地绝对地租缘于利润平均化前的扣除

（1）农村建设用地绝对地租来源。⑥ 对于农村建设用地来说，不管产品价值是否高于或等于生产价格，马克思所指出的由市场价格高于生产价格的余额来实现的绝对地租均无法实现。这是否表明农村建设用地绝对地租消失了呢？当然不是，在杨继瑞看来，绝对地租好比土地所有权的"利息"，使用土地而不缴纳绝对地租，是违背市场法则的。由于土地所有权垄断，农村建设用地使用者必须从其获得的剩余产品价值中

---

① 《资本论》第三卷，人民出版社 1975 年版，第 859 页。

② 同上书，第 857 页。

③ 《马克思恩格斯全集》第 26 卷第 2 册，人民出版社 1972 年版，第 448 页。

④ 《资本论》第三卷，人民出版社 1975 年版，第 863 页。

⑤ 杨学成：《绝对地租来源与形成新解》，《当代经济研究》1996 年第 5 期。

⑥ 杨继瑞：《绝对地租产生原因、来源与价值构成实体的探讨》，《当代经济研究》2011年第 2 期。

剥离相应部分并以绝对地租的形式交给农村集体。实际上，由于现行法律提供的操作空间十分有限，农村集体在转让建设用地的时候面临巨大风险：集体要承担中央政府和地方政府查处的风险；由于法律的禁止使土地流转没有一套有效的规则，这使交易方契约关系不受法律保护，故而违约风险加大，经济纠纷频发。依据风险与收益对等的原则，使用者如果不支付相应的地租代价也是不合常理的。

由上面论证已知，由市场价格高于价值的途径难以实现农村集体所有者（获取绝对地租）与用地者（获取平均利润）作为整体应获得的剩余产品价值，如果两者作为整体仅获得平均利润，双方都不会如愿以偿。在马克思看来，在平均利润规律的支配下，任何资本都需要按照等量资本获取等量利润的原则来分配剩余价值。因此，从逻辑上看，农村建设用地使用者所生产和实现的剩余产品价值，应在预先扣除绝对地租后再参与利润平均化过程。对于农村集体所有者来说，"土地所有权的正当性，和一定生产方式下的一切其他所有权形式的正当性一样"，农村建设用地这一生产要素应该参与剩余产品价值的分配，只是其分配发生在利润平均化之前。

既然农村建设用地使用者需要获得平均利润，绝对地租只能在利润平均化之前扣除，那么，其实现机制和路径是怎样的呢？

（2）农村建设用地绝对地租来自产品生产价格的一部分。正如前面所论证的那样，对于农村建设用地来说，产品市场价格总以高于生产价格的方式实现绝对地租只是一种纯粹偶然。绝对地租不应该是产品生产价格之外的加价，而只能是来自产品自身生产价格的一部分。

事实上，从农村建设用地整个范围来看，土地所有权垄断普遍存在，它已不能阻止某个行业或部门的超额剩余产品价值的平均化趋势，绝对地租已经是生产价格构成的一个既定前提。也就是说，不论什么行业或部门，只要使用农村建设用地进行生产，绝对地租都会在利润率平均化之前进行扣除，并且连同产品价值转化为生产价格。

在马克思那个时代，非农建设用地的重要性不突出，绝对地租对剩余价值分配的影响很小，所以，在其生产价格模型中，并未将绝对地租包括进去，这属于科学的合理抽象。在当代中国，随着城市化和工业化的迅猛发展，农村建设用地需求量迅速扩张，绝对地租从剩余产品价值分配的额度越来越大。如果我们还固守僵化概念而忽视农村建设用地绝对地租，那就不合时宜了。笔者认为，"生产价格"除原有的成本价格和平均利润两个部分外，还应包括绝对地租这个部分，这种"三位一体"的生产价格模型将会与现实更加吻合。

（3）农村建设用地绝对地租量的规定性。同农业绝对地租量由农业劣等土地支付的绝对地租量来确定一样，农村建设用地绝对地租量也是由劣等建设用地支付的绝对地租量来确定的。一般来说，农村劣等建设用地是指距离城市中心地段较远、交通条件较差地带，它是计算农村建设用地绝对地租和级差地租的基础。当然，劣等建设用地标准具有相对性：一是由于不同行业对所用土地的优劣具有不同的评价标准；二是由于随着经济社会发展，当初的劣等建设用地可能逐渐转化为级别较高的土地；三是随着市场经济发展，城乡建设用地市场逐渐完善，行业产业配套逐步健全，绝对地租量也会增加，并形成新的绝对地租标准。在对农村建设用地用途有了相应的规划前提下，在实际工作中，我们可以以特定区域内最劣等农业用地全部地租量作为农村建设用地绝对地租量的衡量标准，因为建设用地往往是从农业用地转化而来的。农村建设用地绝对地租量有上限和下限。其下限是不能低于区域内最劣等农业用地全部地租量，上限是不能高于用地者的全部超额利润，至少能保证用地资本获得平均利润。在上下限范围区间内，绝对地租量的多少是由市场供求机制来调节的。①

（二）农村土地级差地租

根据农村土地使用属性差别、所有者和投资者主体不同，本书将农村土地级差地租分为级差地租Ⅰ、级差地租Ⅱ和级差地租Ⅲ。

1. 级差地租Ⅰ

对于农村土地来说，按照马克思农业地租理论，并列投入不同地块的等量资本由于土地肥沃和土地位置的差别而具有不同生产率带来的超额利润所形成的地租，就是级差地租Ⅰ。因此，因区位优势、交通条件以及各种资源分布等方面的差异，投入不同土地的等量资本因生产率不同所产生的超额利润转化而成的地租，就是农村土地级差地租Ⅰ。地段位置差异带来农村土地级差地租Ⅰ，它对该级差地租的影响表现在两个方面：一是工业企业交通运输费用的差别，处于地段优越位置的用地者

① 王贝、衡霞：《我国农村集体建设用地绝对地租研究》，《求索》2011 年第 11 期。

由于交通便利、接近产品市场或原材料产地，付出的运输费用较少而能获得较高的生产效率；二是商业企业的资金流通速度的差别，位置好的地段客流量多，相应带来单位资金的周转速度较快，会产生较高的利润率，这一点对商业企业尤为重要。

这样，区位差异和交通条件的不同导致运输成本、信息成本和市场影响等方面的差别，各种资源的分布差异则导致了生产便利度的差别，这些差别都会对不同的投资者带来不同的经济收益。在区位条件、交通条件以及基础设施等方面占优的地方，投资主体经济效益好并获得超额利润，而这种超额利润实质上就是由农村土地级差地租转化而来的。

需要指出的是，农村土地级差地租可分为农业级差地租和农村建设用地级差地租。但是，由于农业级差地租Ⅱ和级差地租Ⅲ都不显著，农业级差地租主要表现为级差地租。而就农村建设用地级差地租Ⅰ和农业级差地租Ⅰ比较来看，农村建设用地级差地租Ⅰ的最大特点在于：地段优势是级差地租Ⅰ的决定性因素，这种优势主要不是由土地的自然因素形成，而是由对土地的长期投资累积形成。通过土地投资、人才、资金、管理和技术等各种要素完全与土地资源结合并隶属于土地，并能长期保存和永续利用。进一步说，这种地段优势是土地的自然地理位置、交通地理位置和经济地理位置在空间上有机组合而成的。

2. 级差地租Ⅱ

在马克思看来，在同一块土地上由于连续投资取得高于劣等地的生产率而带来的超额利润所形成的地租，就是级差地租Ⅱ。在已有的同一块土地上，由农村集体、地方政府和企业等连续追加投资能改变该地的生产效率并产生级差收益，这就形成农村土地级差地租Ⅱ。级差地租Ⅱ以级差地租Ⅰ为基础。[①] 我们假设，追加投资对级差地租Ⅱ的形成起着决定性性作用，它包括一级开发和二级开发，并由此形成级差地租Ⅱa和级差地租Ⅱb。

（1）级差地租Ⅱa。一级开发主要是从整体层面对生地 A 进行投资开发，由农村集体或地方政府出资，对村集体内部建设用地资源进行整合的过程。比如，对用地进行"五通一平""七通一平"等改造过程。

---

① 对于农业用地来讲，农村集体或农民对其进行连续投资可以带来超额利润并形成级差地租Ⅱ。但这种地租量往往不是很显著。这里主要针对农村建设用地来论证。

这样，通过拆迁、安置、补偿和进行基础设施建设，增加农村地区交通运输能力，发展通信设施，改善宏观环境，使生地变为熟地。应当注意的是，一级开发具有极强的地租扩散效应。向地块及周边进行投资，不仅增加本地块的级差地租，由于该项投资功能会扩散到相邻建设用地，这也会提高相应地块的级差地租水平，即所谓外部辐射地租。

（2）级差地租Ⅱb。二级开发主要是微观层面的投资开发，是指用地企业通过农村建设用地流转市场取得熟地的使用权，继续对其追加投资进行深度开发，使之成为合格的生产性用地和生产场所。用地者利用城市产业升级和大规模城市建设的有利时机，稳健地引进新技术、新装备和先进的管理经验，加快规模经济建设进程，形成包括科研、生产和市场营销一体化的产业体系，摆脱历史形成的梯度落后状态，完成向现代化城郊工业的历史转变。所有这些包括人才、资金、管理、技术等在内的资源优化过程，都需要农村建设用地使用者连续追加投资，通过长期的累进投资优势提升产业品质，最终形成城郊农村建设用地产业的全新的比较优势。用地者这部分投资所形成的级差地租，在租期内归属于投资者自身。

3. 级差地租Ⅲ①

《土地管理法》第四条规定："国家实行土地用途管制制度。"我国对农用地非农用途转用进行严格管制，管制的核心是规划建设用地指标及其分配。国家通过自上而下编制土地利用总体规划，根据中央政府预测确定的耕地保有量和经济社会发展所需建设用地量，确定建设用地指标并层层分解，对于被占用耕地按照"占一补一"原则确保耕地总量动态平衡。这样，农业用地很难直接用于非农用途，但农村建设用地却不需要获得建设用地指标，就可以直接用于非农建设，好像它天然包含了农用地转为建设用地这一无形的"生产要素"。由于农村建设用地流转受到限制，农村建设用地作为资产产期处于停滞状态，与规划用途直接关联的"生产要素"在农村建设用地传统供给过程中未能显化出来。但是，随着农村建设用地流转推进，这一无形的"生产要素"所体现的价值必然显化出来，并包含在用地流转的总价款中。本书把这种由于

---

① 级差地租Ⅲ是相较于农业用地而存在的，故而这里的级差地租Ⅲ就仅仅是针对农村建设用地而言的。

国家管制而产生的、以建设用地指标形式存在的、相对于农用地而产生的管制增值，称为农村土地级差地租Ⅲ。[①]

三　农村土地收益权的公正分配

依据前面对农村土地地租构成的研究，结合 2006 年国务院办公厅《关于规范国有土地使用权出让收支管理的通知》中关于土地出让价款的构成——征地和拆迁补偿支出、土地开发支出、支农支出、城市建设支出和其他支出。本书认为，对照我国征地—供地的既有补偿方式和出让价款的支出方式，农村土地产权收益由两部分组成：土地基本价格和地上附着物价格，其中，土地基本价格是地租的资本化（见表 5 - 2）。

表 5 - 2　　　　　　　　　　农村土地产权收益分配[②]

地租类型	权益类型	价值实体	归属	地租类型	权益类型	价值实体	归属
绝对地租	所有权	土地补偿费、安置补偿费	集体、农户	级差地租Ⅱb	使用权	开发费用	业主
级差地租Ⅰ	使用权、管理权	地段差价	集体、其他	级差地租Ⅲ	管制权	指标收益	集体、其他
级差地租Ⅱa	使用权、管理权	开发费用	农村集体、地方政府	其他		附着物（住房）	农户

（一）农村土地绝对地租的价值实体与归属

农村土地绝对地租是集体获得的最低限度的地租，用于维持农村集体和村民最基本的生存需求。一方面，这部分价格相当于征用（收）农村集体土地所发生的基本费用，如土地补偿费、安置补助费等。另一方面，相当于补助被征地农民社会保障支出、保持被征地农民原有生活水平补贴支出以及计提土地收益基金。

农村土地绝对地租产生的基础是土地所有权垄断，应归属农村集体（村民）。具体地，比照《土地管理法实施条例》的精神，土地补偿费应归农村集体，用于发展生产，确保土地收益能投入经济发展、基础设

[①]　周立群、张红星：《从农地到市地：地租性质、来源及演变》，《经济学家》2010 年第 12 期。

[②]　李秉滔：《土地经济理论的核心是地租理论》，《中国土地科学》1995 年第 6 期。

施建设和公益事业进步上来。

　　而安置补助费，应进行严格限制，用于安排因土地流转而造成的多余劳动力的就业和不能就业人员的生活补助和社会保障等。首先是专款专用，其次根据不同的安置情况，合理使用款项，具体地，如果这部分需要安置的人员应由农村集体统一安置的，那么，款项应支付给农村集体；如果这部分人员需由其他单位予以安置的，款项应支付给安置单位；如果自行安置的，则款项支付给被安置人员自己。由于这条规定过于抽象以至于造成征地补偿费用的分配十分混乱，但我们可以借鉴本条规定的精神并加以改进，即"征地拆迁补偿费用"全部归属于农户所有。

　　（二）农村土地级差地租Ⅰ的价值实体与归属

　　农村土地级差地租Ⅰ主要是由于经济条件、交通条件以及各种资源分布等方面的差异造成地段收益的级差。这种地段差异是长期以来各主体参与、各要素投资长期累积的结果：包括地方政府对辖区政策投入的无形投资，也包括各种有形要素投资，虽经过一定时期因提取折旧等方式得到补偿，但其功能形态的一部分融合于土地资源并继续发挥作用。这些差别都会对不同的投资者带来不同的经济收益，在区位条件、交通条件以及基础设施等方面占优的地方，投资主体经济效益好并获得超额利润，而这种差异和土地使用者自身的努力无关。

　　这部分地段差价，不像其他商品的市场价格那样，可以由成本价格作为定价的基础，也不像其他类型地租那样，可以有参照补偿或参照成本作为定价基础。其取决于土地位置和市场供求差异，有很大的变动空间，在农村土地地租中起重要作用。在具体的出让过程中，位置差价因出让方式和出让用途不同而明显不同。这相当于农村集体自身获取的位置差价"溢价"和基层政府完善土地使用功能的配套设施建设支出以及基础设施建设支出。因此，在有偿出让农村土地时，级差地租Ⅰ的市场价格估量，比起其他商品和地租的定价估量要困难得多。所以，这部分价格的市场依赖性十分突出。①

　　（三）农村土地级差地租Ⅱ的价值实体与归属

　　这部分价格相当于农村土地开发建设费用，主要包括集体、地方政

①　李秉潜：《土地经济理论的核心是地租理论》，《中国土地科学》1995 年第 6 期。

府和业主所支出的基础设施投资开发费用和后续投资建设费用，所花费的道路、供水、供电、供气、排水等基础设施开发费用和土地平整费用。包括前期土地开发性费用以及按照财政部门规定与前期土地开发相关的费用等。

在农村土地级差地租 II 的两种形态中，II b 是业主在微观层面追加投资、由建筑容积率不同等原因而形成，在租约期间应为企业直接占有。II a 是农村集体或地方政府在整体层面投资所形成，由于这种投资有很强的地租扩散性，所以不应只要求在某一块或某一次农村建设用地流转中全额收回，而应分摊在相邻土地和几次流转交易中逐步收回。当然，在租约期满后，包括宏观和微观层面的投资要素已融于土地中，级差地租 II 的两种形式都转化为级差地租 I，主要归农村集体所有。

（四）农村土地级差地租 III 的价值实体与归属

这部分价格的实质是农村建设用地指标出让价格。各地纷纷探索建设用地指标增减挂钩的流转模式，农村建设用地指标出让价格屡创新高。成都市在 2006—2008 年批量实施了 15 个城乡建设用地增减挂钩项目，农村建设用地指标平均出让价格达到 15 万元/亩，最高甚至达到60 万元/亩。[①]

按照收益分配原则，农村土地级差地租 III 应归属农村集体。但由于农业用地转用管制的存在，位置较好的农村集体可以专有地出让建设用地并获得稳定的高额收益，而大量的农村地区只能毫无选择地为保护耕地和粮食安全做贡献，这就造成了不同用途土地所有者和使用者的不公平。从促进社会和谐发展角度看，级差地租 III——建设用地指标出让收益的分配要能惠及这些农村地区。假设：级差地租 III 的总量由 α 和 β所构成，如果不考虑利益兼顾，其全部都归农村集体所有，如果考虑耕地利用的外部性，我们应考虑将 β 这部分级差地租转移给其他农村地区。[②] 其实现方式可采用税收方式予以统筹。这样，该地区农用地地租收益 = 绝对地租 + 级差地租 I + 级差地租 II + β。

---

① 北京大学国家发展研究院综合课题组：《还权赋能：奠定长期发展的可靠基础》，北京大学出版社 2010 年版，第 65—66 页。

② 周立群、张红星：《从农地到市地：地租性质、来源及演变》，《经济学家》2010 年第12 期。

（五）以住房为代表的地上附着物价格及归属

以住房为代表的附着物价格不属于地租范畴，因为它并没有为实现某种土地功能而有机融进土地。[①] 与土地不同，住房是劳动产品，有独立使用价值和价值，它的价格不是地租的资本化，而是自身价值的货币表现，它不受地租机制的调节，而受生产价格机制所调节。住房价格补偿是以按其成本价格加平均利润的生产价格为基础，根据其折旧程度和价值转移程度进行扣除。

---

① 李秉滔：《土地经济理论的核心是地租理论》，《中国土地科学》1995 年第 6 期。

第六章 公益用地征地中的公正实现

第一节 公益用地界定

党的十七届三中全会通过的《关于推进农村改革发展若干重大问题的决定》指出:"改革征地制度,严格界定公益性和经营性建设用地,逐步缩小征地范围,完善征地补偿制度。"这为我国征地制度改革和完善指明了方向,其中"严格界定公益性和经营性建设用地"是其重要的前置条件。

一 公益用地界定的必要性

公共利益是指社会普遍的利益,是一个特定的社会群体存在和发展所必需的,该社会群体不确定的个人都可以平等地利用、不具有排他性的社会价值。征地是为实现现实的公共利益的目的,该公共利益具有层次性和多样性的特点。①四个层次的规定。第一层次为全人类公共利益,第二层次为国民公共利益,第三层次为区域公共利益,第四层次为基层公共利益,是指城乡中的及生活小区、道、乡村范围内能给基层社区每个人带来的福利和好处。②多维性和丰富性。公共利益概念实际是一种价值判断,必须以一个变迁中社会的政治、经济、社会及文化等因素及事实作为考量价值的内容。因此,公共利益的内容具有多维性和丰富性。土地征收中的公共利益可分为绝对公共利益和相对公共利益两个维度。绝对公共利益是一个社会广泛承认的,独立于社会、国家现时的政策之外的社会价值,一般指公共的使用,如环境保护、国民健康、教育、公共交通等。相对公共利益是指由于资源的稀缺性,在一定的阶段国家所能支配的资源只能服务或实现一部分公共利益目标,根据不同的发展阶段,经由政府和民众选择的,符合社会、国家急需原则的,符合该阶段的重要社会利益。

《中华人民共和国宪法》第十条规定：城市的土地属于国家所有。……国家为了公共利益的需要，可以依照法律规定对土地实行征收或者征用并给予补偿。《土地管理法》第二条和《中华人民共和国物权法》第四十二条都做了依法征地的规定。从立法精神来看，严格意义上的土地征收，应该基于公共利益需要，但相关法律法规未对"公共利益"的内涵和外延作进一步说明。同时《土地管理法》第四十三条规定：任何单位和个人进行建设，需要使用土地的，必须依法申请使用国有土地。这样，使征地成为各类项目取得新增建设用地的唯一途径，国家进行经济、文化、国防建设以及兴办社会公共事业等，都可征收集体土地。因此，由于《土地管理法》与《中华人民共和国宪法》关于征地目的的限定相互矛盾，使"公共利益"这一前提形同虚设，造成"公共利益"实际上没有边界，导致在征地过程中"公共利益"范围被模糊化和扩大化。[①] 这样，在实际征地过程中，无论是出于基础设施建设等公共目的，还是出于非公共利益建设，农村集体土地都会以"公共利益"的名义被征收为国有再以较高价格出让。

近年来，有关调查研究显示，经营建设以"公共利益"征地的占比很高。曲福田1992年对某省11个县200多个较大的用地项目的调查发现，真正属于公共利益的项目用地仅有42项，而以营利为目的的经营性项目用地高达148项，其中房地产项目用地就达35项。[②] 刘守英对东部工业化程度较高的县市征地情况的研究也同样发现，包括市政设施和基础设施用地在内的公益用地占50%，以民营企业为主的工业用地占30%，包括房地产和商业、服务业等在内的经营性用地占20%。[③]

就全国范围来看，这一情况尤为突出。根据历年《国土资源年鉴》和《国民经济和社会发展统计公报》，可以整理出国有建设用地的供应情况的简表（见表6-1）。

[①] 杨代雄：《农村集体土地所有权的程序建构及其限度——关于农村土地物权流转制度的前提性思考》，《法学论坛》2010年第1期。
[②] 曲福田：《土地行政学》，江苏人民出版社1997年版，第78页。
[③] 刘守英：《中国的二元土地权利制度与土地市场残缺——对现行政策、法律与地方创新的回顾与评论》，《经济研究参考》2008年第31期。

表 6 - 1　　　　　2009—2013 年国有建设用地的供应情况的简表　　　单位:%

年份	基础设施用地	住宅用地	商服用地	工矿仓储用地
2009	11. 1	8. 2	2. 8	14. 1
2010	12. 4	11. 5	3. 9	15. 4
2011	23. 3	12. 7	4. 3	19. 1
2012	32. 7	11. 1	4. 9	20. 3
2013	32. 8	15. 07	4. 93	21. 4

从表 6 - 1 可以看出，2009—2013 年，我国国有建设用地中以基础设施用地为代表的公益性用地逐年增长，2011 年后，在全部用地中的占比快速提高，由 2010 年的 12.4% 提升到 2011 年的 23.3%，接近翻番，2013 年增加到 32.8%，增速为 40% 以上。

从经营性建设用地来看，2009 年后，住宅用地和商服用地的占比迅速增加，住宅用地由 8.2% 增加到 2010 年的 11.5%，增速为 40.23%，2012 年略有下降，2013 年增速为 15.07%，平均增速为 15.52%。商服用地由 2009 年的 2.8% 增加到 2010 年的 3.9%，增速为 39.28%，随后逐年增加，2013 年为 4.93%，平均增速为 8.8%。工矿仓储用地在 2011 年后也迅速增加，由 2010 年的 15.4% 增加到 2011 年的 19.1%，增速为 24%，随后逐年增加，2013 年为 21.4%，平均增速为 6%。

总的来看，包括住宅用地、商服用地和工矿仓储用地在内的非公益性建设用地占比之和，2009 年为 25.1%，2013 年增加到 41.4%，平均增速为 16.24%。其总和比公益性用地多 8.6%。为了获取更多的土地收益，地方政府垄断土地一级市场的供给，所有的建设用地都必须通过政府征地供给。政府成为农村土地唯一的买者，也是城镇土地一级市场唯一的卖者。低价征地高价卖地，激励政府扩大征地规模，通过征地行为垄断城乡之间土地产权的变更，农村集体土地要变成城市建设用地，只需通过国家征收转为国有土地。农村集体建设用地不能入市交易，使农民失去了通过市场交易获得土地增值收益的可能性。[1]

---

[1] 田旭:《中国城镇化进程中征地收益分配研究》，博士学位论文，辽宁大学，2014 年，第 88 页。

二 其他国家的相关经验

政府利益相比其他利益更接近公共利益，但公共利益不等同于政府利益。政府只是实现公共利益的组织者和实施者。在实现公共利益方面，不但市场会失灵，政府也会失灵。政府有可能利用国家土地征收权不当地干预私权，并借助公共权力谋取部门利益。西方国家的实践表明，公共利益的实现者并非只有政府，非政府组织如志愿性团体和社区自治组织也能满足公众的某种公共利益。①

从世界各国和地区经验来看，对"公共利益"的界定方式有三种：其一，列举兼概括式，代表性国家和地区有日本、韩国和中国台湾等。对"公共利益"的范围作了严格限定，相关规定十分具体、明确，可操作性强。比如，日本把征地仅仅限于依据《城市规划法》《河川法》《港湾法》等法律规定的公路、水库、堤防以及港湾建设。其二，严格论证式，代表性国家有美国、英国等。比如，英国规定在征地前要确认征用行为是否适用《强制征购土地法》，征地部门必须证明该征地项目是"一个令人信服的符合公众利益的案例"，该项目所带来的好处超过某些被剥夺土地的人受到的损失等。其三，概括式列举，代表性国家和地区有德国和法国，以及中国香港地区。比如，德国没有对土地征用公共利益的范围进行直接明确的限定，但是，它通过其他法律给予私人土地或财产以充分的保护，从而间接限定了征地范围。② 当然，在实践中，要准确界定公共利益也颇费周折。比如，在美国曾经有两个有名的案例。在 Berman 案中，为了消除旧城区的"脏乱差"，华盛顿特区政府在征收旧城区后，土地除了用于完全意义上的公共利益外，还有部分土地租或卖作他用，结果一家被征收土地的百货公司提起诉讼，认为征收不符合公用要件，结果联邦最高法院以政府征收是基于除清洁之外还需要漂亮的公共福利而进行的，与公用要件不相矛盾而驳回了诉讼。③ 在 Poletown 案中，底特律市计划征收部分土地用于通用汽车公司作为汽

---

① 乔小雨：《中国征地制度变迁研究》，博士学位论文，中国矿业大学，2010 年，第 107—108 页。

② 肖屹：《失地农民权益受损与中国征地制度改革研究：基于产权视角的分析》，博士学位论文，南京农业大学，2008 年，第 47 页。

③ 参见王顺祥《中国征地制度变迁：驱动因素与制度供给》，博士学位论文，南京农业大学，2010 年，第 60 页。

配厂的工业用地，附近社区协会和住户对此提起诉讼，理由是该征地不符合公共利益的需要，密歇根州最高法院认为该征收有减轻失业和振兴社会经济之用，符合公共目的，判决上诉人败诉。[①]

王顺祥认为，中国属于发展中国家，城市化、工业化水平相对落后，同时中国是公有制国家，国家可以代表公共利益。如果过于限定公共利益征地，对于非公共利益征地实行市价征地，那么，高昂的征地交易成本将会严重制约我国的城市化、工业化进程，同时也会给原有被征地的农村集体和农户带来不公平感，给社会稳定带来隐患。[②] 学者郑振源说，征地制度改革必须缩小征地范围，现行法规把征地范围定得很大。而要缩小征地范围，必须放开集体土地入市。但是，严格限定"公益利性"，缩小征地范围有很大难度：首先，第一个门槛是符合规划的、经过审批的集体建设用地才能入市。这个门槛很高，因为现在农村的集体建设用地绝大部分是没有经过审批的。其次，不能进入房地产市场，小产权房不能合法化。最后，法律划了"圈里圈外"，城市规划的城市建设区以外的集体土地才能入市。这三条一限制，征地范围就缩小不少，集体土地入市的亮点就少了。如果集体土地入市，意味着国土资源部原有的控制指标将重划。[③]

三　公益用地界定的思路和办法

（一）国家应明确界定公益性和非公益性的范围，发布公益用地目录

本书赞同党国英教授的思路，首先，只能因部分重要公共利益的需要，才可强制征地，且议价要依市场价。一个城市对这类用地要作比例控制，例如，在一定时期的新增城市建成区面积当中，只能有30%或其他合适比例的土地可强制从农民那里征收。其次，对重要公共利益用地以列举法界定。[④] 对于公共利益用地来说，国家征地应当严格用于不以营利为目的、为社会公众服务、效益为社会共享的公共设施和公益事

---

① 参见王顺祥《中国征地制度变迁：驱动因素与制度供给》，博士学位论文，南京农业大学，第60页。

② 同上书，第61页。

③ 《土地法修正案删征地30倍补偿上限在人大引争议》，2013年1月12日，http://news. sina. com. cn/c/2013－01－12/035926017070. shtml。

④ 党国英：《关于土地制度改革若干难题的讨论》，《中国经贸导刊》2010年第12期。

业以及关系国家安全和国民经济命脉的重大经济发展项目。可以参考国土资源部制定的《划拨用地目录》中的相关规定，以《划拨用地目录》中规定的划拨方式供地的项目用地为主体认定为公益性用地。这样，可将我国公益用地类别规定为如下目录：①国家机关用地和军事用地，具体包括：国家机关、公共团体、军事设施、军事基地。②城市基础设施用地和公益事业用地，具体包括：城市道路、港口、水处理系统、消防系统、公园、学校、公共图书馆、公共博物馆、医院、教育体育设施等，以及福利事业以及经济适用房等。③国家重点扶持的能源、交通、水利等项目用地，具体包括管道运输、公路、铁路、桥梁、机场、水利工程等。④为实现国家经济政策所需土地，具体包括经批准的经济开发区、高新技术园区等。①

（二）从程序规则上完善公益用地认定程序

如前所述，公共利益目的解释具有复杂性，征地过程中要实现公共利益必须通过民主的公众参与和有效的监督。在程序规则上，应建立土地征收的公益目的性认定程序，严格审定公共利益，通过各种程序规则来保证公共利益界定过程中的科学性和公开性。各国行政行为的研究表明，行政程序和依法审查可以限制行政机关的权力，能有效保障个人的利益不受行政机关侵犯；行政公开能保证行政机关的活动符合公共利益，并为公众提供更多的福利和服务。土地征用既涉及集体和个人土地权利的保护，也涉及实现公共利益，在程序监督及行政公开方面都必须有所加强。因此，我国土地征用目的的审批应改变以行政性审批为主的状况，重点引入土地征用的听证会程序，广泛听取公众与被征用土地单位的意见，在上述目录界定的基础上，针对具体征地情况来审定是否符合公共利益。②

需要指出的是，近年来，我国城市化、工业化快速发展，每年有2000万—3500万农民转为城镇人口，加上每年大中专毕业生约1000万人，他们大部分留在城镇继续发展，而处于流动人口状态的仅农民工就有2亿左右，因此，我国城镇基本住房需求特别巨大。与此同时，中央

---

① 乔小雨：《中国征地制度变迁研究》，博士学位论文，中国矿业大学，2010年，第109—110页。

② 同上书，第109页。

政府对小产权房的反对态度是坚决的，可以预见，在找到万全之策以前，这种态度不会松动，相关禁止性的法律法规也不会松动。因为中央政府有两个考虑①：一是与国家的农业战略和国计民生相关，国家担心小产权房的大量交易会导致大量的耕地流失，进而危害国家的粮食安全；二是宅基地使用权是农民基于集体成员的身份而享有的福利保障，它解决了农民的基本居住问题。国家担心小产权房买卖一旦开禁，将导致农村的不安和社会的动荡。同时，对于地方政府而言，其执行禁止小产权房开发的力度也不会减弱。因为，地方政府作为行政权力的行使者，代表国家行使土地征用权，它除要实现公共利益目标外，其本身也希望通过征用价格"剪刀差"获得土地的增值收益；农民作为理性经济人也希望追求其自身利益最大化，在土地收益分配中占据主动。这就形成了政府与农民的博弈关系。许海燕等通过分析发现：不管地方政府采取何种行动策略，对农民而言，采取开发小产权房是其全面的严格的优势策略；不管农民采取何种行动策略，对政府而言，采取禁止并征地的行为是其全面的严格的优势策略。因而双方博弈的纳什均衡是"农民：开发；政府：禁止并征地；结局：冲突"。这正折射出现阶段解决我国小产权房问题的两难困境。② 故而，我国商品房建设所需建设用地，首先应厉行节约，尽量从国有存量建设用地中安排，如果无法安排，在完善相关征地程序和补偿标准后，再实行征地。

第二节　国外与国内不同地区的相关经验

一　英国和日本在征地过程中的相关经验

（一）英国在征地中的经验

1. 程序公正方面的经验

在英国，以协议收购作为避免征收纠纷的优先手段。2004 年颁布的《征地守则》规定："征收机构应当在任何可行的情况争取通过协议

---

① 王贝：《我国小产权房问题的由来与本质》，《四川经济管理学院学报》2009 年第 4期。

② 许海燕等：《利益博弈视角下小产权房的经济学思考》，《经济体制改革》2008 年第 5期。

获得土地。强制收购或征地应当被视作无法达成协议时才需要诉诸的最后手段。"

（1）动用强制征地权的程序启动。征地部门的征地依据是《强制征购土地法》，征地必须经过议会的批准才可以进行。征地部门必须向议会证明该征地项目是"一个令人信服的符合公众利益的案例"，该项目所带来的好处超过某些被剥夺土地的人受到的损失等。当议会确认土地的使用目的是有利于公众利益后，征地部门才可以依法获得强制征用土地的权力。随后，征地部门将主持召开一个公开的调查会，听取各方对动用强制征地权的意见，并指定一位独立督察员进行评估。①

（2）在向审批机关申请征收前，先要推进征地合法性纠纷的听证程序。法律规定，征地部门在向中央部门提交申请之前，必须将征收事项在媒体公开。通知享有权利或利益的相关人员，说明拟征收地块及征收原因，告知其拥有提出反对的权利及其权利实现的途径。只要提出反对意见者符合相关资格要求，征地审批部门将委派调查员，召开听证会。最后由征地审批部门根据听证结果作出是否征地的裁决。

（3）土地裁判所的裁判解决途径。土地裁判所是专司土地征收纠纷的机构，对征地有关纠纷享有裁判权。如果当事人对土地裁判所判决不服，可以向上诉法院提起诉讼。

（4）司法诉讼的解决纠纷途径。在征收申请被审批后，土地所有者和其他利害关系人可以在强制收购令生效前六周以内，向高等法院提起诉讼请求。②

2. 补偿公正的经验

英国《1961 年土地补偿法》规定：因为公共目的征收私人土地时，应该依据土地在公开市场上的合理价格进行补偿，以确保被征收者的生活水平不会降低。③该法对征地补偿作了详尽规定，包括补偿原则、补偿范围和补偿标准。征地补偿以愿意买者和愿意卖者之市价为补偿基础，补偿以相等为原则，损害以恢复原状为原则。补偿价格不仅包含土

---

① 赵谦：《完善我国农村征地补偿程序的法律思考》，《改革与战略》2010 年第 11 期。
② 祝天智：《纠纷化解机制构建与征地程序改革》，《华南农业大学学报》（社会科学版）2014 年第 2 期。
③ 参见张元庆《我国征地补偿制度变迁的路径依赖与路径创新研究（1949—2013）》，博士学位论文，辽宁大学，2014 年，第 107—108 页。

地的现值，也包含土地的潜在价值。具体为：

（1）土地（包括建筑物）的补偿，其标准为公开市场的土地价格。

（2）残余地的分割或损害补偿，其标准为市场的贬值价格。

（3）租赁权损失补偿，其标准为契约未到期的价值及因征收而引起的损害。

（4）迁移费、经营损失等干扰的补偿。

（5）其他必要费用支出的补偿，如律师或专家的代理费用、权利维护费用等。

在对土地征收的费用评估时，补偿金额为土地所有者与征收者共同商定，如果存在补偿争议，可到土地法庭进行上诉，由法庭裁决。

（二）日本在征地中的经验

1. 程序公正的经验

（1）公益用地的征地合法性审查。日本政府于1951年制定《土地征收法》，该法规定，重要的公共利益项目都可运用土地征收制度。具体由相关法律界定，《城市规划法》界定了道路、公路修建用地，《河川法》界定了水库、堤防等防洪设施的建设用地，《港湾法》界定了港湾建设用地。为确保土地征收目的符合公共利益需要，公共事业认定机关与用地单位之间必须采取回避制度，其不得作为公共事业的认定单位；同时，被征收人或利害关系人既可以向认定机关提出意见，也可以要求举行公开听证。用地者向建设大臣或都道府县知事申请用地。

（2）用地者与地权人达成征购协议。申请得到批准后，用地者确定被征用土地的所有者和与土地有关的权利人，登记被征用土地及其上的建筑物，用地者与地权人双方对赔偿额无异议可达成征购协议。

（3）征用协议须经征地委员会确认。若当事人之间不能达成协议，用地者可申请征地委员会裁定。在听取当事人和第三方的意见并慎重审议后，征地委员会作出裁定。①

（4）征地补偿纠纷的仲裁解决机制。如果单纯是因为补偿价格问题而发生的纠纷，可以通过仲裁程序解决，即双方都可以通过书面形式向当地都道府县知事申请仲裁委员会的仲裁。

---

① 参见赵谦《完善我国农村征地补偿程序的法律思考》，《改革与战略》2010年第11期。

（5）司法解决机制。这是征地纠纷的最后解决途径。被征收人和利害关系人如果不服相关机关对公共事业的认定，或者不服征收委员会的裁决，都可以提出诉讼，以司法的权威最终解决纠纷。[①]

2. 补偿公正的经验

日本《土地征用法》规定，征地损失补偿以个别支付为原则，而支付的财物原则上以现金为主，补偿金额以邻近地区类似性质土地地租或租金为参照。具体为：

（1）征收损失补偿。对相关财产损失以其市场价值为基准，具体遵循以下原则：第一，用地者支付原则。第二，分别支付原则。对每个权利人分别支付与损失相符的赔偿金。第三，现金支付原则。第四，赔偿金先付原则。在被征地者失去权利前就应支付赔偿金。

（2）通损补偿。即对因征地而可能导致被征地者的附带性损失的补偿，包括搬迁费、歇业赔偿、停业赔偿、营业规模缩小损失等。

（3）少数残存者的补偿。即对因征地使人们脱离生活共同体而造成的损失补偿。例如，修建水库使该地遭受破坏，多数人要搬迁，少数人残存下来。对这些残存者因脱离原来生活共同体而造成的损失，也应补偿。

（4）离职者的补偿。即对因征地造成相关者失业损失的补偿。

（5）事业损失补偿。即因公共事业完成后造成的污染对经济生活损失的补偿。[②]

（三）经验总结

通过上述两个国家征地制度比较，我国征地制度完善可以借鉴以下几个方面：

1. 在程序上，尊重相关主体的合法权益，立足平等协商预防纠纷

（1）如在征收的合法性问题上，双方都有充分了解信息、发表意见和对审批机关的决定提出质疑的权利；在补偿问题上，多数国家都以双方的平等协商作为预防纠纷的基础，只有当双方协商不成时，国家才会介入。

---

① 参见祝天智《纠纷化解机制构建与征地程序改革》，《华南农业大学学报》（社会科学版）2014 年第 2 期。

② 张安录、匡爱民、王一兵等：《征地补偿费分配制度研究》，科学出版社 2010 年版，第 17—18 页。

（2）设置了征收合法性纠纷的解决机制。即在审批过程中，被征地人有了解征地合法性的充分机会和权利；而在审批后，被征地人都被赋予了通过司法途径解决纠纷的权利。

（3）健全相关裁决审判机制。第一，回避制度的设置，即征收单位及其上级机关一般不充当审批或者认定的机构，以确保纠纷解决的公正性；第二，司法是解决补偿纠纷的最终机制；第三，设置了独立于审批机关的机构或专业组织，作为第三方对争议进行裁决。①

2. 遵循市场原则，提高补偿标准

上述两个国家都实现了市场价补偿，这也是我国未来征地补偿的发展趋势。

（1）按照补偿程度来看，从高到低分别为：充分补偿、正当补偿、适当补偿。西方发达国家大都实现高层次的充分补偿和公平补偿。对于中国而言，仅采取适当补偿，并逐渐向正当补偿发展，这造成对农民利益的损害。

（2）征地补偿应多样化。借鉴日本经验，我国征地补偿方式可以采用货币补偿，也可以采用实物补偿。实物补偿可以采取留地补偿和替代地补偿相结合方式，从而保障被征地农民的切身利益。

二　佛山地区在征地过程中的相关经验

2001 年，广东省佛山市国土资源局作为国土资源部批准的征地制度改革试点单位之一，在征地程序和征地补偿方面进行了许多创新和突破。从 2002 年佛山市行政区划调整后，相继制定了《佛山市制定区域性统一征地补偿标准的实施方案》《佛山市交通基础设施建设征地拆迁补偿标准与实施方案》《佛山市电力设施征地拆迁补偿标准》等一系列规范性文件，督促各区对过去制定的标准及时进行清理，使全市逐步形成相对规范统一的征地补偿标准体系。2004 年佛山市政府又专门出台了《佛山市试行农村集体建设用地使用权流转实施办法》《佛山市深化征地制度改革的意见》《佛山市建立健全征地农村居民基本养老保险补贴制度的实施意见》，2005 年 10 月开展了征地区片综合地价的制定工作。2009 年该市农村集体建设用地流转又取得了新进展。如南海、三

---

① 祝天智：《纠纷化解机制构建与征地程序改革》，《华南农业大学学报》（社会科学版）2014 年第 2 期。

水区结合农村集体建设用地流转，正探索建立统一的农村土地流转交易平台。

（一）在征地程序方面，着重规范征地权的行使主体，确立了有利于维护农民合法权益的征地程序：遵循用地预审程序，发布征地预公告、制订征地补偿安置方案并组织征地听证、协商征地补偿，征地公告和补偿安置方案公告合二为一

（1）协商征地补偿和安置，以签订补偿协议代替现行法律规定的补偿登记程序（对《中华人民共和国土地管理法实施条例》第二十五条进行创新）。一是将补偿登记改为协商征地补偿和安置；二是与农民共同议定补偿项目和标准，形成协议，签字认可；三是将征地补偿环节前移，先协商补偿后审批。

（2）改变征地公告现行做法。一是增加预公告程序，即政府确定征地后，随即发布征地预公告，告知被征地集体和农民，明确征地范围和建设、种植限止期，同时开展补偿初步调查登记，协商补偿安置问题。如果因征地未予批准或在一定时间内未予批准，给被征地单位造成损失的，由政府或有关单位按实际损失给予补偿。二是将现行征地批准后两公告合二为一，在征用土地方案依法批准后，予以公告，其作用只是告知村民土地已被征用了。

（二）在征地补偿方面，以综合产值计算方法制定统一征地补偿标准，土地与农作物分开补偿

（1）通过综合产值计算方法制定统一征地补偿标准。佛山市从四类农地的前三年产值资料分析，综合计算其平均指标以确定统一的征地补偿标准。在确定统一标准的过程中，很关键的一点就是坚持综合产值的计算方法，因为如果单纯以某一种农作物为依据来确定和计算补偿费标准，则统一的补偿标准就不具有代表性和现实意义，在实际操作中肯定会出现补偿标准过高或过低问题和一些不必要的扯皮现象。为确定土地补偿标准，运用产值计算的方法先测定土地的生产能力，就是在一定的区域范围内全面选取若干种具有代表性的、能反映不同产值状况的农作物资料进行统筹分析，得出的平均综合指标就是土地的生产能力。

（2）土地与农作物分开补偿。由于不同农作物种类之间、不同种植手段之间和不同地块之间的农业产值差别很大，如果仅以被征用土地年产值的倍数来计算补偿安置费用，就会造成两者的补偿差异很大。佛

山市将土地与农作物分开补偿，土地按综合产值计算的统一标准进行补偿，而农作物按损失程度进行补偿。

（三）在征地安置方面，实行留用地安置和社保安置相结合的方式，多渠道安置被征地农民

（1）在佛山市范围内实行留地安置。近郊的，可以按征地总面积一定比例留地，要求不留地的可以考虑高于规定补偿标准来补偿。远郊的以货币补偿为主，不留地。

（2）利用征地补偿费帮助被征地农民购买社会养老保险，或直接支付给农村集体经济组织兴办企业，然后再支付所有村民养老保险费用。在此基础上，还进一步探索医疗保险安置，使无地农民享受到和城市居民一样的社会基本福利保障。[①]

（四）经验总结

（1）征地程序科学且切合实际。改革确定先协商补偿后上报审批的程序，在征地报批前先充分听取农民的意见，与农民平等协商，满足农民的合理要求，使征地工作能有效进行。

（2）征地补偿标准依法合理。依法制定的新标准切合佛山市实际，尤其是签订征地协议代替补偿登记的做法，可以赢得农民的理解和认可。

（3）留地安置有利于降低征地成本，既可减轻政府一次性支付巨额征地费用的负担，更可为农村集体经济发展提供必要的物质条件，使被征地农民获得可持续生计保障。

第三节　征地过程中程序公正的实现

在我国，《中华人民共和国行政诉讼法》第五十四条明确将具体行政行为是否符合法定程序作为衡量其是否合法的条件之一。在 2004 年国务院颁布的《全面推进依法行政实施纲要》中，程序公正被列为依法行政的基本要求之一。刘新华曾对农民是否愿意参与土地征收的协商

---

① 梁江裕：《征地制度改革的有益尝试——广东省佛山市在征地补偿和实施程序方面的改革探索》，《国土资源通讯》2003 年第 8 期。

和谈判做过调查，几乎所有的被调查农民都表示希望参与，这样可以及时了解征地的信息和进展情况，反映农户对征地的意愿，并对征地过程加以监督。其中有 25% 的农户表示想以个人名义参与征地谈判，而75% 的农户想以村为代表参与征地谈判。[①] 我国征地政策应当保证征地程序的公开公正，提高农民在听证、协调、裁决和诉讼中的谈判地位，在保证农民充分参与征地过程，尤其是在参与补偿标准制定的前提下，提高征地的补偿标准。

一 树立征地过程中的公正理念

(一) 慎重征地理念

在发展地方经济的压力下，在土地蕴含的巨大利益的诱惑下，地方政府往往热衷于超越"公共利益"范围而强制征地。同时，在政府垄断土地一级市场的现有体制下，地方政府有巨大的自由裁量空间。这虽然有利于充分发挥权力行使者的主观能动性，从而提高地方政府的行政效率。但是，如果缺乏必要的监督机制，这也可能使权力行使者改变自由裁量的价值取向，使自由裁量变为"自私裁量"，从而出现因自由裁量权过大而发生征地权滥用的现象。

事实上，我国在规范征地程序、限制地方政府征地权限、保护农民集体合法权益方面作出了巨大努力。比如，2004 年 10 月，国务院发布的《关于深化改革严格土地管理的决定》要求"加强对征地实施过程监管"，规定：征地补偿安置不落实的，不得强行使用被征土地。2010年 6 月，国土资源部下发的《关于进一步做好征地管理工作的通知》强调，征地批准后，征收土地公告和征地补偿安置方案公告可同步进行。公告中群众再次提出意见的，要认真做好政策宣传解释和群众思想疏导工作，得到群众的理解和支持，不得强行征地。但是，《土地管理法实施条例》第二十五条又规定：征地补偿、安置争议不影响征用土地方案的实施。而且第四十五条规定：拒不交出土地的，申请人民法院强制执行。可见，双方关系是典型的"命令—服从"模式，被征地农民和集体只能服从地方政府的征地行为，现行体制和规定难以真正有效遏制地方政府滥用强行征地权。

因此，必须有效地限制地方政府强制征地权，在政府和农民集体没

---

① 刘新华：《嵌入协商机制构建正当征地程序》，《北方经贸》2011 年第 9 期。

有就相关重大事项达成有效共识前，应慎重征地。一方面，加大行政权力内部的有效监督，"权力监督权力"，上级政府部门应鼓励地方政府创新发展模式，限制其征地动机和约束其征地权限。另一方面，征地行为是政府行政行为，行政权力运行结果的最直接影响对象是被征地农民和集体。按照行政程序法的基本原则，他们有权参与到该行政权力的运作过程中，并对行政决定的形成发挥有效的制约作用。"权利制衡权力"机制是使被征地农民和集体有效参与到征地过程中的重要一环。通过该机制，被征地农民和集体能及时地表达和反馈他们的需要和意见，尤其是表达他们对征地补偿和安置的诉求。这有利于改变当前征地中单方面的"命令—服从"模式。① 将"权利制衡权力"贯穿于征地过程，增强征地过程中相关方的互动，完善征地程序，缩小征地范围，扩大农民集体的参与权与决策权，强化相关主体对征地权运行实施全过程的监督，以弥补行政权力内部监督机制的不足和缺失，从而有效克服地方政府滥用征地权的现象，实现对征地权的有效制约和促使征地结果正当化及征地补偿公正化。

（二）赋权理念

1. 向农民赋权

要改变当前征地中单方面的"命令—服从"模式，将"权利制衡权力"贯穿于征地过程，就必须赋予农民集体平等协商谈判对象的独立地位。要赋予其充分的知情权和参与权，让其充分了解征地项目的真实情况和报批过程，赋予其平等的谈判协商权和拒绝权，让其就征地目的的合法性、安置补偿的合理性、操作的合规性提出质疑，尤其就补偿和安置标准可以真正有效讨价还价。因此，应明确赋予农民集体均衡而可行的程序性权利。一方面，要尽快改革我国关于程序性权利抽象性规定有余而可操作性规定不足的问题，对于各项程序性权利的主体、行使要件、行使方式、保障救济方式都应给出更加细致的规定。② 另一方面，为使农民充分行使征地知情权、参与权和监督权，必须充分发挥村级自治组织的作用，使其真正代表被征地农民利益、表达被征地农民意

---

① 刘新华：《嵌入协商机制构建正当征地程序》，《北方经贸》2011 年第 9 期。

② 祝天智、黄汝娟：《公正视域的农村征地冲突及其治理》，《理论探索》2013 年第 4 期。

愿、维护被征地农民权益。

为了避免现行农村集体行使主体"缺位"或"越位"的"硬伤"，应进一步明晰农村集体土地所有权主体。正如《土地管理法》第十条的精神那样，从集体土地所有权主体的合宜顺序来看，村级集体经济组织是农村集体土地所有权最合宜的主体。在多数经济发展水平相对较低地区，以基层自治组织行使集体土地所有权是其重要选项。因为这些地区的集体资产的生产经营活动，大都是由村党支部和村民委员会负责，集体经济组织的经济活动都是由村党支部和村民委员会代理。很多地方如福建省 2004 年施行的《福建省村务民主听证办法（试行）》，就将征地拆迁补偿款集体留成部分的管理使用问题纳入村务民主听证。可以预见，只要依据《中华人民共和国村民委员会组织法》等的要求，在吸收和借鉴这些成功经验的基础上，就能探索出有关征地补偿安置方案和征地补偿款的使用管理等征地事务的民主参与、民主决策和民主监督机制。① 在村民自治制度下，由这些权力机构代行本地区集体经济的经营职能，如果做到事务和财务公开，村民可以对本区集体土地资产管理收益与支出做到有效监督，这样也避免了支付政治民主与经济民主双重成本的问题。②

2. 向社会力量赋权

完善征地程序，需要相关方具备相应参与能力和素质。作为征地直接对象的农民来说，虽然自新中国成立特别是改革开放以来，他们的整体素质与过去相比，的确有了很大的提高。但是，相对于其他社会群体而言，农民群体文化程度依然较低，其组织资本、人力资本、社会资本以及经济资本存量明显不足。因此，要推进征地程序公正的实现，不能仅靠各级政府部门，更需要各种社会力量和广大农民通力合作和全力参与。国外征地程序中引进社会力量参与的做法值得借鉴，日本实施临时土地调整委员会制度来解决土地征用争议问题，加拿大土地征用程序详尽地规定了征地机关需要公民参与征地过程和调查委员会独立履行职责。③

---

① 杨春禧：《论征地程序改革与和谐社会构建》，《社会科学研究》2005 年第 5 期。

② 郑有贵：《村社区性集体经济组织是否冠名合作社》，《管理世界》2003 年第 5 期。

③ 李红波：《现行征地程序缺陷及其改进研究》，《经济体制改革》2008 年第 5 期。

作为独立于征地过程的社会力量，它们主要以自身技术专长，提供如土地丈量、价格评估、融资担保、信息咨询等方面的服务，为相关方的决策提供权威而独立的参考。从形态上看，社会力量包括各种人力资源，还有各种物力资金资源以及文化、科技、管理、信息等资源的所有者和组织。从区域范围来看，社会力量既包括区内的各种力量，也包括区外的各种社会力量。社会力量可以参与到我国征地程序的各个环节：第一，在协议购买和征地审批阶段，就征地目的的合法性纠纷，可以由土地管理专业和环境保护专业专家、律师、法学家和政府环保、监察、法制等部门的专家组成相关机构，在认真调查的基础上给出审查报告。第二，在安置补偿方案确定和实施阶段，则可由资产评估、房地产、财政金融、法学等专业权威学者，和政府相关部门的专家组成安置补偿机构，经双方请求进行调解或者仲裁。① 这类社会力量参与征地程序的优点在于：其一，由于地位独立，组成人员专业，其解决方案相对公正权威，也容易被双方所接受；其二，相对于诉讼而言，其形式灵活多样，既可以调解，也可以居中斡旋，还可以进行裁决，同时可以节约时间和经济成本。②

（三）协商理念

协商，是一种在所有利益涉及者平等参与的前提下，通过实施话语民主和运用交往理性，达成有保留性的暂时共识的一种妥协过程。从经济学角度看，协商机制可以产生由双方共同分享的合作剩余。因此，征地从经济效率的角度讲，应该引入协商机制作为启动征收的前置程序。③ 戴媛媛等在调研中发现，"征地项目是否达成协议后再动工""协商过程中是否有讨价还价"两个变量对农民征地满意度产生显著影响。也就是说，承认农民对等的讨价还价的权力和在协商达成的前提下征地，能够显著增加农民的满意度评价，是否切实贯彻协商理念对于农民公正感受和征地政策评价有重要影响。④ 发达国家的经验也证明，平等

---

① 祝天智：《纠纷化解机制构建与征地程序改革》，《华南农业大学学报》（社会科学版）2014 年第 2 期。

② 同上。

③ 刘新华：《嵌入协商机制构建正当征地程序》，《北方经贸》2011 年第 9 期。

④ 戴媛媛、何立胜：《被征地意愿、程序公正与福利改善》，《社会科学战线》2016 年第 8 期。

协商是预防和化解征地纠纷低成本、高成效的途径。比如，美国虽然就征地纠纷设置了司法解决途径，但实践中，超过95%的征地案件最后并没有经过法庭审判，而是庭外和解。刘祥棋等的调研也显示，相对于那些补偿水平较高的征地农村，只有事先与农民就征地补偿水平进行了协商，那些征地补偿水平较高的村农民对征地的满意度才更高。①

从根本上说，协商机制有利于保护被征地农民和集体的利益。征地行为是一种具有强制性的单向政府行政行为，行政主体可能不顾被征地农民和集体的意见，执意作出可能损害农民集体利益的决策，并可能对被征收者的拒绝和阻挠行为采取强制措施。这就形成了征地过程中的强政府、弱农民的"零和"博弈格局：被征地农民和集体要么顺从地方政府的征地安排，要么利用各类边缘型博弈行为和灰色博弈行为，诸如缠访、闹访、威胁、群体聚集、贿赂等，对抗政府的征地安排；地方政府作为强势的一方，表面上获得巨额的土地增值收益，使"土地财政"维系，但是，这却造成了农民对地方政府的不信任，损失巨大。在征地过程中引入协商机制，有利于促成被征地农民和集体与地方政府的合作博弈，促使双方从团体理性、整体最优的角度出发，形成兼顾效率和公平的"正和"博弈。

（四）法治理念

在社会主义公正社会建设中，我党历来重视社会主义法治建设。1997年，党的十五大报告指出："坚持公平、公正、公开的原则，直接涉及群众切身利益的部门要实行公开办事制度。"2002年，党的十六大要求法治为公平正义保驾护航，要求"社会主义司法制度必须保障在全社会实现公平和正义。"2014年，党的十八届四中全会报告要求："要把公正、公平、公开原则贯穿立法全过程，完善立法体制机制，坚持立改废释并举，增强法律法规的及时性、系统性、针对性、有效性。""司法不公对社会公正具有致命破坏作用。必须完善司法管理体制和司法权力运行机制，规范司法行为，加强对司法活动的监督，努力让人民群众在每一个司法案件中感受到公平正义。"习近平总书记多次强调，司法是维护社会公平正义的最后一道防线。只有坚守司法底线平等，

---

① 刘祥棋、陈钊、赵阳：《程序公正先于货币补偿：农民征地满意度的决定》，《管理世界》2012年第2期。

才能维护社会的公平正义，也才能从严治党、从严治官、从严治权。

二 以公正实现为目标的征地过程创新

如第三章所述，我国现有征地程序包括征地报批前程序、征地审批程序、公告和登记程序、执行程序。"没有公开性，其他一切制约都无能为力。和公开性相比，其他各种制约都是小巫见大巫。"① 为实现公正目标，优化现有征地程序，本书构建了以公开透明议价为核心的征地程序② （见图6-1）。其特征有以下三点：一是各方参与的征地目的正当性确认程序和征地启动程序，包括环境影响评估、是否属于公共利益目的的听证等；二是以平等、公开议价为核心的征地实施程序，包括征地方的出价与双方谈判程序、争议仲裁、裁决程序；三是征地后的纠纷解决机制，包括各方参与的协商调解程序、行政复议程序、司法性的行政和民事诉讼程序。

（一）征地报批前程序

本程序包括告知征地情况、确认征地调查结果和组织征地听证三个子程序。

（1）在告知征地情况阶段，应将"拟征地的用途、位置、补偿标准、安置途径等"以书面形式告知被征地农村集体经济组织和农户。本书认为，本阶段一定要做好"用途"告知。根据《中华人民共和国宪法》第十条规定："国家为了公共利益的需要，可以依照法律规定对土地实行征收或者征用并给予补偿。"因此，应在告知中就征地的公共利益性进行举证和说明。如前所述，以划定的公益用地目录为基础，对征地项目进行准确的公益性界定。征地部门在认定土地征收项目是否符合公共利益时，要对所处理的法律关系涉及的事实和情况进行调查，为公共利益的必要性进行举证，证明征地项目不能用于商业用途。事实上，戴媛媛等调查发现："是否知道征收土地未来用途"对农户评价的影响与预想结果相反，也就是说，如果农民知道被征地的未来用途会造成其不满意评价。理由是，如果明确未来用途也就使农民对于被征地块未来的非农用估值有了预期和一定的估价，对比所得到的补偿安置，这种

---

① 王名扬：《美国行政法》，中国法制出版社1995年版，第433页。
② 祝天智、黄汝娟：《公正视域的农村征地冲突及其治理》，《理论探索》2013年第4期。

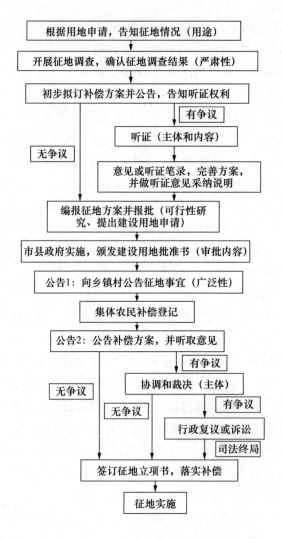

图6-1 征地程序创新

相对确定的收益落差容易产生不满意评价。① 反过来说，如果在征地初始阶段，就向被征地农民和集体准确讲清楚被征地项目的公共利益性，且本区域每个人都可以平等地利用，能给本区域范围内每个人都带来福利和好处。那么，这个调研结果或许就是另一种情况了。

---

① 戴媛媛、何立胜：《被征地意愿、程序公正与福利改善》，《社会科学战线》2016年第8期。

（2）在确认征地调查结果阶段，国土资源部门应"对拟征土地的权属、地类、面积以及地上附着物权属、种类、数量等现状进行调查"，调查结果应与"产权人共同确认"。本书认为，在前一阶段已经明确规定："在告知后，凡被征地农村集体经济组织和农户在拟征土地上抢栽、抢种、抢建的地上附着物和青苗，征地时一律不予补偿。"这里更强调调查结果应与"产权人共同确认"。故而，应该增强本阶段的"告知"和"共同确认"的法律效力，强调这个环节的严肃性，有效防止征地过程中的抢种、抢建现象，避免因为拆迁过程中的附着物数量和质量认定分歧而发生不必要的矛盾，也避免因此而浪费大量的社会资源和人力、物力。乔小雨提供的资料显示，某铁路客运专线建设过程中，河南省西部的一个县在征地线内抢建的房屋即达2万多平方米，要求国家拆除时予以补偿。河南省中部的一个村在20天内新建机井300多座，征地线内亩均20多座，是正常水平15亩一机井的300多倍。[1] 对抢种、抢建的附着物，予以补偿明显不合理，不予补偿又缺乏法理依据，使征地实施机构陷入两难境地。因此，在征地项目公告和调查结果签字确认后，以此为时间节点，此后所在地抢建的其他设施和抢种附着物都不予补偿。

（3）在组织征地听证阶段，当事人申请听证的，应"按照《国土资源听证规定》规定的程序和有关要求组织听证"。本书认为，应该参与听证的主体和听证内容方面有所突破。

在参与主体上，应该完善人员构成，提高听证质量。自新中国成立特别是改革开放以来，农民的整体素质与过去相比，的确有了很大的提高。但是，相对于其他社会群体而言，农民群体文化程度依然较低，其知识文化水平不高、法制意识淡薄、维权能力较弱。尤其是在当前，我国很多农村的青壮劳动力都在外打工，他们对农村的生产生活已经疏离，不了解农村的实际情况。而留在农村的大量的留守群体，其本身的维权能力更为低下。因此，由这部分群体参与听证过程，听证质量将难以保障。《国土资源听证规定》第二十二条规定："当事人可以委托一至二名代理人参加听证，收集、提供相关材料和证据，进行质证和申

---

① 乔小雨：《中国征地制度变迁研究》，博士学位论文，中国矿业大学，2010年，第114—115页。

辩。"考虑到现阶段被征地农民集体的维权能力现状，可以由被征地农民集体委托符合回避条件的熟悉土地征用法律、法规和流程的相关专业人员或法律援助机构，充当被征地农民集体代理人，由他们参与土地征用听证会，帮助其维护合法权益。

同时，扩大参与听证主体的范围。由于征地项目不仅会影响到土地权利人，还可能会影响周围许多居民，如噪声、废气、污水、辐射等可能会影响周边居民的生活环境。因此，征地项目听证应增加虽与土地无直接关系，但可能会受到用地项目不利影响的主体参与进来。[①] 需要指出的是，征地补偿及安置标准是征地过程中的焦点所在。章剑生认为，正如我国城市有"房地产评估事务所"一样，我国也可设立城乡"地价评估委员会"，由它居中评估所征收土地的价格。[②] 这样，在征地审批前的听证过程中，除原征地相关方外，再增加上述参与主体，共同对征地目的、征地补偿和安置标准等进行广泛讨论，并据此拟订征地补偿方案。这有利于改变征地机关在现行制度下首先提出补偿方案的制度安排，并以向被征地农民集体公告和听取意见的方式，改变征地机关在现行征地过程中不受制约的自由裁量权的状况，确保征地目的的认定和补偿安置方案确定具有广泛共识。

在内容上，除"对拟征土地的补偿标准、安置途径"进行听证外，还应就征地用途等进行听证。只允许就补偿和安置提出异议和提起听证，但对征地补偿方案之前的过程、征地方案本身的拟订等，被征地的农民集体对征地决定没有机会参与，更无权提出异议。应加强被征地方全程参与到征地前调查和征地补偿方案拟订过程中。还应对征地目的合理性、合法性问题进行听证。项目合理合法是征地审批的前提，也是预防和避免后续纠纷的基础。无论给予多少补偿，都无法避免农民对高污染、高危害项目的反对。增加这一内容的听证，既可以起到阻止违反环境保护、产业政策、土地利用规划的项目获批土地，也可以使地方政府有机会向农民清楚展示项目合法性，避免谣言传播，打消农民顾虑，从而可以很好地避免后续纠纷。

---

① 祝天智：《纠纷化解机制构建与征地程序改革》，《华南农业大学学报》（社会科学版）2014 年第 2 期。

② 章剑生：《征地程序的改革与完善》，《行政管理改革》2011 年第 7 期。

（4）增强听证约束性。由于听证具有准司法的性质，又具有双方协商沟通的功能，它能有效预防和化解纠纷。因此，应加强听证对征地及审批机关的约束，提升听证在预防和化解纠纷中的作用。按照现有征地程序，依据《关于完善征地补偿安置制度的指导意见》的规定，"在征地依法报批前，当地国土资源部门应告知被征地农村集体经济组织和农户，对拟征土地的补偿标准、安置途径有申请听证的权利。当事人申请听证的，应按照《国土资源听证规定》规定的程序和有关要求组织听证"。《国土资源部关于进一步做好征地管理工作的通知》第十条规定，"被征地农民有异议并提出听证的，当地国土资源部门应及时组织听证，听取被征地农民意见。对于群众提出的合理要求，必须妥善予以解决"。也就是说，听证过程开启的前置条件是"当事人申请听证"，否则，就不予听证。本书认为，为了增强听证强制性，只要对补偿方案等存在争议的，不管群众是否提出申请，都应依法组织听证。同时，为增强听证约束性，应对听证过程中群众和其他代表提出的意见有相应的回应。就报批机关而言，不仅在报批时附听证记录并向审批机关说明各方意见，而且应向相关权利人尤其是被征地农民和集体说明报批过程中对听证意见采纳的情况。就审批机关而言，也应就审批过程中采纳或拒绝采纳听证意见的情况向听证代表作出说明和解释。

（二）征地审批程序

本程序包括"建设项目可行性研究论证……可行性研究报告报批"，"提出建设用地申请……拟订农用地转用方案、补充耕地方案、征用土地方案和供地方案……逐级上报有批准权的人民政府批准"，"由市、县人民政府组织实施，向建设单位颁发建设用地批准书"，"土地使用者应当依法申请土地登记"。

就审批阶段的重要性来看，征地合法性与合理性审查是确保征地目的和审批条件都完全符合法律规定的前提。《关于深化改革严格土地管理的决定》第九条明确规定：加强建设项目用地预审管理。凡不符合土地利用总体规划、没有农用地转用计划指标的建设项目，不得通过项目用地预审。但是，审批机关主要基于"符合土地利用总体规划""农用地转用计划指标"对征地项目进行审查，缺少对建设项目的"公共利益"性和可能造成的其他影响进行慎重调查。虽然《关于完善征地补偿安置制度的指导意见》要求当地国土资源部门将"确认征地调查结果"作为征地审批前必备程序，要求"应对拟征土地的权属、地类、面积以及地上附着物权属、种类、数量等现状进行调查"。但是征地审批主要是对申报材料的审查，审批机关很难真正深入实地调查。这导致各类违法违规项目获批土地，如近年频繁曝光的高污染、高耗能、高危害等各类不符合国家产业政策的项目，甚至不符合土地利用总体规划、耕地保护等审批条件的项目顺利获批土地。

因此，应拓展和落实征地审批内容：应实地对拟征土地的权属、地类、面积以及地上附着物权属、种类、数量等现状进行调查，对土地附近经济、社会、产业发展和居民生活等进行深入调查；应强化对建设项目的公益性进行深入调查，核定项目是否为社会公众服务、效益为社会共享的公共设施和公益事业以及关系国家安全和国民经济命脉的重大经济发展项目；审查项目是否符合当地发展规划，是否是高污染、高耗能、高危害的发展项目。

（三）征地公告和登记程序

本程序主要包括"两公告一登记"的过程，即"将批准征地机关、批准文号、征用土地的用途、范围、面积以及征地补偿标准、农业人员安置办法和办理征地补偿的期限等"，"会同有关部门拟订征地补偿、安置方案"先后分别予以公告，"被征收土地的所有权人、使用权人……持土地权属证书"办理征地补偿登记。

两次公告的过程，是被征地农民对了解征地情况的重要机会，但由于对两次公告方式的具体规程设置不够细致和严格，地方政府在执行公告过程时不够认真和规范，仅仅起到简单的知会和通知作用：第一次公告是在征地审批之后，主要是通知农民进行产权登记，并未授予其发表反对意见或提出质疑的权利；第二次公告虽在安置补偿方案被批准前，虽然规定"听取被征用土地的农村集体经济组织和农民的意见"，但并未授予农民参与安置补偿方案制订的权利，农民往往无法及时准确获知公告内容。同时，由于城乡"信息鸿沟"的存在，农民往往很难真正有条件全面掌握相关信息，他们对包括征地法规政策等征地信息了解的主要渠道仍是征地公告、拆迁动员会等，所获信息也非常有限。

因此，应增强本阶段的信息透明度，让被征地相关方更好地参与到征地过程中去。其中的一个基础性工作就是要建立一个透明化、对公众开放的信息平台。2007 年 4 月，国务院发布的《政府信息公开条例》

要求，"设区的市级人民政府、县级人民政府及其部门""乡（镇）人民政府"应主动公开"征收或者征用土地、房屋拆迁及其补偿、补助费用的发放、使用情况"。并要求"自该政府信息形成或者变更之日起20个工作日内予以公开"（第十八条）。因此，征地机关及部门应搞好信息公开工作，有效解决信息不对称的问题，让被征地农民集体及时准确地掌握相关的法规及政策，提高公众对征地工作的认识，拓宽公众参与的广度和深度，产生多层次的互动，增强征地相关方对征地政策的理解和对征地进程的掌握程度。

（四）征地实施程序

本程序最终指向"土地行政主管部门组织实施"，实现征地过程的落地。按相关规定，"对补偿标准有争议的，由县级以上地方人民政府协调；协调不成的，由批准征用土地的人民政府裁决"。但是，相关争议的协调和裁决"不影响征用土地方案的实施"。

（1）如果被征地方对征地补偿无争议，落实补偿，交地。"征地补偿、安置方案报市、县人民政府批准后，由市、县人民政府土地行政主管部门组织实施。"

（2）如果有争议，应组织协调和裁决。本书认为，应进一步规范组织和参与协调裁决过程的主体安排。从已有协调裁决安排来看，《土地管理法实施条例》第二十五条规定：对补偿标准有争议的，由县级以上地方人民政府协调；协调不成的，由批准征用土地的人民政府裁决。征地补偿、安置争议不影响征用土地方案的实施。本规定存在执行主体的缺陷。

从执行主体来看，政府既是征地双方的当事人，又是出现征地争议时的协调者和裁决者，其身份主体不符合公平性原则的要求，其协调和裁决结果必然受到质疑。即使能够公正协调和裁决，也会因明显的程序瑕疵而难以让被征地农民信服。第一，在协调过程中，县级以上政府既是安置补偿方案的批准者，又是征地主体，与被征地农民集体之间存在利益博弈关系，由其进行协调，公正性将被大大削弱。对此，祝天智认为，由于市、县政府本身是征地实施机关，与农民之间存在利益矛盾，由其协调明显不符合程序正义的要求，而且实践效果有限。应将现行的市、县政府协调程序改为非必经程序。① 第二，在裁决过程中，省级政府和市、县级政府之间是上、下级隶属关系，市、县政府制订补偿方案的依据就是省政府制定的统一产值标准，部分建设项目也是上级政府主导投资的，因此，由其裁决显然也不完全符合程序中立性的原则。

另外，由于对"补偿标准争议"的概念有争议，相关方对执行裁决的主体也有巨大分歧。由《土地管理法实施条例》第二十五条第三款内容的前后逻辑关系和相关法律制度来理解，这里规定的补偿标准争议，与有关补偿标准的立法规范及抽象行政行为的争议无关，而是指有关市县政府征地补偿方案与相关诉求引发的争议。因此，这种争议的裁决程序应归为行政复议。也就是说，对这类行政行为引起的争议，应当通过行政复议和行政诉讼的渠道解决，其中，上级行政机关依据相对人申请对具体行政行为进行的审查裁决，性质上就是行政复议。②《中华人民共和国行政复议法》第十二条规定：对县级以上地方各级人民政府工作部门的具体行政行为不服的，由申请人选择，可以向该部门的本级人民政府申请行政复议，也可以向上一级主管部门申请行政复议。第十三条规定：对地方各级人民政府的具体行政行为不服的，向上一级地方人民政府申请行政复议。这些规定对行政复议的申请对象界定为"可以向该部门的本级人民政府申请行政复议，也可以向上一级主管部门申请行政复议"。但是，《土地管理法实施条例》规定，"由批准征用土地的人民政府裁决"，而依据《土地管理法》第四十四条、第四十五条精神，凡"涉及农用地转为建设用地的"，"由国务院批准"或"省、自治区、直辖市人民政府批准"。因此，涉及征地的裁决主体就是国务院或省、自治区、直辖市人民政府，这无疑增加了征地相关方申请行政复议的成本，不利于及时化解征地矛盾和纠纷。

就协调裁决主体而言，《关于加快推进征地补偿安置争议协调裁决制度的通知》规定：在协调裁决工作中组织相关社会团体、法律援助机构、相关专业人员、社会志愿者等共同参与，综合运用咨询、教育、协商、调解、听证等方法，依法、及时处理征地补偿安置争议。鉴于

---

① 祝天智：《纠纷化解机制构建与征地程序改革》，《华南农业大学学报》（社会科学版）2014 年第 2 期。

② 崔山：《征地批前程序中公众参与机制的建立》，《资源、人居环境》2007 年第 7 期。

此，可考虑建立第三方协调裁决机制，即由征地机关、被征地人及其他相关方在意愿一致的基础上，由独立于征地机关和审批机关的组织机构进行协调和裁决。比如，日本建立了征用委员会裁定机制。其法律规定，"如果当事人之间不能通过协商达成土地征购协议，可以申请征收委员会裁定。征收委员会要听取当事人和第三方的意见并慎重审议，不服征收委员会裁定的当事人，可以向国土交通大臣请求审查"。事实上，在美国，许多州在诉讼程序之前，就相关补偿分歧和意见设置了由评估师、律师和居民代表组成的补偿评估委员会进行裁决的机制。①

为强化协调裁决的程序作用和权威性，应取消"征地补偿、安置争议不影响征用土地方案的实施"的规定，建立协调裁决期间征地中止制度。同时，应尽快制定全国统一的协调裁决法规，规范裁决行为。目前关于协调裁决机制规范的较为完整的规定，仅限于国土资源部发布的《关于加快推进征地补偿安置争议协调裁决制度的通知》。但是，该通知对协调裁决主体和内容的规定较为模糊，可操作性不强。就协调裁决主体而言，除了《土地管理法实施条例》第二十五条有关"对补偿标准有争议的，由县级以上地方人民政府协调；协调不成的，由批准征用土地的人民政府裁决"的规定，以及《关于加快推进征地补偿安置争议协调裁决制度的通知》关于"主要负责同志负总责，分管领导亲自抓，建立健全领导责任制"和"要借鉴国务院《信访条例》确立的政府主导、社会参与"的规定外，对具体执行主体及相互关系并无明确界定。就裁决内容而言，《关于加快推进征地补偿安置争议协调裁决制度的通知》对"补偿标准有争议"的情况细化为：对市、县人民政府批准的征地补偿安置方案有异议的；对适用征地补偿安置方案涉及的对被征土地地类、人均耕地面积、被征土地前三年平均年产值的认定有异议的；实行区片综合地价计算征地补偿费的地区，对区片综合地价的适用标准和计算有异议的。至于如何"兼顾合法性与合理性"内容而言，仅规定为：主要是对市、县人民政府确定的征地补偿安置方案和实施过程进行合法性审查……合理性审查的标准是保证被征地农民原有生活水平不降低、长远生计有保障。因此，应该由立法机关制定法律，或由国

---

① 祝天智：《纠纷化解机制构建与征地程序改革》，《华南农业大学学报》（社会科学版）2014年第2期。

务院（或国土资源部）制定更加完整规范的协调裁决条例和规范。

（3）如果对协调裁决有争议的，应该走行政复议或诉讼过程。从《土地管理法实施条例》第二十五条"征地补偿、安置争议不影响征用土地方案的实施"的规定来看，其也存在执行机制的缺陷。从该规定的内在逻辑来看，"征地补偿、安置争议不影响征用土地方案的实施"的规定和上述协调裁决条款内容是自相矛盾的。因为，即使协调裁决过程本身是公正合理的，如果村民对补偿标准有异议，进入协调和裁决进程，但这也需要花时间让相关方各自举证和"讨价还价"。但这一规定就意味着，在异议未能达成共识、纠纷未能解决的前提下，地方政府按照"征地先行、争议后决"的原则而强行征地。这种"重效率、轻公平"的程序安排，取消了农民以土地作为唯一谈判手段的筹码，使其失去了实现合理补偿权利的条件。这造成农民在征地程序中处于"对是否征地不能有意见、对征地补偿有意见也无法阻止征地"的权利救济"真空"。①

如图6-1所示，如果相关方对协调裁决结果满意，那就直接进入落实补偿和征地实施环节。如果相关方对协调裁决结果不满意的话，就应该转入行政复议或诉讼。这样，既是对农民土地权利的尊重，也是对程序科学性的保障，更有助于避免矛盾激化和冲突升级。

就行政复议来看，按《中华人民共和国行政复议法》的精神，执行主体包括"对县级及以上人民政府或相应执行主体的上一级主管部门"，其执行内容中涉及征地的为第三十条：公民、法人或者其他组织认为行政机关的具体行政行为侵犯其已经依法取得的土地、矿藏、水流、森林、山岭、草原、荒地、滩涂、海域等自然资源的所有权或者使用权的，应当先申请行政复议。总体来看，这些规定和《土地管理法》及相关法律法规精神是可以衔接的。但其具体的操作规程和细则尚需进一步细化。

就行政诉讼来看，应赋予被征地人就征地合法性、征地补偿安置问题对征地批准和征地执行机关提起诉讼的权利。事实上，《中华人民共和国行政诉讼法》第十二条规定的诉讼范围虽然没有对征地相关事宜的明确规定，但其也有相应条款比较接近征地工作，比如：（四）对行

---

① 杨春禧：《论征地程序改革与和谐社会构建》，《社会科学研究》2005年第5期。

政机关作出的关于确认土地、矿藏、水流、森林、山岭、草原、荒地、滩涂、海域等自然资源的所有权或者使用权的决定不服的；（五）对征收、征用决定及其补偿决定不服的；……（七）认为行政机关侵犯其经营自主权或者农村土地承包经营权、农村土地经营权；……（十一）认为行政机关不依法履行、未按照约定履行或者违法变更、解除政府特许经营协议、土地房屋征收补偿协议等协议的。因此，只要对《土地管理法》和《中华人民共和国物权法》及相关法律法规就征地行政诉讼作相应规定，是可以和《中华人民共和国行政诉讼法》进行有效衔接的。

　　但是，相较于《国有土地上房屋征收与补偿条例》有关"被征收人对补偿决定不服的，可以依法申请行政复议，也可以依法提起行政诉讼"的规定，在现行征地程序中，我国相关法律法规没有赋予农民和集体提起行政复议和诉讼的权利。《土地管理法》和《土地管理法实施条例》及其他相关规章制度中，仅规定应"反复做好政策宣传解释和群众思想疏导工作，得到群众的理解和支持"，或限于协调裁决层面。同时，《土地管理法实施条例》第二十五条的规定过于笼统和模糊，在逻辑和实践中，对于征地纠纷矛盾，一般都不走行政复议和行政诉讼这一步，或者认为协调裁决是行政复议和行政诉讼的前提条件。这种过于模糊的规定，不仅在逻辑上与《中华人民共和国行政诉讼法》和《中华人民共和国行政复议法》的规定相矛盾，而且导致实践中"公民无论是求诸行政复议或是行政诉讼，都无一例外地被拒之门外"，"致使许多相对人难以及时获得他们期盼的法律救济"。[①] 也就有了河南洛阳违规征地强拆事件中经历了两次强拆的陈月玲老人的疑惑：自己的房屋征迁还在走行政复议程序，报案没人管，政府违法找哪儿说理？

　　因此，应该理顺协调裁决、行政复议和行政诉讼之间的关系，赋予被征地人对解决纠纷途径的司法救济权，即被征地人对安置补偿方案有异议的，可组织协调和裁决。如果协调和裁决不能有效解决矛盾和纠纷，被征地农民可以诉诸行政复议和行政诉讼。这不仅可以充分发挥司法的监督功能，更能将大量纠纷解决在市、县两级，减轻省级和中央政

---

　　① 方军：《解决征地补偿争议为啥常见"踢皮球"》，《中国国土资源报》2007 年 4 月 12 日。

府压力。既节约被征地人的维权成本，也节约政府的维稳成本，以达到整体性治理的效果。① 同时，由图 6-1 可知，如果被征地人有效提起诉讼，那么最后就应贯彻司法终局原则，由司法机关依法作出生效的判决、裁定或决定，诉讼相关方都必须执行，并使整个事件得到最终解决或平息，以维护法律的权威，维护社会关系的稳定，最后执行《土地管理法实施条例》第四十五条规定就顺理成章了，即"拒不交出土地的，申请人民法院强制执行"。

第四节　征地过程中补偿公正的实现

一　关于征地补偿的观点辨析

国际上征地补偿通行的是拉尔标准，这个标准要求补偿"迅速、充足和有效"，要补偿被征用财产的现有全部价值，也包括未来价值。② 围绕拉尔标准，各国根据自身实际情况制定了不同补偿原则和标准，概括起来主要有三种："完全补偿""公正补偿""适当补偿"。少数国家采用"完全补偿"，如印度，《土地征收法》规定，原土地权利人在获得按土地市场价值提供的补偿时，还可得到等同土地市值30%的额外补偿。③ 大部分国家，如美国、巴西等国，采用"公正补偿"原则，补偿标准为"公平市场价值"，即以当事人双方自愿交易的土地市场价值为基础，综合考虑土地利用状况、被征用者财产损失和土地征用历史等因素综合确定。④ 部分发展中国家，如中国由于财政困难则采用"适当补偿"原则，即采用不考虑未来价值的、低于土地客观价值的水平进

---

① 祝天智：《纠纷化解机制构建与征地程序改革》，《华南农业大学学报》（社会科学版）2014 年第 2 期。

② Henkin, L., Push R. Schachter, *International Law, Cases and Materials*. California: West Pub. Co., 1987, p. 56.

③ Lall, R., "Foreword", Mohanty, N., Sarkar, R., Pandey, A., *India Infrastructure Report*. New Delhi: Oxford University Press, 2009, p. 117.

④ 王小映、贺明玉：《我国农地转用中的土地收益分配实证研究——基于昆山、桐城、新都三地的抽样调查分析》，《管理世界》2006 年第 5 期。

行补偿。[①]

　　就我国采用的"适当补偿"标准，虽然对影响征地补偿标准的因素问题存在分歧，但学者们对于现行补偿标准偏低已达成共识。为使被征地农民集体的生活水平保持不变或略有提高，不少学者主张要参照国外的做法，按市场价格进行补偿，概括起来主要有四种观点：一是按征地后土地出让价格进行补偿；二是按集体建设用地市场价格进行补偿；三是让农民在征地中参与土地增值收益分配；四是按集体农用地市场价格修正以后进行补偿。[②]

　　从完善征地补偿制度的路径来看，林丹将其概括为两大类，即渐进式的征地补偿制度改革、激进式的市场化改革。[③] 渐进式的征地补偿制度改革，主张现行征地制度框架总体合理，只需要更加公正合理地对征地程序和征地补偿问题进行完善，是在现行征地法律框架保持不变，坚持"用途管制"和"耕地占补平衡"的原则下对征地补偿制度进行的改革。这也被称为渐进式的"治标"改革方案。激进式的市场化改革，主张土地制度改革是一个系统工程，单纯对征地补偿制度进行改革，无法改变现行征地补偿制度中存在的缺陷，只有突破现行的法律框架，在农村土地产权制度改革完善的基础上，通过健全土地市场体系，形成竞争机制和价格发现机制，实现农村土地的公平价值，真正实现公正的征地补偿。

　　以上观点对如何完善我国征地补偿都具有很好的启发性。但是，不能仅仅依靠市场化途径实现各方利益均衡，作为弱势的集体农民需要格外的政策保护和倾斜；不能仅仅在土地权益分配中只考虑农民集体，而由此就彻底否定国家获取相关收益的权利；不同区域、不同规划区间，征地补偿存在巨大的差异也会产生新的不公平现象。

　　因此，要真正实现征地补偿公正，需要明确领会党的方针政策指引。党的十八大指出："改革征地制度，提高农民在土地增值收益中的

---

　　① 王雪青等：《公益性项目征地补偿依据及其测算标准研究——以苏州市为例》，《资源科学》2014 年第 2 期。

　　② 王顺祥：《中国征地制度变迁：驱动因素与制度供给》，博士学位论文，南京农业大学，2010 年，第 52 页。

　　③ 林丹：《基于城乡协调发展的征地补偿制度改革》，博士学位论文，福建师范大学，2010 年，第 93 页。

分配比例。"党的十八届三中全会要求："缩小征地范围，规范征地程序，完善对被征地农民合理、规范、多元保障机制。""建立兼顾国家、集体、个人的土地增值收益分配机制，合理提高个人收益。"要真正实现我国征地补偿公正，就得明确这样几个关键问题：如何提高农民在土地增值收益中的分配比重？如何建立兼顾各方的土地增值收益分配机制？如何建立被征地农民合理、规范、多元的保障机制？

二　树立兼顾各方利益的公正观念

（一）消解征地补偿公正标准的分歧

利益是主客体之间的一种关系，表现为随着社会发展作用于主体而产生的不同需要和需要得到满足的方式，反映了主体与周围环境的积极关系，构成主体行为的内在动力。改革开放以来，各类机构和个人的本位利益逐步得到承认。这导致社会利益格局的变化，出现了不同利益群体和利益需求，即出现利益多元化趋势。利益多元化分为两个层次：其一，利益主体的多元化，社会中的利益主体经过分化组合，形成不同的利益群体；其二，主体利益的多元化，不同主体对利益的需求呈现差异性。[①] 就农村集体（农民）土地权益来看，由于农村土地基于集体成员身份无偿使用且不能自由流转，在征收征用后，土地按原用途进行补偿，补偿标准极低，而被征后土地通过招、拍、挂等方式入市后，其经济价值得到巨大增长，而农村集体和农民只享有极少的土地增值收益。这妨碍了农村建设用地的商品属性和价值增值的实现，也加大了城乡居民收入差距。有学者对1990—2006年我国城乡居民人均收入结构进行了对比分析，发现城乡居民人均收入比由2.2倍扩大到3.5倍，其中财产性收入的差距是导致城乡居民收入差距扩大形成的主要原因，还出现了快速而且明显扩大的趋势。[②] 为此，我国不断推进农村土地产权的清晰化与财产化。《中华人民共和国物权法》将土地承包权明确界定为物权，党的十七届三中全会要求农村"现有土地承包关系要保持稳定并长久不变"。同时，土地作为主要的生产资料也逐步实现市场化：国有土地使用权，原则上必须采取招标、拍卖和挂牌的市场化方式进行流

---

① 杨春福：《利益多元化与公民权利保护论纲》，《南京社会科学》2008年第3期。

② 项继权、储鑫：《农村集体建设用地平等入市的多重风险及其对策》，《江西社会科学》2014年第2期。

转；集体土地承包权，可以转包、出租、互换、转让、股份合作等形式
流转土地承包经营权；农村经营性建设用地，在符合规划的前提下享有
与国有土地"同地、同权、同价"的平等权益。国家也对征地程序和
补偿进行改革，如实施了片区综合地价制度，党的十八大更强调"改
革征地制度，提高农民在土地增值收益中的分配比例"。

与此同时，社会管理模式经历"统治型"模式、"管理型"模式和
"服务型"模式，不同的管理模式往往决定于不同的利益格局。在利益
多元化的背景下，不同利益群体间的矛盾和冲突在所难免，传统的
"统治型"模式和"管理型"模式已经不能有效地协调这类矛盾，以实
现不同利益主体间的行为整合和利益协调。现代"服务型"模式，是
一个社会对其不同组成部分的协调和整合，涉及两个方面的关系调整：
恰当处理政府与各类非政府主体的关系、恰当处理各级政府之间的利益
关系。其本质在于，强调民主参与和外部监督，引入竞争机制和服务导
向，强化国家与公民社会的互动合作，实现为社会主体提供优质的服
务，满足主体多样化、个性化的需求，其中重要一环就是政府利益更多
让位于社会利益。① 政府在逐步由经济增长的行为偏好，转向集中解决
由于改革前期忽视"分蛋糕"的公平问题而引发的社会矛盾，对由于
权利分配不平等导致的既得利益集团的利益垄断进行干预。② 近些年，
我国出台了一系列更加注重社会公平和正义的政策措施，政府从"运
动员"逐渐回归到"裁判员"角色，农村主体利益得到更大程度的
强化。

但是，在我国征地制度框架中，政府是包办一切的唯一征收主体。
在征收过程中，政府是唯一买方，包揽了从规划、申报、审批到补偿标
准制定、执行等所有环节。在被征收土地的出让过程中，"任何单位和
个人进行建设，需要使用土地的，必须依法申请使用国有土地"，政府
是唯一的土地出卖方。可见，我国传统征地制度仍然脱胎于计划经济模
式，其改革节奏明显慢于我国经济社会发展和农村土地产权制度变革，
这种非协调性导致征地过程中公正标准的严重分歧：到底农民应该分享

---

① 余敏江：《政府利益·公共利益·公共管理》，《求索》2006 年第 1 期。
② 汪彤：《论中国体制转轨进程中政府行为目标的逻辑演进》，《江苏社会科学》2008 年
第 4 期。

土地增值的多少份额，无论是征地冲突的各方，还是研究征地问题的学者们，都有严重分歧。由于国有土地和农村经营性建设用地已经逐步实现市场化，农民把土地视为自己的财产，并按照市场的逻辑，计算土地自用的长期收益，或者入股、出租、转让的收益与被征收之间的差异，也会比较被征收后的土地市场价格与补偿价格之间的巨额差价，进而产生强烈的被剥夺感。但在地方政府看来，国家是土地的终极所有者，涨价应该归公，其所关心的是土地对经济发展和财政收入的贡献率。因此，农民与政府之间不同的逻辑会产生关于公正标准的极大差异。[①] 这样，就出现了征地过程中各种看似无解的矛盾性冲突：因征地补偿过低而农民利益受损和因拆迁而一夜暴富现象并存，农民被普遍视为征地冲突中的弱者形象和因各种"谋利型"上访而使部分农民呈现出"上访专业户"和"暴徒"形象并存，各级政府虽然对征地冲突加大重视程度和治理力度，但征地冲突在一些地方愈演愈烈，甚至严重危害社会稳定。这种对于征地过程中的公正标准的严重分歧，对于社会和谐稳定具有十分重大的负面影响，"非现实性冲突要比现实性冲突更不'稳定'，潜在的进攻性更容易找到其他通道"。[②] 因此，这种分歧必须采取各种方式消解，使征地各方能理性地形成合理预期，"建立兼顾国家、集体、个人的土地增值收益分配机制，合理提高个人收益"。这也符合社会主义国家有关"国家利益高于集体、个人利益"的道德要求。

（二）兼顾各方，适当补偿

1. 兼顾各方利益

正如第四章所论证的那样，关于土地增值收益的归属问题，学界一直存在涨价归私、涨价归公和私公兼顾三种观点的争论。事实上，由于土地所有权具有私权性和公益性特征，农村集体在行使所有权权益时，都应符合国家整体利益和兼顾其他相关主体利益。故而，绝对的涨价归私论是站不住脚的。与此同时，作为农村土地的终极所有者，国家在征地时也需要保障农民集体经济组织和农民个人的生存利益和财产利益。故而，绝对的涨价归公论也是站不住脚的。本书认为，私公兼顾论是最

---

① 祝天智、黄汝娟：《公正视域的农村征地冲突及其治理》，《理论探索》2013 年第 4 期。

② L. 科赛：《社会冲突的功能》，孙立平等译，华夏出版社 1989 年版，第 35 页。

为公正的，也符合"建立兼顾国家、集体、个人的土地增值收益分配机制，合理提高个人收益"的决议精神，其内在地包含两个方面的要求：农村土地增值收益分配主体的多元化，农民个体收益的保障化。

就农村土地增值收益分配主体的多元化要求来看，主体主要包括政府、集体、农民和用地方。其分配关系表现在三个层次：第一个层次，即农村土地产权对价，应当为出让方——农村集体（农民）作为权利所享有。第二个层次，即农村集体和地方政府之间的收益分配关系。地方政府或者以征地主体身份，或者基于提供投资服务和以管理者身份而获取部分土地收益。第三个层次，即集体作为土地所有者在取得相应流转收益后，应该处理好在农村集体成员之间的利益分配关系。

就农民个体收益的保障性来看，关键涉及政府尤其是地方政府土地财政收益减少和农民土地收益增加两个环节。秦勇研究发现，农村土地在转为城市建设用地后价格飘升，租金增值的绝大部分收益被地方政府和土地使用者（一般是房地产开发商）分享，农民却没有得到充分的补偿。这种分配结果的不公招致农民的广泛不满，基层社会矛盾日益尖锐。自 20 世纪 90 年代后期城镇化加速以来，土地问题成为农民上访最集中的问题。在对 2749 个村庄的调查中，约 40% 的村民上访反映的是征地问题。[①] 中国社会科学院发布的《2013 年社会蓝皮书》指出，近年来，每年因各种社会矛盾而发生的群体性事件多达数万起甚至十余万起，其中，征地拆迁引发的群体性事件"占一半左右"。要改变这一现象，国家需要直面"土地财政"越来越严峻的负面效应。长期以来，地方政府多以低价从农村集体手中征地，再以数倍甚至几十倍的价格出让给开发商等用地单位。2011 年土地出让金的总额，达到 3.15 万亿元。当然，土地财政在现阶段仍然发挥出了社会公益效应。但是，这造成了地方政府对土地财政的过度依赖，正如中国社会科学院牛凤瑞指出的那样："有些地方的土地收入占地方预算支出的 50%，甚至更高。至于全国的平均水平，30%—40% 应该是有的。"地方政府对土地财政的这种依赖，在基层社会造成了一个怪圈，正如王才亮指出的那样："一方面，政府与民争利，引起很多矛盾，需要维稳；另一方面，政府的正

---

① 秦勇：《分配正义："土地财政"法律制度改革的目标》，《法学论坛》2013 年第 9 期。

常开支和维稳经费又要从土地财政里拿。这就形成了恶性循环。"①

与此同时，为贯彻"合理提高个人收益"的精神，应采取各种有效办法保障农民应得的土地增值收益。尽管《土地管理法》对被征地农民及集体的补偿标准作了相应规定，但农民所获补偿相对于政府收益相差甚远。李涛统计发现，按照《土地管理法》的补偿标准，政府与农民及集体收益分配的比例平均为 35:1，1998 年为 30:1，之后的比例大体也维持在 12:1。②

实际上，即使国家规定的"过低"的补偿费用农民也不一定能全部得到。根据《土地管理法》第八条规定："农村和城市郊区的土地，除由法律规定属于国家所有的以外，属于农民集体所有；宅基地和自留地、自留山，属于农民集体所有。"但是，由于农民集体与农民个体的内涵和外延很难清晰界定，根据《土地管理法实施条例》规定精神，在征地的三项补偿费中，土地补偿费属于村集体的"集体资产"，安置补助费以及地上附着物和青苗补助费属于农民。但是，单就安置补助费来看，很难真正分配到农民手中。有些地方将安置补助费全部用于缴纳养老保险基金，有的被当作政府资金挪用。农民真正可以直接得到的补偿费只有地上附着物和青苗补偿费。据周天勇估计，改革以来，通过低价征地从农民手中转移的收入约 15 万亿元，而农民获得的补偿不到 5%。③

2. 坚持适当补偿

从农村土地增值收益分配主体的多元化和农民个体收益的保障化要求出发，最公正的补偿就是按照土地市场价格对相关方进行补偿。但是，这和我国快速推进城镇化的目标要求不符合。根据《国家新型城镇化规划（2014—2020 年）》，到 2020 年，常住人口城镇化率要达到 60% 左右，户籍人口城镇化率要达到 45% 左右。按照目前城镇化现状，未来五年需要解决 1 亿—2 亿农民的市民化问题。这样，为解决大量城镇居民的就业质量和享受更好的公共服务，需要国家大量征用农村土地

---

① 《土地法修正案删征地 30 倍补偿上限在人大引争议》，2013 年 1 月 12 日，http://news.sina.com.cn/c/2013-01-12/035926017070.shtml。
② 李涛：《农地征用的收益分配及博弈分析》，《经济理论与经济管理》2006 年第 9 期。
③ 秦勇：《分配正义："土地财政"法律制度改革的目标》，《法学论坛》2013 年第 9 期。

和投入巨额资金。如果完全强调市场法则，以政府与集体和农户市场交易方式来获取土地，会增加城镇化建设成本，降低政府提供公共物品的能力，抑制城镇化的发展进程。

因此，本书同意王雪青等所主张的"适当补偿"原则。即在满足农民受偿意愿的条件下，综合考虑政府的实际财政支付水平和项目建设的资金需求压力等因素，向集体和农户支付相应补偿，确保征地前后农民的经济福利水平不降低，使农民得到的补偿和征地后损失的实际价值相当。事实上，对于农民受偿意愿，调查表明，73.64%的农民愿意接受公益性比非公益性征用补偿标准低的做法。① 这说明农村集体和农民大部分具有强烈的集体主义精神，他们愿意为真正的公共利益牺牲个体利益，能够接受公益性征地补偿低于非公益性的"适当补偿"的做法。从学理上分析，在公益性用地中，农村土地在被征收后，其价值会发生增值，但这种增值主要得益于干线交通、通信设施建设和水利水电工程建设等公共设施建设，是国家社会长期投资累计的成果。而被征地区域农民也会因为这些便利和利益，提高自己生产生活的质量，享受土地增值收益。

三　建立多元灵活征地补偿体系

（一）建立多元补偿体系

2004 年 10 月，国务院《关于深化改革严格土地管理的决定》中就妥善安置被征地农民提出多元化补偿的要求，即"县级以上地方人民政府应当制定具体办法，使被征地农民的长远生计有保障。对有稳定收益的项目，农民可以经依法批准的建设用地土地使用权入股"。在城市规划区内，"当地人民政府应当将因征地而导致无地的农民，纳入城镇就业体系，并建立社会保障制度"，在城市规划区外，"当地人民政府要在本行政区域内为被征地农民留有必要的耕作土地或安排相应的工作岗位"，对不具备基本生产生活条件的无地农民，"应当异地移民安置"。同年 11 月，国土资源部印发《关于完善征地补偿安置制度的指导意见》，就完善征地补偿安置制度问题提出具体要求。关于征地补偿标准，有"统一年产值标准的制定""统一年产值倍数的确定""征地

---

① 王雪青、夏妮妮等：《公益性项目征地补偿依据及其测算标准研究——以苏州市为例》，《资源科学》2014 年第 2 期。

区片综合地价的制定""土地补偿费的分配"等。关于被征地农民安置途径，有征收城市规划区外集体土地的，通过"利用农村集体机动地、承包农户自愿交回的承包地、承包地流转和土地开发整理新增加的耕地等"办法，使农民继续从事农业生产；通过"向被征地农民提供免费的劳动技能培训"等办法让农民重新择业安置；征收城市规划区内的集体土地的，"应当将因征地而导致无地的农民，纳入城镇就业体系，并建立社会保障制度"；异地移民安置。关于土地增值持续收益分配：对有长期稳定收益的项目用地，被征地农村集体经济组织及农户，可"以征地补偿安置费用入股，或以经批准的建设用地土地使用权作价入股"等途径，获取入股分红收益。可见，除了提高征地补偿标准的一次性补偿外，更应对被征地农民实施土地增值收益的持续性补偿，以确保被征地农民的生活水平不因征地而降低。一方面，应千方百计巩固好货币补偿的基础地位；另一方面，完善好其他多元补偿体系，包括完善就业安置补偿和完善土地增值收益合理分配补偿（留地安置、土地换社保安置、土地入股安置等），见图 6 - 2。当然，由于除货币安置外的其他补偿方式，缺乏明确具体的操作规范。因此，但货币安置方式，因其形式简便、操作快捷、安置易行、责任彻底，受到各地政府的广泛应用。

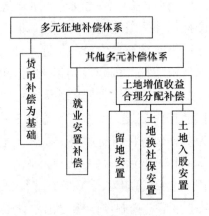

图 6 - 2　多元征地补偿体系

1. 巩固货币补偿的基础地位

货币补偿是在土地征收后，依据《土地管理法》及其他相关规定，将包括土地补偿费、安置补助费、青苗以及地上附着物补偿费在内的补偿款一次性支付给被征地集体和农民。遵循上述"适当补偿"的原则，征地货币补偿应加快在"统一年产值标准的制定""统一年产值倍数的确定"和"征地区片综合地价的制定"等方面的工作节奏。尤其是要科学评估集体和农民的损失。被征地集体农民的损失包括经济损失和非经济损失。经济损失主要指能用金钱来衡量的损失，如土地收益、土地投入及土地资本的损失等；非经济损失主要指社会和生态上的损失，即被征地农民丧失劳动机会、生活方式被改变、生活环境受破坏、自然景观改变等造成的间接的、非经济损失。因此，制定征地货币补偿标准应该全面评估土地对集体和农民的多重效用，最大限度弥补被征地集体和农民因失去土地而造成的全部损失。[①]

（1）科学制定区片综合地价。根据《关于开展制定征地统一年产值标准和征地区片综合地价工作的通知》精神，"征地区片综合地价是征地综合补偿标准，制定时要考虑地类、产值、土地区位、农用地等级、人均耕地数量、土地供求关系、当地经济发展水平和城镇居民最低生活保障水平等多方面因素进行测算"。要防止"以制定和公布征地统一年产值标准和区片综合地价为由，压低征地补偿标准"，"新、老征地补偿标准之间差距过大而导致矛盾，维护社会稳定"。

在实际操作中，综合地价是以土地原有农业用途价值为基础来设计，而地类、产值、土地区位、农用地等级、土地供求关系等影响因素，很难量化和实际评估。因此，很难制定科学合理的综合地价。史京文研究认为，由于土地区位的优势而获得的用途转用的增值收益，不能让集体农民、地方政府任何一方独占，关键是找一个利益的平衡点。农地转为工业用途的土地收益就是这个平衡点。按照市场化的思路，区片综合地价设定应该参照农村集体建设用地流转价格，通过农地直接出租用作工业用途的年租金收益来确定，这是一个各方利益折中而又简单易行的方法。它既不是按农地现用途也不是按征收后的用途来定价，但体现了农民的集体土地财产权，并且让农民分享了城市化的利益。如果某些区域，农村建设用地流转尚未展开，可参考城镇基准地价中已有的工

---

① 曲颂：《基于农民满意度的征地补偿制度实证研究》，博士学位论文，中国农业科学院，2015年，第66页。

业用地生地价格。但应注意，由于目前的工业地价形成是征地费用加开发成本及相关税费，原来的低价征收导致工业地价较低，需要依据相关因素加以修正。[①]

（2）提高农民在土地增值收益中的比重。科学制定区片综合地价是提高集体农民收益的前提保障，农村集体因国家征地而丧失所有权，农村集体（农民）获得土地征地补偿。随后就涉及农村集体作为土地的所有权人在获得产权收益后，如何在集体内部成员之间进行使用和分配。根据《关于完善征地补偿安置制度的指导意见》精神，"土地补偿费的分配。按照土地补偿费主要用于被征地农户的原则，土地补偿费应在农村集体经济组织内部合理分配。具体分配办法由省级人民政府制定。土地被全部征收，同时农村集体经济组织撤销建制的，土地补偿费应全部用于被征地农民生产生活安置"。那么，如何将收益落实到每个农民？到底如何分配才合理呢？依据何在呢？

张安录认为，集体和农民之间的利益关系应该本着自主协商、村民自治的原则进行。从理论上说，两者是所有权和使用权的关系。我国对农村集体土地的承包经营权规定为30年，而土地所有权可以看成是无限期的使用权。因此，计算两者的分配比率可以使用30年期的土地使用权价值比上无限年期的土地使用权价值。基于不同折现率（安全利率加上风险调整值），不同剩余有限年期土地使用权和所有权的分配情况见表6-2。

表6-2　　　　剩余有限年期土地使用权与所有权的分配比率　　　　单位:%

剩余年限	折现率			剩余年限	折现率		
（年）	1.98	4.14	9.18	（年）	1.98	4.14	9.18
1	1.94	3.98	8.41	28	42.25	67.88	91.45
2	3.85	7.79	16.11	29	43.37	69.16	92.17
3	5.71	11.46	23.16	30	44.47	70.39	92.83

资料来源：张安录、匡爱民、王一兵等：《征地补偿费分配制度研究》，科学出版社2010年版，第62—63页。

由表6-2可知，土地使用权和所有权分配比例主要受两个因素的

---

① 史京文：《制定征地片区综合地价的新思路》，《国土资源》2005年第7期。

影响：土地承包剩余期限和折现率的选取。经营期限越长，使用权收益越接近土地所有权收益。折现率越高，则使用权越接近土地所有权收益。当最高到 9.18% 时，30 年的土地使用权收益占所有权收益的 92.83%。当最低为 1.98% 时，30 年的土地使用权收益占所有权收益的 44.47%。前后差一倍。当然，9.18% 的折现率是比较极端的情形，反映对经济社会发展未来的悲观预期。我们假设，折现率为 4%—7%，按照 30 年土地承包经营期限计算，土地使用权和所有权收益分配比率为 70%—86%。这样，农民获得土地使用权权益就是 70%—86%，农村集体留存比例为 14%—30%。当然，在实际调研中，大多数农户认为，土地补偿款应该全部分配到个人，他们担心村干部将留存款项挥霍掉了。而在村干部看来，如果将补偿款全部发放给农民，他们很可能将其挥霍一空，而后续生活保障将存在很大问题。可见，看法分歧的根源在于款项用途的透明度以及相互信任问题。实际上，农村集体需要留存一定比例的补偿款，只是比例不能太高。其用途有农村公共服务、农民长远生计而需支付保险费用、农村集体经济经营、维持一定的行政开支。[①]

2. 完善其他多元补偿体系

（1）完善就业安置补偿。按照《关于完善征地补偿安置制度的指导意见》精神，"应当积极创造条件，向被征地农民提供免费的劳动技能培训，安排相应的工作岗位。在同等条件下，用地单位应优先吸收被征地农民就业。征收城市规划区内的农民集体土地，应当将因征地而导致无地的农民，纳入城镇就业体系，并建立社会保障制度"。对于被征地农民而言，其就业的最大障碍在于其文化层次较低，专业技能缺乏，在当前经济增速放缓的形势下，其就业竞争力很差。因此，要真正落实就业安置补偿，国家必须采取各种方法对被征地农民开展针对性的职业教育和技能培训。

（2）完善土地增值收益合理分配补偿。

第一，完善留地安置方式。留地安置是指在规划范围内从征收的土地中留出一定比例返还给征地所在村的集体经济组织，用于支持集体经

---

① 张安录、匡爱民、王一兵等：《征地补偿费分配制度研究》，科学出版社 2010 年版，第 62—63 页。

济组织和村民发展第二、第三产业，从事非农性生产经营的一种安置方式。农村集体经济组织可以通过多种方式开发利用留置的建设用地，以经营权入股等方式获得租金收益，或者自行经营获取较高收益。

第二，完善土地换社保安置方式。土地换社保是指为被征地农民提供社会保障补偿。这样，被征地农民被纳入专门的社会保障体系中，按月领取生活补助金保障基本生活水平。社会保障资金的筹集是本模式的难点和关键。国内多数典型地区的资金筹集方式有两种。一是"个人负担、集体补助、财政部补贴"的办法。比如，在浙江省，被征地农民基本生活保障制度所需资金，由政府、集体和个人各出一部分，基本形成了"政府出一点、集体补一点、个人缴纳一点"予以筹集、收支两条线和财政专户管理的运行模式。二是由征地单位一次性缴足。比如，上海市将社会保障资金实质纳入征地补偿款中。① 相比其他补偿等方式，"土地换社保"可以为被征地农民带来长期的稳定保障，备受农民青睐。该模式能为整个社会健康运行设置"安全缓冲"，化解各种不稳定因素。

第三，完善土地入股安置方式。《关于完善征地补偿安置制度的指导意见》要求：对有长期稳定收益的项目用地，在农户自愿的前提下，被征地农村集体经济组织经与用地单位协商，可以以征地补偿安置费用入股，或以经批准的建设用地土地使用权作价入股。农村集体经济组织和农户通过合同约定以优先股的方式获取收益。由此，土地入股分为"以征地补偿安置费用入股"和"以经批准的建设用地土地使用权作价入股"两种模式。具体是将集体所有的建设用地按土地数量或征地补偿费折算为集体股，以户籍为依据确定股东资格，确认每户的持股数量。股权实行集中管理、统一经营。集体和农民凭借拥有的股份获得分红收益。

（二）建立灵活的征地补偿机制

由于我国不同地区间的经济、社会发展情况存在巨大差异，不同征地主体本身的实际需求也呈现不同特征。因此，在强制建立失地农民最低生活保障制度的前提下，各地应针对实际情况制定不同的补偿体系组

---

① 张安录、匡爱民、王一兵等：《征地补偿费分配制度研究》，科学出版社 2010 年版，第 200 页。

合与实现机制。具体来看，有以下三个层面：

1. 从不同经济发展区域来看

（1）东部沿海地区经济发展水平高于中西部地区，农民生活水平较高，其依托的生计资源丰富，土地对其生计需求的作用很低。而且，由于地方财政收入水平较高，且土地本身的市场价值可观，应增加对被征地农民的货币补偿，推广土地入股分红、留地安置等补偿方式，并健全被征地农民的医疗和养老保障体系。

（2）在广大中西部欠发达地区，土地仍然是农民维持其基本生存的生产资料，是其物质财富和养老保障的重要来源。征地意味其失去了维持生存的基本生产资料。但是，由于地方收入低下，很多地方依靠"土地财政"提供公共服务。因此，在逐渐提高货币补偿标准的同时，创造条件推进就业安置或农业安置等，并健全被征地农民的医疗和养老保障体系。

2. 从土地距离城市的具体位置来看

（1）在城市近郊地区，农村家庭收入来源多样化，土地产品收益相对较少，农民更关注土地的财产功能。并且由于土地区位优势明显，土地价值远远高于其他位置的农地价值。因此，可在合理制定征地货币补偿的基础上，推进就业安置，并采取留地安置、宅基地换住房、土地换保障等多种安置方式。

（2）在城市远郊地区，土地区位优势低于近郊土地，征地主要用于公益性项目，土地升值潜力不大。该区域青壮劳动力大多外出打工，留在农村从事农业生产的主要是老人和妇女，农民更加依赖土地的社会保障功能。因此，可在提高征地货币补偿的基础上，推进土地换保障等安置方式。

（3）在偏远地区，土地不具备区位优势，土地增值潜力低。而农民收入水平低下，且土地是家庭生产生活的主要保障，其偏好主要在于货币补偿和社会保障补偿。但是，由于地方政府财力有限，该区域征地货币补偿水平相对最差。因此，可根据区片综合地价，逐步提高征地货币补偿，以土地置换方式推进农民的农业生产安置。[1]

---

[1]　田旭：《中国城镇化进程中征地收益分配研究》，博士学位论文，辽宁大学，2014 年，第 127—128 页。

3. 从不同主体需求来看

在不同区域内部，不同年龄、不同受教育程度的被征地农民，对征地补偿方式的选择存在很大差异性和多样性。比如，从不同年龄层次的农民来看，年龄较大的农民，其偏好于货币补偿和社会保障补偿，而年龄较小的农民更关注未来收益，他们更偏好于留地安置、土地入股分红和就业安置。从不同受教育层次的农民来看，教育水平较高的农民更关注未来就业质量和子女教育，他们更关注有针对性的职业技能培训，以使他们能真正掌握一项谋生技能，增强其就业竞争力。而教育水平较低的农民更关注眼前利益，他们更青睐于一次性的货币补偿收益和自身社会保障收益。

四 完善征地补偿中衍生公正问题的调适

(一) 衍生的公正问题

1. 改革前后被征地集体和农民间的公正问题

由前文可知，到目前，我国征地制度改革已经取得了很大进展，尤其是在征地补偿方面，区片综合地价的制定、多元化补偿方式的确立，都使改革前后被征地农民所得补偿存在巨大差距。比如，根据《关于开展制定征地统一年产值标准和征地区片综合地价工作的通知》精神，在制定区片综合地价时，应普遍提高补偿标准，要杜绝"以制定和公布征地统一年产值标准和区片综合地价为由，压低征地补偿标准"现象。由于区片综合地价主要参考因素为地类、产值、土地区位、农用地等级、土地供求关系等，而这些因素的地域、历史差异很大。虽然《关于开展制定征地统一年产值标准和征地区片综合地价工作的通知》要求"新、老征地补偿标准之间差距过大而导致矛盾，维护社会稳定"，但仍然可能引发新的不公平。

2. 拟征地农民与未被征地农民间的公正问题

农业用途土地利用有很强的外部性特征，如生态保障功能、粮食安全功能和社会稳定功能等，而这些功能带来的外部性收益往往无法为农地所有者占有。在提高征地补偿收益后，被征地农民的生活水平通过征地而得到较大改善，但原有农业用途土地的比较收益降低，未被征地农民生活水平未能得到明显改善。即是说，通过征地，土地所有者所获取的个体利益大大超过农地经营收益，而这却会对粮食安全和生态保护带来损失，但农村集体和农民在决定农地非农化时，不会考虑这些外部性影响。因此，国家如果不对继续耕种农用地的农民给予相应补助，那么对于他们也就显得不公平了。

3. 城乡土地产权主体间的公正问题

对于我国农村集体产权制度，周其仁教授提供了一个很好的分析思路，对于新中国成立初期形成的农村土地私有产权，他认为土地改革形成的产权制度无疑是一种土地的农民私有制。但是，这种私有制不是产权市场长期自发交易的产物，也不是国家仅仅对产权交易施加某些限制的结果，而是国家组织大规模群众阶级斗争直接重新分配原有土地产权的结果。[①] 同样，改革开放以来，我国农村土地产权所有权和使用权的初始分配，都是基于农民之于农村集体的身份免费获得。比如，就农村宅基地使用权来看，《土地管理法》第六十二条规定："农村村民住宅用地，经乡（镇）人民政府审核，由县级人民政府批准。"农民基于集体成员权而获取的农村土地使用权，不同于一般意义上的土地承租权，它可由农民长期免费占有并加以继承，它受到国家法律政策的强力保护以至于成为村民不可剥夺的权益。相反，城市土地者在获得国有土地使用权时，通过招拍挂等形式支付了相应对价，即使是划拨土地，如其要上市交易，也需补交地价款。因此，如果对于无偿取得的农村土地给予过高的土地补偿款，对于城市土地使用权主体来讲，显然有失公平。比如，2016 年炒得沸沸扬扬的因拆迁一夜暴富的"广州杨箕村举办回迁入伙宴"新闻。[②] 位于广州大道中和中山一路交界处的杨箕村曾是许多外来务工人员来广州落脚的第一站。2009 年，杨箕村被纳入广州全面改造的城中村之一，1496 栋房屋要全部拆迁，历经七年，从动员、拆迁、遇阻、问题解决，杨箕村终于在 2016 年完成改造。2016 年 5 月，首批复建房交付使用，杨箕村村民陆续领到回迁房的钥匙。回迁房不再是低矮的握手楼，而是几十层高的电梯楼，楼间距有 70—80 米宽，还有带泳池的小区花园。杨箕村 1496 栋被拆迁房屋的回迁人共分配到 4032 套安置房，面积从 32 平方米到 118 平方米不等，平均每栋（户）房屋的回迁人分配到 4 套安置房。有的人家里原来居住面积比较大，回

---

① 周其仁：《中国农村改革：国家和所有权关系的变化》（上），《管理世界》1995 年第 3 期。

② 张玉琴：《杨箕村回迁入伙宴筵开 1500 桌》，2016 年 10 月 3 日，http：//society. people. com. cn/n1/2016/1003/c1008 - 28755589. html。

迁改造后分了十多套回迁房。官方信息显示，回迁房总分配面积为278544 平方米，平均每栋（户）分得 186.1 平方米的回迁面积。而与杨箕小区同一区域的富力东山新天地，售价已达 5.6 万元/平方米，如果按这个价格来估算，杨箕村的村民户均坐拥 1000 万元资产了。2016年 10 月初，拆迁改造后的杨箕村"开台"1500 桌，当年 1496 栋被拆迁房屋的回迁人重聚在一起，共庆杨箕村回迁入伙。

4. 区域间的公正问题

对于土地地租地价而言，马克思认为，"首先是位置在这里对级差地租具有决定性的影响"。① 在经济社会发达地区和落后地区，同样面积土地本身蕴含的价值增值潜力相去甚远。由于法定补偿标准和当地经济发展情况相脱节，各地政府在征地时不得不考虑当地经济社会的发展现状，采取"贫少补、富多补"的补偿方式，客观上拉大了征地上的贫富差距。同时，由于经济发达地区的农民维权意识强烈，有的成立专门的维权团体，有的聘用专业律师。而落后地区农民维权意识不强，维权手段有限。因此，无论在征地安置补偿的实施过程中还是在之后的征地阶段，发达地区农民所获得的土地收益都远远高于落后地区。发达地区的农民因征地而变成"地主"和"房主"，他们靠出租获得的收益远高于全国平均收入水平。这造就了大批"暴发户"，他们越来越呈现出"食利阶层"的特性。他们以集体土地和房产作为工具牟利，而不是靠生产或主要靠生产牟利。他们基于农村集体成员资格获得极大量收益，而且是不劳而获，会使大多数劳动者产生不公平感，动摇劳动者依靠个人劳动创造财富的信心。这和社会主义国家倡导的精神文明主旋律是不相符的。可见，要实现党的十八届三中全会提出的"建立兼顾国家、集体、个人的土地增值收益分配机制，合理提高个人收益"这一目标要求，还任重道远。

（二）衍生公正问题的调适

1. 补偿应设上限

目前我国在执行征地补偿时，通用的办法是，土地补偿费、安置费不超过农民"前三年农业产值的 30 倍"。2012 年 12 月，国务院提请人大常委会会议审议的《土地管理法修正案草案》，删除了现行法律第四

---

① 《资本论》第三卷，人民出版社 1975 年版，第 871 页。

十七条中按土地原有用途补偿和 30 倍补偿上限的规定。这在人大常委会上引起了较大争议。有委员担心，无上限的补偿会形成因征地暴富的"暴富圈"，提高土地流转成本，造成新的不公。本书认为，关于 30 倍补偿上限的设定在目前仍然具有合理性。我们应考虑地方政府的财政支持能力，我国正处在城镇化的快速建设阶段，还须征地来满足大规模的基础设施建设和其他公共物品的供给。比如，牛凤瑞认为，土地财政在现阶段仍然发挥出了社会公益效应。"比如一条公路，50 年内都可以建，但是靠从土地财政里获得的资金现在就把它建成了，更早让老百姓享受到，也就发挥了更好的效应。"严金明认为，现阶段土地财政就是我们国家的一种制度安排。"中央曾经规定，政府获得的土地出让金，其中 10% 要投入保障房，10% 投入农田水利，10% 搞教育。基层政府工作需要很大的资金投入，若是没有土地财政支持，很多建设只能搁置。"① 按照财政部网站公布的数据，2012 年土地拆迁补偿等支出已占土地出让收入的 78%，从这个数据上看，提高征地安置补偿标准的空间已十分有限，高额征地补偿的模式难以为继。同时，征地补偿标准过于悬殊，可能引发更多与征地相关的群体性事件。多数纠纷不是因为补偿标准太低，而是因补偿标准不均的心理失衡。

2. 渐进完善征地区片综合地价和被征地农民社会保障体系

各地应根据实际，以现行产值倍数法标准为起点，按照"同地同价"的改革思路，以《关于开展制定征地统一年产值标准和征地区片综合地价工作的通知》为依据，在"在一定区域范围内（以县域范围为主）"，"制定征地统一年产值标准"的基础上，以市场化的征地综合区片价为目标，小步快跑，逐步到位。各地根据经济社会发展的实际情况，在市、县域内统一划分区片，按区片制定综合地价标准。在同一区片内，不同宗地严格执行相同的征地安置补偿标准，不因征地目的及土地用途不同而过度补偿。② 对于改革前部分被征地农民，可以在充分调查的基础上，依据家庭收入情况将其进行分类，将不同类别群众分别纳入医疗保障和社会保障体系。对于部分贫困人群，还应将其纳入低保

---

① 《土地法修正案删征地 30 倍补偿上限在人大引争议》，2013 年 1 月 12 日，http：//news. sina. com. cn/c/2013 - 01 - 12/035926017070. shtml。

② 仇大海：《征地补偿标准上限如何设定》，《中国土地》2015 年第 1 期。

范畴。

3. 完善征地税费体系

（1）与征地相关的收费和税收。与征地相关的收费主要包括土地管理费、新增建设用地土地有偿使用费等。其中，土地管理费按 2%—4% 的比例从征地费中提取。其分配较为复杂：由省级政府负责组织的项目，省提取 20%，市、县留 80%；各市、县（区）负责的项目，由各市自行分配。① 1998 年《土地管理法》第五十五条，首次提出新增建设用地的土地有偿使用费，"百分之三十上缴中央财政，百分之七十留给有关地方人民政府，都专项用于耕地开发"。2004 年《国务院关于深化改革严格土地管理的决定》对其用途作了明确规定："新增建设用地土地有偿使用费实行先缴后分，按规定的标准就地全额缴入国库，不得减免，并由国库按规定的比例就地分成划缴。新增建设用地土地有偿使用费要严格按法定用途使用，由中央支配的部分，要向粮食主产区倾斜；地方支配部分用于本行政区域内耕地占补平衡。"

与征地相关的税收主要包括耕地占用税、城镇土地使用税、土地增值税等。1987 年《中华人民共和国耕地占用税暂行条例》提出了耕地占用税这一税种。2004 年《国务院关于深化改革严格土地管理的决定》对其作了进一步明确规定，"耕地占用税 50% 上缴中央财政，50% 留地方分配"。1988 年《中华人民共和国城镇土地使用税暂行条例》规定，"缴纳城镇土地使用税的土地，包括国家划拨、征用和无偿使用等国有土地和集体土地。土地使用税是采用分类分级的幅度定额税率，每平方米的年幅度税额按城市大小分 4 个档次"。1994 年《中华人民共和国土地增值税暂行条例》规定，"土地增值税的征税范围包括转让国有土地使用权、地上建筑物及其附着物并取得收入的行为。纳税人是指转让国有土地使用权、地上建筑物及其附着物并取得收入的单位和个人。土地增值税实行四级超额累进税率，增值额未超过扣除项目金额 50% 的部分税率为 30%；增值额超过扣除项目金额 50%—100% 的部分，税率为 40%；增值额超过扣除项目金额 100%—200% 的部分，税率为 50%；增值额超过扣除项目金额 200% 的部分，税率为 60%"。

（2）中央政府和地方政府的土地收益博弈。1988 年 11 月实施的

---

① 吴刚：《辽宁省征用土地研究》，辽宁人民出版社 2002 年版，第 135—136 页。

《中华人民共和国城镇土地使用税暂行条例》，将土地使用费改为土地使用税，按年收取，每平方米从 0.2 元到 10 元不等。土地使用税收入由中央与地方政府按五五分成。由于一些地方开始少缴或者瞒缴部分土地使用税，1989 年 5 月，国务院出台《关于加强国有土地使用权有偿出让收入管理的通知》，规定凡进行国有土地使用权有偿出让的地区，其出让收入必须上缴财政，其中 40% 上缴中央财政，60% 留归中央财政。两个月后，中央提取比例降至 32%。但是，由于地方政府瞒报土地出让收入，中央提取部分难以落实。1992 年，财政部出台了《关于国有土地使用权有偿使用收入征收管理的暂行办法》，第一次将土地使用权所得称为"土地出让金"，并将上缴中央财政部分的比例下调为 5%。1994 年分税制改革后，土地出让金作为地方财政的固定收入全部划归地方所有。

1998 年《土地管理法》第五十五条，首次提出新增建设用地的土地有偿使用费的概念，并规定：百分之三十上缴中央财政，百分之七十留给有关地方人民政府，都专项用于耕地开发。即便如此，新增建设用地有偿使用费仍被拖缴和欠缴，仅 2003—2004 年 4 月，各级地方政府拖缴、欠缴的土地有偿使用费就有 123.3 亿元。[①]

为了强化地方政府土地出让收入的管理，增强地方政府承担社会公共事业管理的责任，中央政府不断作出对地方土地出让收益支出的规定。2004 年，财政部、国土资源部出台《用于农业土地开发的土地出让金收入管理办法》，其中规定了"将部分土地出让金用于农业土地开发"，土地出让金用于农业土地开发的比例，"按各市、县不低于土地出让平均纯收益的 15% 确定"。2007 年，财政部《廉租住房保障资金管理办法》，规定："从土地出让净收益中按照不低于 10% 的比例安排用于廉租住房保障的资金。"2011 年，财政部、教育部下发《关于从土地出让收益中计提教育资金有关事项的通知》，规定从土地出让净收益中按照 10% 的比例计提教育资金。2012 年，财政部、水利部下发《关于中央财政统筹部分从土地出让收益中计提农田水利建设资金有关问题的通知》，规定：按规定口径从土地出让收益中计提 20% 的农田水利建设资金，专项用于农田水利设施建设，重点向粮食主产区倾斜。

---

① 李龙浩：《土地问题的制度分析》，地质出版社 2007 年版，第 86 页。

可见，中央政府和地方政府关于土地出让收益的分成和规范管理等方面的博弈一直存在。在中央政府提成收益失败后，加强土地出让收入管理，正如中国指数研究院指数研究总监何田认为的那样，"通过各项计提以及中央统筹，可以推动土地出让收入的使用更加合理"。① 因此，需要不断完善相关税费征收体制机制，切实保障征地相关方的合理利益诉求，尤其是满足中央政府的利益诉求，依法保质保量征收相关税费，调节相关方土地收益的不均衡问题，增强中央政府土地收益跨区域补偿能力，最终实现土地收益的均衡与公正。

（3）完善税费制度调节衍生的公正问题。②

第一，以税费手段调节级差地租的再分配。一是要体现政府通过外部环境建设对级差地租的培育功能，二是要体现农村集体和农民对级差地租事实上的占有，以免影响其发展权利、经济现状及收入。可以参照城市土地规划部门对土地等级的评定来确定不同级差的土地应征的税率。

第二，该税费应为中央与地方共同分享。以地方为主，体现中央政府与地方政府在土地级差地租培育中的不同贡献。不同地区、不同城市由于级差地租不同，允许在税费水平上存在差异。

第三，该税费应主要用于基础设施建设以使政府改善投资环境来培育级差地租，不能随意给予减免而导致税源流失。在特殊情况下，也可用来弥补某些确属"公共利益的需要"的公共设施建设的财力不足。

---

① 胥会云：《土地收益两成输血农田水利，地方财政所剩几何》，《第一财经日报》2012年7月12日。
② 包永江、于静涛：《建立以税收为调节手段的征地制度探索》，《税务研究》2003年第10期。

第七章　农村经营性建设用地
流转中的公正实现

第一节　农村经营性建设用地流转现状

一　农村经营性建设用地流转需求情况

（一）城镇居民对农村建设用地的直接需求

归结起来，城镇居民对农村建设用地直接需求，特别是小产权住宅用地需求的原因可以归结为以下两个方面：

1. 农村建设用地住房价格低廉是该需求产生的经济根源

郭清根认为小产权房问题应联系经济和社会发展的客观实际，它的存在不仅是产权概念的范畴，更是中国经济社会发展特殊时期和特殊区域出现的一种"经济现象"。[①] 2002 年我国开始实行"最高应价者为竞得人"的土地招拍挂制度，在规范地方政府行为的同时，也推高了土地出让价格进而增加了地方政府土地财政收益。2007 年开始，我国开始实行土地储备制度，这使地方政府彻底垄断了土地使用权出让一级市场，这更促使土地价格上涨，"地王"现象近年在全国各地不断涌现就是明证。地价与房价是相互联动的，地价涨了，房价自然也跟着提升。同时，现在的商品房地产市场是处于卖方市场，供小于求，卖方掌握着市场主动权，从而使我国房地产价格大幅度上扬。相反，小产权房由于不存在土地出让金、土地征用费、耕地占用税等成本，且没有缴纳房地产开发相关的各项税费，因此售价只有大产权房价格的 1/4—1/3。以

---

① 郭清根：《"小产权房"现象中政府职能缺失和处置对策》，《河南社会科学》2008 年第 9 期。

成都市为例，2008 年房价高企的时候，市中心地段商品房住宅集中成交价为 6000 元/平方米左右，黄金地段楼盘最高为 14000 元/平方米。在三道堰镇，名为"堰上"的国有土地楼盘均价为 3300 元/平方米，而集体土地楼盘"东方威尼斯"均价只有 1600 元/平方米左右。小产权房具有如此有利的价格优势，因而受到低收入群体的青睐，使小产权房有足够的生存空间，并成为城市房价快速上涨的必然产物。同时，随着国家各项税费的不断补充，二手房的价格优势也在不断削减。因此，一部分因房价高涨而无法释放的住房需求，自然就流向小产权房了。农民也希望通过小产权房的交易分享社会进步的收益。

2. 城镇居民住房保障不足是该需求产生的现实诱因

经过这些年来住房制度的改革与探索，我国基本形成以商品房供应为主，"廉租房、经济适用房、限价房"的住房保障体系为辅的中国特色的住房制度体系。从理论上讲，对于买不起昂贵商品房的人来说，购买价格相对较低的经济适用房和限价房、租住廉租房是一个可行的选择。但事实是，大部分城镇中低收入家庭并未享受到廉租房、经济适用房等保障性住房。原因有：

（1）全国具有租住廉租房资格、人均建筑面积 10 平方米以下的低收入住房困难家庭近 1000 万户，占城镇家庭总户数的 5.5%。而我国目前各城市廉租房覆盖面极小，即使在"十二五"期间政府将规划建设 3500 万套廉租房，而且 2011 年已基本建成 1000 万套廉租房，但其覆盖面依然有限，再加上位置太偏和配套管理等方面因素，廉租房也很难在短时间内解决这些居民的基本住房需求。

（2）基础设施配套改善和交通便利是该需求产生的现实条件。随着城市房地产开发郊区化发展及轨道交通的快速发展，使城近郊区交通条件有较大改善，一些小产权房与商品房连接成片或毗邻，拉近了商品房和小产权房地理位置上的差异。加之优于城里的自然环境及较低的容积率，中低收入群体无法释放的住房刚性需求，也自然流向小产权房。比如，三道堰镇的区位和景观优势十分明显，乘车到成都市区只需要 30 分钟（距离郫县县城 8 公里，距离成都市区 26 公里），风光秀丽，物价水平低，没有工业污染。这些优势都强烈吸引着大量市民来这里购买小产权房。

（3）短期房地产调控政策也会"迫使"部分居民购买小产权房。

目前我国对房地产市场实行严格的限购限贷等政策调控，抑制了部分房产购买需求，而这意外地为小产权房提供了新的机会。和商业立项项目一样，没有"名分"的小产权房，不会被计入购房套数，也没有购买条件限制，其成为此轮限购令中，很多居民不得已的另一选择。比如，北京师范大学房地产研究中心教授董藩就曾在微博上阐述类似观点："由于限购限贷，许多真实的需求受到伤害，一些人被逼无奈又去购买小产权房，小产权房交易回升。"华远地产董事长任志强也表达类似观点，"被限购的需求总要找个出口释放"。[①]

（二）中小工业对农村建设用地的直接需求

改革开放以来，我国中小企业得到了长足的发展。而随着社会经济发展，城镇国有建设用地越来越少，我国工业化初期以低地价招商引资的情况在城市不复存在。相反，对于广大中小企业来说，过高的政策门槛和土地价格已成为制约其继续发展的障碍，并影响到我国经济的持续健康发展。[②]

就用企业用地政策来讲，出于提高 GDP 和税收、优化产业结构等目的，一般政府建设的工业园区都有明确的投资强度和产业规划要求。以成都市双流县西航工业港为例，2005 年，双流县对产业园进行产业调整，要求投资强度在 100 万/亩以上，建筑密度大于 50%，并且符合县委、县政府所确定的五大产业规划的工业项目才能进入园区。县委县政府举全县之力，主要打造中科产业园、教育科研产业园、新型建材产业园、生物医药产业园等特色产业园。现有世界 500 强企业 2 家，高新技术企业 140 家，上市公司 10 家，总投资在亿元以上的企业多达 95 家。后来，为了解决中小企业建设用地不足的问题，县委、县政府决定 2007 年启动西航港孵化园项目，但规定进驻园区的企业必须达到 30 亩地和 5000 万元投资额的投资门槛，并必须符合上述产业规划。[③]

就企业用地价格来看，其构成包括征地费、土地基本开发费用和相关税费。比如，成都市计划内指标需要缴纳耕地占用费大概 1.5 万—

①　参见姚江波《小产权房面临生死劫》，2012 年 2 月 23 日，http：//finance. qq. com/a/20120224/007109. htm。

②　马凯：《我国集体非农建设用地市场演化的逻辑》，《农村经济》2009 年第 3 期。

③　北京大学国家发展研究院综合课题组：《还权赋能：奠定长期发展的可靠基础》，北京大学出版社 2010 年版，第 74 页。

2.5 万元，再加上新增建设用地费和土地出让金，每亩大概 26 万元。按照《中华人民共和国城镇国有土地使用权出让和转让暂行条例》，这些费用需在签订土地使用权出让合同后 60 日内一次性全部付清。这种一次性出让金额对用地企业者来说是一个沉淀性投资，土地投资在企业的现金流量中占太大比例。对于中小工业来说，初始资金规模本来就小，如果要支出这笔费用是相当困难的。[①] 如果中小企业选择在小城镇投资，那么他们还面临更多风险：由于地区的区位优势不明显，社会生产的凝聚力不高，如果仍然按照法定方式通过复杂的征用审批程序，付出高额的出让价格，将可能出现得不偿失的结果。[②]

因此，农村建设用地流转解决了中小企业投资者们的难题。中小企业在使用农村建设用地时，不再有上述用地政策门槛高和用地价格高的困难。相反，在农村建设用地上建立起来的工业园区进行投资建设，更有供地方式灵活、办事手续简便、用地价格低廉、付费方式多样化等优点。当前，农村建设用地供给主要是以工业园区和开发区形式。流转方从农户手中集中土地后，统一进行土地经营和招商引资。对于中小企业来说，以成都蛟龙工业港为例[③]，这种运作方式能充分满足其需要并具有如下优势：

（1）进园门槛低，园区对流转土地加强基础设施建设，一般都对工业用地做到"七通一平"，甚至"九通一平"，有些甚至建好厂房进行出租，企业投资的硬环境明显改善，缩短了建设周期，节约了企业投资的时间成本。蛟龙工业港的基础设施建设相当完善，港内道路纵横交错、四通八达，有蛟龙大道、长江路和黄河路等数条自建的高级道路；港内水电资源充足，配套设施齐全，有自建自来水厂，自来水管道密布全港；公共区域设立了各种生活娱乐设施等。甚至园区可以帮助中小企业量身定做厂房，房子大小也可以随着企业发展而予以调换。

（2）园区为中小企业提供一条龙服务，中小企业直接与园区合作，不需要与农民打交道，减少了建设项目占地产生的企业与农民之间的矛

---

① 田莉：《土地有偿使用改革与中国的城市发展》，《中国土地科学》2004 年第 12 期。

② 卢吉勇：《农村集体非农建设用地流转创新研究》，硕士学位论文，南京农业大学，2003 年。

③ 北京大学国家发展研究院综合课题组：《还权赋能：奠定长期发展的可靠基础》，北京大学出版社 2010 年版，第 86 页。

盾。比如，蛟龙工业港可以提供代办服务，政府设立环保局、经济局和规划局人员在内的工业港工作组，为入园企业办理相关手续；免费提供贷款担保，工业港每年获得贷款额度可达 2 亿元，这笔贷款额度可以无偿转让给园区企业，贷款利息一般是月息加上担保费等为 1.2%。

（3）园区厂房等设施租金支付灵活，可以按月支付。这为缺乏启动资金的中小企业节约了一大笔固定开支，解决了投资成本高和风险大的问题。

总之，农村建设用地以其较低的用地门槛和土地价格，对于中小企业来说吸引力很大。相对城市建设用地而言，农村建设用地对中小企业在城郊地区或乡镇选址上具有一定的吸引力，在考虑政策因素、区位条件和土地成本的情况下，越来越多的中小企业会选择农村建设用地进行产业投资。[①]

特别是，有效利用农村大量闲置的建设用地，可以在减缓耕地需求压力的条件下，满足我国不断推进的城市化和工业化发展所引致的土地资源需求。同时，对于我国大量中小工业用地需求者而言，使用国有建设用地的高门槛也促使其将目光投向农村建设用地，一方面降低这些企业的用地成本，这满足了企业数量大、成本低的用地需求。另一方面也有效拓展农村地区经济发展的巨大空间。

二　农村经营性建设用地直接供给的历史演进

（一）全面禁止供给阶段

在改革开放以前，土地资源配置主要依靠国家的行政命令和指令性计划。农村建设用地的自由流转受到全面禁止，其仅限于所有权人之间且完全依靠行政权力进行划拨和平调。[②] 这一供地模式一直延续到 20 世纪 80 年代。1982 年《中华人民共和国宪法》强调：任何组织或者个人不得侵占、买卖、出租或者以其他形式非法转让土地。同年，《国家建设征用土地条例》规定，"农村社队不得以土地入股的形式参与任何企业、事业的经营"，"买卖、租赁或变相买卖、租赁土地的，没收其非法所得"。1986 年《土地管理法》规定："任何单位和个人不得侵

---

① 诸惠伟：《基于土地视角的乡镇企业布局研究》，硕士学位论文，浙江大学，2006 年，第 25—33 页。

② 黄小虎：《新时期中国土地管理研究》（下），当代中国出版社 2006 年版，第 188 页。

占、买卖或者以其他形式非法转让土地。"

（二）自发供给阶段

为了进一步推动乡镇企业发展，1984年，农村集体土地使用权的流转开始逐步引入市场机制。① 1985年，中共中央、国务院《关于进一步活跃农村经济的十项政策》提出："允许农村地区性合作经济组织按规划建成店房及服务设施自主经营可出租"，从政策上为农村建设用地直接供给创造了条件。1988年4月，《中华人民共和国宪法》第二条规定：土地的使用权可以依照法律的规定转让。1988年《土地管理法》第二条，相应增加了"国有土地和集体所有的土地的使用权可以依法转让。土地使用权转让的具体办法，由国务院另行规定"的条款。到此时，土地流转才在法律上被正式认可，这也使农村建设用地实现了从全面禁止流转到允许有限范围内流转的转变。1990年，《城镇国有土地使用权出让和转让暂行条例》颁布实施，国有土地市场逐步建立。

然而，国务院并没有专门规定农村集体土地流转的实施办法。相反，1992年11月，国务院发布《关于发展房地产业若干问题的通知》，对农村建设用地采取了关闭市场的态度，明确规定：集体所有土地，必须先行征用转为国有土地后才能出让。农村集体经济组织以集体所有的土地资产作价入股，兴办外商投资企业和内联乡镇企业，须经县级人民政府批准，但集体土地股份不得转让。但是，由于我国农村经济局面逐渐好转，乡镇企业用地和农民个人建房用地迅速增加，而土地资产属性日益显现，土地价值也逐渐被人们重视。在利益驱动下，数量庞大的农村建设用地（包括乡镇企业用地、村民宅基地等）开始自发流转。这一时期农村建设用地直接由市场供给的规模有多大已经无法统计，但从当时发布的相关规定看，农村建设用地流转相当普遍，在数量规模不断扩大，并发展出转让、入股、联营、出租和抵押等多种流转形式，形成了庞大的"隐性"市场。特别是城乡接合部，以及经济发展较快、地理区位较好的小城镇和农村集镇，成为农村建设用地流转盛行的集中地，珠江三角洲、长江三角洲等地区更为活跃。由于缺乏具体的制度设计，农村建设用地流转陷入了缺乏指导的无序混乱状态。②

---

① 邹玉川：《当代中国土地管理》（上），当代中国出版社1998年版，第120页。

② 同上书，第140页。

（三）逐渐规范供给阶段

农村建设用地的自发、大规模流转逐渐为中央和地方各级政府所重视。1996 年，在国家土地管理局支持下，苏州市颁布了《苏州市农村集体存量建设用地使用权流转管理暂行办法》，开始对无序的集体非农建设用地使用权流转进行规范管理。被中央政府寄予厚望，在国土资源部直接领导下，安徽省芜湖市进行农村建设用地流转试点。对芜湖试点方案国土资源部作出如下批复："芜湖市农民集体所有建设用地使用权流转试点是国土资源部批准的第一个农民集体所有建设用地使用权流转的试点，试点的成功与否直接关系到我国农民集体所有建设用地制度的改革。""通过农村集体所有建设用地流转的试点，探索在社会主义市场经济和贯彻新《土地管理法》确立的各项制度的条件下，农民集体所有建设用地流转的条件和形式，管理方式和程序，以及土地收益分配制度等，从而建立起农民集体所有建设用地流转的运行机制和管理模式。"

与芜湖相比，广东的农村建设用地流转更注重政策法规导向，强调市场机制的运行。2003 年 6 月，广东省下发了《关于实行农村建设用地使用权流转的通知》（粤府〔2003〕51 号），规定符合一定条件的农村建设用地使用权，可以出让、转让、出租和抵押，并享有与城镇国有土地使用权同等的权益。2005 年 6 月，广东省颁布了《广东省集体建设用地使用权流转管理办法》，这是我国首部以省级地方性规范指导农村建设用地直接入市的法规，明确了农村建设用地使用权可以出让、出租、转让、转租和抵押。尤为重要的是，该办法赋予了农村建设用地和国有土地的同等地位，农村建设用地除不能用于房地产开发外，它和国有土地基本是"同地同价"：集体建设用地使用权出让、出租的最高年限，不得超过同类用途国有土地使用权出让的最高年限。（第十三条）集体建设用地使用权出让、出租用于商业、旅游、娱乐等经营性项目的，应当参照国有土地使用权公开交易的程序和办法，通过土地交易市场招标、拍卖、挂牌等方式进行。（第十五条）集体建设用地使用权转让发生增值的，应当参照国有土地增值税征收标准，向市、县人民政府缴纳有关土地增值收益。（第二十六条）这被视为"新中国历史上的第四次土地流转改革"。①

　　与地方创新试点同步，中央政府也颁布相关政策法规对农村建设用地流转进行规范和引导。2004 年 10 月，国务院下发《关于深化改革严格土地管理的决定》，禁止擅自通过"村改居"等方式将农民集体所有土地转为国有土地，禁止农村集体经济组织非法出让、出租集体土地用于非农业建设，禁止城镇居民在农村购置宅基地。并提出："在符合规划的前提下，村庄、集镇、建制镇中的农民集体所有建设用地使用权可以依法流转"，这无疑为集体建设用地流转的规范管理提供了有力依据。2006 年，国务院下发了《关于加强土地调控有关问题的通知》，在禁止通过以租代征等方式使用农民集体所有农用地进行非农业建设的同时，允许在"符合规划并严格限定在依法取得的建设用地范围内，农民集体所有建设用地使用权流转"。同年，国土资源部下发《关于坚持依法依规管理，节约集约用地，支持社会主义新农村建设的通知》，批准稳步推进城镇建设用地增加和农村建设用地减少相挂钩的改革试点，明确提出"要适应新农村建设要求，经部批准，稳步推进城镇建设用地增加和农村建设用地减少相挂钩试点，集体非农建设用地使用权流转试点，不断总结试点经验，及时加以完善"。

　　在 2007 年年底，国务院办公厅下发《关于严格执行有关农村建设用地法律和政策的通知》，其中明确规定：在《土地管理法》没有重新修订前，使用农村建设用地的只能有"乡镇企业、乡（镇）村公共设施和公益事业"三种类型，并且明确乡镇企业必须是"承担支援农业义务的企业"；可以发生流转的农村建设用地只能是："符合土地利用总体规划并依法取得建设用地的企业发生破产、兼并的情形时，所涉及的农民集体所有建设用地使用权方可转移，其他农民集体所有建设用地使用权流转，必须是符合规划、依法取得的建设用地，并不得用于商品住宅开发。"2008 年，党的十七届三中全会提出："逐步建立城乡统一的建设用地市场，对依法取得的农村集体经营性建设用地，必须通过统一有形的土地市场、以公开规范的方式转让土地使用权，在符合规划的前提下与国有土地享有平等权益。"2009 年 3 月，国土资源部出台的

---

　　① 马世领、邹锡兰：《广东农地新政：新中国第四次土地流转改革》，《中国经济周刊》2005 年 9 月 30 日。

《关于促进农业稳定发展农民持续增收推动城乡统筹发展的若干意见》
要求："在城镇工矿建设规模范围外，除宅基地、集体公益事业建设用
地，凡符合土地利用总体规划、依法取得并已经确权为经营性的集体建
设用地，可采用出让、转让等多种方式有偿使用和流转。以后，根据各
地集体建设用地出让、转让等流转实践，总结经验，再推进其他符合条
件的集体经营性建设用地进入市场。""各地要按照公开、公平、公正
的市场原则，健全完善市场配置集体建设用地的价格形成机制。充分依
托已有的国有土地市场，加快城乡统一的土地市场建设，促进集体建设
用地进场交易，规范流转。""要按照'初次分配基于产权，二次分配
政府参与'的原则，总结集体建设用地流转试点经验，出台和试行集
体建设用地有偿使用收益的分配办法。"并表示："国土资源部将下发
农村集体建设用地使用权出让和转让办法，对集体建设用地有偿使用的
原则、范围、操作程序、收益分配管理进行明确规定。"

2015 年 1 月，中共中央办公厅和国务院办公厅联合印发了《关于
农村土地征收、集体经营性建设用地入市、宅基地制度改革试点工作的
意见》，标志着我国农村土地制度改革进入试点阶段，提出"建立农村
集体经营性建设用地入市制度"的任务："完善农村集体经营性建设用
地产权制度，赋予农村集体经营性建设用地出让、租赁、入股权能；明
确农村集体经营性建设用地入市范围和途径；建立健全市场交易规则和
服务监管制度。"2015 年 2 月 27 日，第十二届全国人大常委会第十三
次会议通过了《全国人民代表大会常务委员会关于授权国务院在北京
市大兴区等 33 个试点县（市、区）行政区域暂时调整实施有关法律
规定的决定》，授权国务院在特定地区暂时调整实施《土地管理法》
第四十三条和第六十三条、《中华人民共和国城市房地产管理法》第
九条有关"集体建设用地使用权不得出让等的规定"。"在符合规划、
用途管制和依法取得的前提下，允许存量农村集体经营性建设用地使
用权出让、租赁、入股，实行与国有建设用地使用权同等入市、同权
同价。"

这样，全国各地逐渐探索出了各具地方特色的农村建设用地直接供
给市场。但是，各地城乡建设用地市场还处于相对割裂状态：城市国有
土地市场规则较为完备，土地市场相对公开、透明，而农村建设用地市

场大多处于自发、隐形状态，缺乏明确的法律依据和规则。① 纵观几十年的发展历程，我国对农村建设用地的直接供给流转经历了一个先松后紧再放松的过程，其最终目标是在坚持土地集体所有制前提下，逐步放松政府管制，打破国家土地垄断，最终建立城乡统一建设用地市场。

三 农村经营性建设用地流转中社会公正实现不足

（一）农村建设用流转的实践模式

目前，全国各地正在推进农村建设用地流转，逐渐探索出了多种不同"模式"，比如，苏州模式、芜湖模式、南海模式、锦江模式等（见表 7 - 1）。

表 7 - 1　　　　　　　各地农村建设用地流转模式

模式	流转主体	流转范围	流转方式	收益分配
苏州模式	乡（镇）农工商总公司或村经济合作社	规划区外的建设用地，但不包括宅基地	以出租为主，转让为辅	集体所得设定土地收益专户；不高于流转合同价款15%的部分归属政府，由市和乡镇二级分成
芜湖模式	村集体经济组织或者村民小组	规划区内建设用地	出租、入股和转让等多种形式	总收益按土地所有者、镇、县（区）、市 2:5:2:1 进行分配〔后为县（区）、乡（镇）、农民集体按 1:4:5 进行分配〕
南海模式	村级管理区或村小组级经济社（主要是村土地股份公司，按照本村户籍人口进行股权分配）	集体土地划分为农业保护区、商住区和工业区，工业区内的建设用地用于市场化流转	出租、入股和转让等多种形式	集体所得纳入农村集体财产统一管理，其中50%以上应当存入银行（农村信用社）专户；地方政府所得根据申报价格收取有关税费
锦江模式	村级集体股份公司、成都市农锦集体资产经营管理有限公司	整个锦江区"198"区域内"大集中，大统筹，大流转"	招拍挂和协议转让为主	集体所得实行专户存储，50%的农民社保、40%的公司发展基金和10%的现金分红；按照成交价的10%收取公共基础设施和公用事业建设配套费，1%—2%的耕地保护基金等

---

① 钱忠好等：《我国城乡非农建设用地市场：垄断、分割与整合》，《管理世界》2007 年第 6 期。

（二）农村建设用地流转中程序公正性不足

1. 流转主体的规范性不足

各地将建设用地分别确权到乡（镇）、村和村小组层级，但是因为经济社会发展水平的差异性，代表集体形式流转行为的主体存在巨大差异性。①在经济发达地区，土地所有权公司化。如南海模式和锦江模式，以集体所有制为基础，利用股份公司制多层产权结构的特点，将土地分解为价值资产和实体资产，实现农民"按份共有"。②在经济较发达地区，做实集体土地所有权主体。如苏州模式，以土地合作社形式，代表农地集体产权主体，形成委托—代理关系，代表成员的意志与市场主体进行交易。③在经济欠发达地区，主体的行政化趋势。如芜湖模式，明确以村民小组或村委会这些准政府职能主体作为集体土地所有者，这些经济水平相对较低的地方，土地要素市场还未真正建立，只能由政府主导完成流转。

2. 土地流转过程的公正性不足

就流转范围来看，大部分要求在规划区域内才能流转，如芜湖模式、南海模式和锦江模式，仅苏州模式中要求为规划区外的建设用地。这对于不同地区规划区域内外的农村建设用地而言，显失公平。对于宅基地流转问题，各地都很谨慎。如苏州市就把宅基地排除在外，锦江则鼓励农村居民集中居住，对"198"区域的零散农户进行宅基地置换，使其集中居在石胜、大安两个新型农村社区，再将节约出来的农村建设用地予以流转，但还是确保了农村居民始终保有一份基本的宅基地产权。事实上，我国农村闲置建设用地主要就是宅基地，正如蔡继明指出的那样，"还权"应该还农村集体所有土地全部产权，更重要在于还集体（农民）宅基地的权能。① 否则，同是农村建设用地，宅基地和其他经营性建设用地不能实现"同地、同权、同价"。

"没有公开则无所谓正义。"② 在各地地方性法规中，都做了过程公开的规定，比如《成都市集体建设用地使用权流转管理办法（试行）》第十八条规定：集体土地所有者将集体建设用地使用权出让、出租、作

① 张曙光：《博弈：地权的细分、实施和保护》，社会科学文献出版社 2011 年版，第222 页。

② 伯尔曼：《法律与宗教》，梁治平译，中国政法大学出版社 2003 年版，第 48 页。

价（出资）入股、联营和抵押的，须经村民会议三分之二以上成员或者三分之二以上村民代表的同意。同时，农村基层在推行"四议两公开"的工作法当中，也对农村建设用地流转事宜的知情权与参与权做出了具体规定。比如，支部提议阶段，要贯彻民主集中制原则。在村民代表会议或村民大会决议阶段，对大多数人同意、少数人反对的决议事项，再次走访群众，弄清原因，做好解释工作，争取更多支持。但是，在实际操作中，由于人员流动性大、部分干部群众认识不足，广大村民的知情权和参与权并未充分行使，甚至存在伪造村民代表大会会议记录、伪造村民签字等现象。

3. 流转过程监控不足

过程监控是保证结果公正的重要保证。目前，各地农村建设用地流转监控体系尚未建立。在各地有关流转的地方性法规中，均没有明确监控主体和监控内容。这样，从理论上讲，县政府的农业部门、林业部门、国土部门，以及乡镇政府及下设机构，都有监督权力。但是，由于没有明确要求和部署，部分基层干部往往疏于监管，对土地流转不过问，也不加强引导和必要的规范，造成流转行为无人监管，流转纠纷调解或仲裁后当事人不服，法院不愿受理，处于放任自流状态。[①]

（三）农村建设用地流转中分配公正性不足

从表7-1可知，在我国各地实践中，对有关收益分配的规定和做法差别很大。各地在农村建设用地流转收益分配的实践中，大都根据不同情况尽量做到兼顾国家、农村集体和农民的利益；大部分地方实行用地收益的专款专用：土地开发整理和小城镇设施建设、集体经济组织可持续发展、农村社会保障体系建设等。但是，农村建设用地流转相关方利益协调及其均衡问题没有得到很好的解决，主要表现在以下几个方面：

1. 农村建设用地流转收益区域差距巨大

从地域分布来看，不同地区经济社会发展水平有差异，农村建设用地流转市场所处经济社会自然环境、土地产权权能、土地供求信息等因素均有较大差距，这直接对建设用地价格水平，进而对由此带来的收益

---

① 谢丽华：《农村土地流转程序的正义性与重构》，《湖南农业大学学报》（社会科学版）2010 年第 12 期。

水平、社会福利增量带来直接影响。总的来说，珠三角、长三角等沿海发达地区，农村建设用地流转市场较为成熟，用地价格较高，农村集体和农民获取的土地流转收益较多，而广大的中西部地区差距甚大。这种差异导致东中西部地区农村集体和农民在用地收益方面的区域差距拉大。

另外，从区域内部来看，农村建设用地流转收益差距也十分显著，但从区位因素看，农村建设用地距离中心城市越近，增值空间就越大；距离越远，增值空间就越小。在城市周边地区，随着经济发展和产业集聚，中小工业和居民居住需求不断增加，这导致周边农村地区建设用地需求激增，农村建设用地能充分实现市场流转，并给农村集体和农民带来丰厚的收益，而边远地区的农村建设用地很难实现流转，当地农民很难获得相应的土地收益。另外，在农村宅基地使用中，一户多宅、超面积住宅和违法建房的现象非常普遍。在珠三角农村地区，一户拥有六七块宅基地的情况非常普遍，东莞市30万户农户，农村住宅竟达90万户，就连经济不算发达的辽宁省，根据对6个城市的调查，超过当地宅基地标准的就有14134户，超占面积达6747亩。即使通过罚款程序明确其合法性，也难以解决宅基地占有的公平性问题，因为这改变不了集体内村民的占有量不同和不同地域村民户均宅基地占有量的不同现状。正如有学者指出的，农民群体已经严重分化为5%的城郊农民和95%的非城郊农民。[①]

这样，因人们占有土地资源差异，依靠市场机制的自发作用便可能导致富者越富、贫者更贫的"马太效应"。这种单纯由市场机制决定的收益分配失衡有违社会主义公平正义。

2. 地方政府、农村集体和农民的土地收益分配失衡

地方政府对农村建设用地流转介入和干预深度不同，直接影响地方政府和农村集体（农民）土地收益分配的比例。如果地方政府深度介入，甚至主导农村建设用地流转，那么，农村集体、农民获益就较少；反之则相反。农村建设用地流转实现了农村集体和用地者两个微观配置主体的直接交易，农村集体经济组织成为土地流转收益的既得者。而农

[①] 石小石、白中科：《集体经营性建设用地入市收益分配研究》，《中国土地》2016年第1期。

民获得的土地收益主要来源于农村集体经济组织所获收益的分成，而归农村集体的土地收益如何分配到农民手中，这存在很大变数。因为各地农村建设用地流转大多由地方政府或村民委员会主导，农民缺乏参与主决策的机会和能力，农民对用地流转收益分配的知情权和参与权无法得到保障。各地农村建设用地流转的相关法规一般都没有制定建设用地流转收益的分配细则，没有专门的用地流转收益分配管理机构，更没有形成用地流转收益分配的监督机制。

第二节　农村经营性建设用地流转中程序公正的构建

一　加强农村经营性建设用地流转主体规范性建设

如前所述，各地大都将建设用地分别确权到乡（镇）、村和村小组层级，但是，因为经济社会发展水平的差异性，代表集体形式流转行为的主体存在巨大差异性：公司化运作、集体经济组织实体化、主体行政化等。但是，如何规范各类主体行为的规范性，是程序公正的前置条件。一方面，要继续发挥村民自治的治理功能。在村民自治制度下，由这些权力机构代行本地区集体经济的经营职能，要做到事务和财务公开，村民可以对本区集体土地资产管理收益与支出做到有效监督，这样也避免支付政治民主与经济民主双重成本的问题。[①] 另一方面，为防止乡（镇）村组权力机构滥用权力侵犯农民土地权益，可以考虑规定在集体经济组织缺位的情况下，可通过"人民代表大会授权"的程序加以规范。比如，中共都江堰市委组织部颁布的《中共都江堰市委组织部关于构建新型村级治理机制的指导意见》，确立了新型村级治理机制：村民会议（村民代表会议）是村级自治事务的最高决策机构，讨论决定本村重大事务，监督村民代表会议、村民议事会、村民委员会的工作。村民议事会是村级自治事务的常设议事决策机构。而村民委员会是村级自治事务的执行机构，负责执行村民会议和村民议事会的决定，接受其监督，当然也要承接政府委托实施的公共服务和社会管理事务。

---

① 郑有贵：《村社区性集体经济组织是否冠名合作社》，《管理世界》2003 年第 5 期。

这样，通过"经村民会议授权"的程序规范，对村民委员会代表农民集体行使土地所有权施以严格的程序约束，这与村民委员会组织法的立法精神是完全吻合的。为防止乡（镇）人民政府运用行政权力侵犯农民土地权益，可由乡（镇）人民代表大会代表农民集体行使所有权。明确"经乡（镇）人民代表大会授权"这一程序规范，对乡（镇）人民政府代表乡（镇）农民集体行使土地所有权施以严格的约束，从而可以更有效地保障农村集体土地所有权的正确实现。[①]

二　强化农村经营性建设用地流转过程公正性建设

本书主要以《广东省集体建设用地使用权流转管理办法》和《成都市集体建设用地使用权流转管理办法（试行）》两部有代表性的地方性法规为例。

（一）科学界定流转范围

关于流转范围的界定，两地规定如下：《广东省集体建设用地使用权流转管理办法》第四条规定：有下列情形之一的，集体建设用地使用权不得流转：（一）不符合土地利用总体规划、城市规划或村庄、集镇规划的；（二）土地权属有争议的；（三）司法机关和行政机关依法裁定、决定查封或以其他形式限制土地权利的；（四）村民住宅用地使用权。《成都市集体建设用地使用权流转管理办法（试行）》第二条规定：成都市行政区域内，按照城镇建设用地增加与农村建设用地减少相挂钩方式，通过实施土地整理取得集体建设用地指标后所进行的集体建设用地流转；在符合规划的前提下，集镇、建制镇中原依法取得的集体建设用地流转；以及远离城镇不实施土地整理的山区、深丘区农村村民将依法取得的宅基地通过房屋联建、出租等方式进行的集体建设用地流转，适用本办法。第十九条规定：有下列情形之一的集体建设用地不得流转：（一）在城市（中心城区、县城）规划建设地区范围内的；（二）在土地整理专项规划确定的整理项目区内未实施土地综合整理的；（三）土地权属有争议的；（四）司法机关依法裁定查封或者以其他形式限制土地权利的；（五）初次流转后，土地使用者未按流转合同约定动工建设的。

可以看出，两部法规都强调：一是凡是进行流转的农村集体建设用

---

① 杨继瑞：《中国农村集体土地制度的创新》，《学术月刊》2010 年第 2 期。

地，必须符合土地利用总体规划，在城市、村镇规划区内的，应符合城市规划和村镇建设规划。二是权属合法、四至清楚、没有纠纷。两者的最大差异在于：《成都市集体建设用地使用权流转管理办法（试行）》所规定的土地流转范围更宽泛一些：一是除"集镇、建制镇中原依法取得的集体建设用地流转"外，还可"通过实施土地整理取得集体建设用地指标后所进行的集体建设用地流转"。这样，除了区位条件较好的农村建设用地可以实现流转以分享应有收益外，更可以让区位条件较差的边远地区的农村地区可以通过项目对接以节约建设用地指标，并通过市场流转以实现较高土地收益。二是在宅基地权利方面，对于"远离城镇不实施土地整理的山区、深丘区农村村民将依法取得的宅基地通过房屋联建、出租等方式进行的集体建设用地流转，适用本办法"。对于广大农村地区，宅基地占农村建设用地比重很高，在确保农民合法权益和自愿原则下，真正实现宅基地合规流转，一方面可以实现资源配置最优化，另一方面更可以使宅基地和其他经营性建设用地不能实现"同地、同权、同价"。很明显，这些探索和规定都更有助于实现区域间土地流转收益和同一区域内不同性质建设用地收益的均衡性和公正性。

（二）合理界定流转方式及流转用途

1. 合理界定流转方式

两地规定的集体建设用地的流转方式有下列几种，如《成都市集体建设用地使用权流转管理办法（试行）》第十二条规定：集体建设用地使用权流转包括出让、转让、出租、作价（出资）入股、联营、抵押等形式。就具体流转平台和价格实现机制而言，其第二十条做了详细规定：集体建设用地使用权可以采取协议、招标、拍卖或者挂牌等方式流转。集体建设用地用于工业、商业、旅游业、服务业等经营性用途以及有两个以上意向用地者的，应当进入土地有形市场采取招标、拍卖或者挂牌等方式公开交易。本书认为，成都市对于建设用地流转价格的实现机制是值得推广的。协议价格是这样一种价格制度，即价格决策是相关方面协调的产物，各方互相制约、互相协商，最后达到均衡而决策的价格。对于协议价格而言，其必须遵循如下原则：一是适度倾斜原则，协议价格必须体现国家的产业政策。价格必须向重点部门适度倾斜。二是统筹兼顾原则，价格决策必须充分考虑各阶层的利益关系。① 因此，集体建设用地流转协议价格形成会受制于很多非市场因素的影响。相反，对于农村建设用地流转用途中占比最高的"工业、商业、旅游业、服务业等经营性用途"用地，就需要以"土地有形市场采取招标、拍卖或者挂牌等方式公开交易"，并形成市场价格。和协议价格相比，市场价格是充分运用市场机制，由竞争机制、供求机制形成的，它主要取决于两个因素：商品的价值和这种商品在市场上的供求状况。农村建设用地流转市场价格的形成，有利于体现土地的真实价值，有利于保护各方利益尤其是保护集体和农民的合理权益。

就保证本村农民权益而言，两地都将农民参与作为前置条件，比如，"出让、出租和抵押集体建设用地使用权，须经本集体经济组织成员的村民会议 2/3 以上成员或者 2/3 以上村民代表的同意"。（《广东省集体建设用地使用权流转管理办法》第七条）在这里，为真正贯彻这一立法意图，还需要在强化村民自治过程中，探索行之有效的工作办法，比如，"四议两公开"工作方法等，以保证每个村民都能够平等参与集体重大事务。

2. 严格界定流转用途

对于集体建设用地流转后用途，各地都对商品住宅开发（小产权房开发）作了限制性规定。比如，《广东省集体建设用地使用权流转管理办法》第八条规定，除村民兴办公共设施和公益事业和兴建农村村民住宅外，可用于"兴办各类工商企业，包括国有、集体、私营企业，个体工商户，外资投资企业（包括中外合资、中外合作、外商独资企业、'三来一补'企业），股份制企业，联营企业等"。第五条规定："通过出让、转让和出租方式取得的集体建设用地不得用于商品房地产开发建设和住宅建设。"本书认为，各地可以在合理规划的基础上，逐渐放开农村建设用地用于小产权房开发（商品住宅开发）的限制。因为随着我国房价的不断高企，各城市面向中低收入群体的经济适用房，开发建设量都在持续下降，目前仅为房屋开发总量的 3%—5%，远不能满足城镇中低收入家庭的住房需求。不仅如此，许多现有经济适用房

---

① 金玉国：《协议价格制度是价格改革的过渡模式》，《价格理论与实践》1989 年第 2 期。

已经成为投机客牟取暴利的工具。近期推出的限价房政策，也面临着门槛过高、与商品房价差过小、地理位置偏远及弃购等诸多问题。因此，城镇中低收入群体占很大比重，但住房保障不足，他们的居住需求就只能流向小产权房市场。① 与此相对应，小产权房由于不存在土地出让金、土地征用费、耕地占用税等成本，且没有缴纳房地产开发相关的各项税费，因此售价只有大产权房价格的 1/4—1/3。因而小产权受到低收入群体的青睐，使小产权房有足够的生存空间，并成为城市房价快速上涨的必然产物。低收入群体也可以真正满足自身居住需求，这对于保障低收入群体的生存权具有很大好处，最终有利于社会稳定和谐。

三　加强农村经营性建设用地流转过程监管

加强农村建设用地流转过程监管，是维护土地流转程序公正的重要保证。《成都市集体建设用地使用权流转管理办法（试行）》第二十一条规定：集体建设用地使用权流转，双方应当签订集体建设用地使用权流转合同。集体建设用地使用权流转合同示范文本，由市国土资源局制定。第二十二条规定：……（二）土地所有者取得同意流转批准书后，按本办法第二十条的规定实施流转，并与土地使用者签订集体建设用地使用权流转合同；（三）土地使用者持同意流转的决议、同意流转批准书、集体建设用地使用权流转合同等资料，到土地所在地区（市）县国土资源局（分局）申请办理土地使用权登记，由登记机关颁发集体建设用地使用证。为加强过程监管，除上述规定程序外，还需要加强农村建设用地规划管理、完善农村建设用地用途管制等。具体有：

（一）加强农村建设用地规划管理

应逐步将农村建设用地纳入建设用地总体规划和年度计划管理。当前，我国各地的规划部门没有真正对农村建设用地进行有效的规划管理，村镇级建设规划编制工作严重滞后。即使在经济社会发达的北京地区，据北京市农村工作委员会的调查，全市就有超过 2/3 的村庄没有编制规划。在编制建设用地总体规划和下达年度利用计划时，相关部门仅仅考虑重点项目用地和国家建设征地，农村建设用地很难纳入有效管理。这样，造成大量农村耕地非农化并盲目进入土地市场，既定的规划

---

① 季雪：《"小产权房"的问题、成因及对策建议》，《中央财经大学学报》2009 年第 7 期。

目标和计划指标屡遭突破，导致整个建设用地供求市场很难得到有效控制。当前，各地都在积极探索将农村建设用地纳入统一用地计划管理。成都市创新性地提出城乡用地"一张图"模式就是一个很好的尝试。作为国土资源部确定的全国地（市）级土地利用总体规划修编试点城市，按照国土资源部的要求，成都市以 1∶500 城镇地籍数据库及 1∶5000（1∶10000）土地利用现状调查数据库为基础，集成土地整理、城乡建设用地增减挂钩、灾后重建和新农村建设等专项规划，实现成都全域土地规划、年度计划、审批利用和登记监察的全程跟踪管理，形成"一张图"管土地的管理体系。① 因此，今后的工作方向是，按照城乡建设用地统一管理原则，在制订科学和执行严格的建设用地年度计划的基础上，努力将农村建设用地纳入年度计划，进而形成城乡规划和建设用地年度计划对农村建设用地的双重审核制约机制，防止无序用地和无序流转。

（二）完善农村建设用地用途管制

1. 加强农村建设用地利用全过程管制

在农村建设用地流转前及流转中，应以区域土地利用总体规划为依据，就该宗建设用地利用计划进行登记和管控，通过土地登记、土地监察、建筑许可等，使土地流转满足土地利用规划和适应社会经济发展等。在农村建设用地流转后的使用过程中，应强化土地利用程度管制，即按照建设用地的规划用途和用地具体状况设定土地利用程度指标，以促进土地利用效率的提高，实现建设用地利用的社会、经济、生态效益的最大化。② 另外，应实现农村建设用地用途管制的动态管理。土地用途分区制度虽然对于保护耕地、实现区域协调起到了积极作用，但由于其重在静态管理，对规划时间内的变化情况缺少应变性，难以实现与经济发展协调匹配。故而，应处理好用途管制"刚性"和"柔性"的辩证关系。

2. 协调好各级土地用途管制的关系

应处理好宏观管制、中观管制和微观管制之间的关系。一般来说，

① 严金明：《基于城乡统筹发展的土地管理制度改革创新模式评析与政策选择》，《中国软科学》2011 年第 7 期。

② 袁枫朝、严金明、燕新程：《管理视角下我国土地用途管制缺陷及对策》，《广西社会科学》2008 年第 11 期。

国家和省级的土地利用总体规划属宏观指导型规划，市级土地利用总体规划属于中观控制型规划，县、乡（镇）级的土地利用总体规划属微观实施型规划。① 农村建设用地用途规划属于微观实施规划范畴，其利用就需要坚持宏观指导型规划和中观控制型规划的管制。

3. 创新土地用途管制技术

一方面，要利用现代科学技术，以地理信息系统作为土地用途管制的技术平台，建立县级、乡镇级、村组级土地用途管制数据库。该数据库主要管理各宗地的规划信息，包括用途、容积率、单位面积投入和产出等管制条件。② 另一方面，创造性地利用古人智慧。在成都统筹城乡产权改革实验中，农村土地确权颁证是一个基础工作。为了厘清农村土地、房屋财产关系，成都部分地区以现代高科技为载体，对古代鱼鳞图进行"升级"，首创了"电子版鱼鳞图"，使土地档案进化到一个新的阶段。由于传统人工测绘成本大且准确度不高，在确权中，成都采用了现代技术，利用视频图像感知边界，在卫星图片上自动勾勒边界，如有不太准确的地方再由人工调整。在测绘图得到村民认可后，由村民确认自己的地块，签字并捺手印，再将他们的土地、房产信息转化成数字格式，详细录入系统。由于视频图像的自动传感功能，每块土地都有一个专属的"身份证号"，对应着国土档案中的"地籍号"。这样，既做到了确实维护农民权益——因为农民只要一看"鱼鳞图"就都明白自己的土地、房产、坐落、形状等信息，又促进了土地管理的规范化——"鱼鳞图"上清晰地显示着各地块的信息，农用地、宅基地、林地、土地流转情况、土地面积、经营期限等。③

（三）规范建设用地流转的具体流程

（1）完善土地流转利益审查机制，既包括土地流转申请、批准前，有关机关对土地流转目的合法性的事前审查，也包括土地流转被批准后，相关方认为土地流转不具有合法性时的救济机制，可以称为事后审查。

（2）明确土地流转程序，落实土地流转合同管理、登记制度，对

---

① 袁枫朝、严金明、燕新程：《管理视角下我国土地用途管制缺陷及对策》，《广西社会科学》2008 年第 11 期。

② 同上。

③ 黎丽：《成都首创现代版土地"鱼鳞图"》，《四川档案》2011 年第 4 期。

显失公平的条款要通过说服，引导双方修订；建立健全土地流转信息反馈制度、信息发布制度，对土地承包经营权流转工作实行动态管理；及时纠正和查处流转中的违规行为，积极化解土地流转纠纷，保障农村土地流转依法有序进行。①

第三节　农村经营性建设用地流转中分配公正的实现

一　加强农村经营性建设用地流转价格调控

由于农村建设用地流转主体众多，尤其是在法律法规不健全的情况下，要么农村集体之间竞相竞争压价，要么用地者基于信息优势随意定价，导致农村建设用地流转价格偏低，造成土地收益流失。政府应加强农村建设用地价格调控，避免农村建设用地的低价流转，促进土地以合理地价规范有序运行。为此，政府应做到以下几点：

（1）减少对农村建设用地流转的限制，避免因为不合理限制导致土地"隐性"交易，从而使土流转价格低于正常水平。

（2）实行最低交易价格限制，定期公布集体建设用地基准地价。比如，《成都市集体建设用地使用权流转管理办法（试行）》第三十五规定：区（市）县人民政府应当制定并公布集体建设用地基准地价和集体建设用地使用权流转最低保护价，并根据城镇发展和土地市场状况，对基准地价和最低保护价适时调整。第三十六条规定：集体建设用地使用权流转价格不得低于政府公布的该区域的集体建设用地使用权流转最低保护价。

（3）加快农村土地评估机构的建设。土地价格评估不仅是征税和土地融资的依据，也是确定农村建设用地基准地价和流转最低保护价的前提。由于农村土地市场分散性大、交易次数少，而我国土地评估机构主要集中在城市土地评估业务范围内，因此，加强农村土地评估机构的建设也是不可或缺的重要环节。

---

① 谢丽华：《农村土地流转程序的正义性与重构》，《湖南农业大学学报》（社会科学版）2010年第12期。

（4）引导主体选择适宜的土地流转方式。目前对选择农村建设用地出让制还是年租制存在争议。应该说两者各有利弊，出让制优点在于可以提前一次性收取租期内的地租，交易成本低，但缺点在于难以及时获取土地增值收益。年租制优缺点和出让制形成互补关系。对农村建设用地流转，可以考虑以出让制为主，以年租制为补充，在年租制的实施中逐步积累经验，并逐步向年租制为主体过渡。

二　建立土地收益的地区平衡机制

实现农村建设用地流转的区域，其工业化、城镇化发展机会多于其他地区，在相关土地流转收益中应提取一定比例建立土地收益的地区平衡机制，根据主体功能区区划确定产权收益发送和接收区域，用于补偿接收区域农业地区、生态保护区和工业控制类地区等。其中，农村建设用地流转区域是发送区域，是土地收益的让渡区域。接收区域是土地收益的注入区域。

设立专项基金，可用于辅助地方政府实施与土地相关的政策，以增进社会整体福利为根本目的，追求社会、经济综合效益。通过设立专项基金，可积累一些分散的土地流转收益，满足其他欠发达的接收区域在经济社会发展中的资金需求，缓解各级政府地方社会发展的资金压力。同时，通过设立该专项资金，可以平衡一定区域内各级政府、各内部区域的利益关系和经济社会发展水平，避免"寅吃卯粮"的短期行为。这些转移收益可用于完善当地的基础设施建设，完善当地的社会保障体系。可以让广大非发达地区农村、农业和农民在工业化和城市化的进程中，实现对"三农"问题逐渐改观。让广大农民分享经济增长的成果，缩小城乡差距，实现共同富裕，体现社会主义优越性，避免西方资本主义社会资本原始积累所造成的贫富对立和社会动荡等社会问题。

通过收益转移和平衡机制，逐步扭转地区极度不均衡发展趋势，最终形成农村建设用地流转收益多级分享的分配格局。

三　完善地方政府的合理收益分配制度

《成都市集体建设用地使用权流转管理办法（试行）》第三十七条规定：集体建设用地使用权流转取得的总收入在扣除县、乡各项投入以及按规定缴纳税费后，收益归农村集体经济组织所有。农村集体经济组织取得的流转收益应当纳入农村集体财产统一管理，实行专户存储，优先用于农民的社会保险。具体使用和管理按省、市有关农村集体资产管理的规定执行。但是，规定过于抽象和模糊，以至于实际的收益分配过程充满了矛盾和博弈。因此，国家应该在广泛调研的基础上，结合国有土地出让收益分配的经验教训，出台关于收益分配的指导性文件等。

实行社会主义土地公有制的初衷是为了破除土地私有制带来的对社会公平和正义的损害，是为了按照全社会的利益对土地资源进行配置。比如，在一些城郊农村因为区位优势获得高额土地收益的同时，大量的边远农村由于远离城市工商业中心，难以直接获得土地增值收益，但他们却为保护耕地和粮食安全做出了巨大贡献。从防止收入差距扩大、促进社会和谐发展角度看，合理的建设用地收益分配制度也应该能惠及这些农村地区。另外，随着征地制度改革力度的加强，农村建设用地直接入市将逐步取代征地制度，成为城市化过程中工商业土地利用的主要方式。那么，地方政府通过征地所获收入将逐步减少，地方财政也会受到很大冲击并面临转型。因此，地方政府的收益问题就显得尤为重要，其参与用地流转收益分配的方式主要有两种：一是直接在流转收益中获取地租收益；二是以税费方式获取收益（见表 7－2）。

表 7－2　　　　　　　　　　地方政府土地收益分配

角色	地租收益	土地税费
土地所有者（乡镇集体经济组织）	绝对地租、级差地租Ⅰ、级差地租Ⅱa	
土地管理者		收税、收费
土地直接投资者	级差地租Ⅱa	

（一）地方政府获取地租收益

1. 作为建设用地所有者获取地租收益

如表 7－2 所示，基层政府代表乡镇集体经济组织以土地所有者身份，对建设用地进行直接投资，在土地出让前进行"七通一平"等土地开发，应参与绝对地租、级差地租Ⅰ、级差地租Ⅱa 的分享。

2. 作为建设用地投资者获取地租收益

基层政府作为土地直接投资者积极改善土地利用条件，对本辖区进行前期的规划制定和大量基础设施建设。一方面，交通和基础设施的改善改变了土地的社会经济地位和相对位置，大大带动了土地增值。在成都市锦江区三圣乡，东西向的成龙大道、南北向的绕城高速使本地区担负着衔接成都中心城区和东部龙泉卫星城的城市化对接的通道作用。以人居、商贸和运动等为主题的城市用地沿着这几条主要交通干线楔入这片城乡接合部。另一方面，地方政府新兴产业规划也会带动土地增值。根据《成都市土地总体利用规划（1997—2010年）》，成都市中心城区除了117平方公里的规划城市建设区外，还有198平方公里的非城市建设用地，即所谓的"198"区域。三圣花乡就处在这个规划区内，其产业规划功能有：一是规划生态用地，用于建设森林、草地、花卉、水体和生态农业等项目，塑造成都市大景观；二是规划建设用地，用于社会保障、文化、体育、娱乐旅游等项目，形成完善的现代服务业功能。这样，随着旅游经济超越农业经济成为地方主导经济，乡村土地也在新兴经济的刺激下迅速向旅游用地转换。特别是随着本区域逐步从花卉种植经济向花卉贸易经济转型，以盆栽花卉为主的商贸基地开始兴起并扩张，与旅游用地融合共同构建乡村旅游体验和消费产业链。在"绿色""低碳"上升为一种生活主张和生活品质的今天，城市边缘地带的乡村旅游地无疑成为都市人群尤其是中产阶层的一种生活方式，这大大带动了三圣花乡的土地价值，比如"成都楼市开启城市边沿时代"的楼市口号就彰显了本地区土地的巨大潜质。因此，地方政府，尤其是基层政府（经济组织）参与级差地租Ⅱ和级差地租Ⅲ的分享是顺理成章的。但是，在实践操作中，地方政府的这部分收益往往没有实现，或者通过其他名目收取。比如，按照金陵二组和都江堰国土局的协议，其收取的"公共服务提留（6万元/亩）"本质上就是地方政府实现地租收益，只是换了个说法。

（二）地方政府获取税费收益

1. 地方政府应收取相关费用

作为土地管理者，地方政府在农村建设用地上往往有相当大的基础设施等配套投入，依据成本补偿原则、受益原则和效率原则，针对受益人或被管理者收取的与服务成本或管理成本相当的费用，包括规费、特许费、公共设施的使用费、工程受益费、公有资源的收费等。

推进农村建设用地流转，光靠乡镇村组、街道社区是不可能实现的，还需要各级地方政府的极力推动。比如，在成都市锦江区农村建设用地流转过程中，就遇到前所未有的需要克服的障碍：流转成本问题、流转交易平台问题。为了解决前期巨额资金投入缺口，2007年6月，锦江区政府专门成立了"成都市兴锦现代农业投资有限公司"作为融资平台，利用区政府国有资源以及区财政担保方式对外融资后，再借资给区农锦公司用于土地整理成本费用，在集中整理出可供流转的建设用地并出让成功后，所得收入归还借资，如果收入不足以偿还借资，锦江区将拿出规划区内1970亩国有土地的配置变现收益兜底。其次，锦江区积极制定流转办法和搭建交易平台。锦江区先后制定和完善了《锦江区拍卖（挂牌）出让（转让）集体建设用地使用权规则》《成都市锦江区集体建设用地使用权流转管理办法（试行）》《成都市锦江区集体建设用地收益分配管理办法（试行）》等一系列配套办法。锦江区率先成立了农村土地房屋登记交易服务中心，将锦江区国土、统筹委和房管三部门相关职能进行有机整合，负责全区农村建设用地使用权的流转工作。在锦江区农村建设用地的流转过程中，在2008年的两宗流转交易中，都没有涉及费用的收取问题，而这损害地方政府的应得收益，严重挫伤地方政府的积极性，从而严重影响农村建设用地流转市场的扩大。2009年4月，成都市出台了《关于计提建设用地使用权初次流转收取公共基础设施和公用事业建设配套费及耕地保护基金的通知（试行）》，要求按照成交价格的10%收取公共基础设施和公用事业建设配套费。2009年8月，锦江区再次出让两宗农村建设用地使用权，交易中心就收取了10%的配套费，真正实现了农村土地出让中政府的费用收取。

2. 地方政府获得相关税收

为实现社会主义公平正义，国家可以根据地区经济发展水平、自然资源禀赋等因素，针对农村建设用地进行合理征税，通过对农村建设用地流转收益进行调节与再分配，实现区域间福利分配相对公平。

第一，土地税收是地方政府参与农村建设用地流转收益分配的另一种形式，也是具有调控功能的经济杠杆。

综合国际经验，地方政府财政转型的大方向是逐步对土地和其他资源的占有和使用征收常规性税费，从而为地方政府提供长期稳定的收入来源。特别是对土地及其地上房屋所征收的不动产税（财产税）是各国普遍采取的做法，以土地为征税对象，具有位置固定不变、不会发生税基的地区转移、税源分散和纳税面宽的特点，由地方政府负责征管便于掌握和控制税源。从税收的性质来看，不动产税基本都是地方税种并成为地方财政收入的主要来源。比如，美国不动产税（房产税）由各市、镇征收，大多数归入地方政府所有，用于当地基础设施建设，这部分税额一般占地方财政收入的50%—80%，为地方政府提供良好的公共服务的动力。

当前在农村区域，相关税收杠杆主要对农用地部分，对建设用地流转过程中的收益分配未能涉及，其对于调节农村建设用地流转行为和收益分配，不能起到应有的调节作用。为了规范各级政府对于农村建设用地流转收益的分享，调节土地流转过程中的土地流转和增值收益，以及流转过程中可能出现的外部性问题（例如前面所指出的级差地租Ⅲ的公平分享问题），当前特别需要对税法结构进行调整，以增加对于农村建设用地流转行为的税收手段。在《关于计提建设用地使用权初次流转收取公共基础设施和公用事业建设配套费及耕地保护基金的通知（试行）》中，明确要求按照国有土地流转的标准收取营业税和契税。金陵村项目中，都江堰市国土局也收取1万元/亩的契税。

第二，具体表现为以下两个方面：

其一，调整完善土地税收制度。对于农村建设用地来说，如在保有环节课征较高税率而在转让环节课征低税，既能发挥税收调节作用，又不妨碍农村建设用地市场发展。为此，一是简并税种，合并房产税和土地使用税，按照土地用途和容积率等实行差别征税；二是调整税率，降低土地增值税税率，提高耕地占用税率。[1]

其二，加强农村建设用地流转征税。土地税收是地方政府作为管理者参与农村建设用地流转收益分配的另一种形式，也是具有调控功能的经济杠杆。当前在农村区域，相关税收杠杆主要涉及农用地部分，对建设用地流转过程中的收益分配未能涉及，其对于调节农村建设用地流转行为和收益分配，不能起到应有的调节作用。为了规范各级政府对于农村建设用地流转收益的分享，调节土地流转过程中的土地流转和增值收益，以及流转过程中可能出现的外部性问题，当前特别需要增加对于农村建设用地流转行为的税收手段。这样，通过合理的税收调节，一方面控制农村建设用地流转市场的发展方向，另一方面为政府参与流转收益的分配提供了重要途径。

---

① 张立彦：《中国政府土地收益制度研究》，中国财政经济出版社2010年版，第184—185页。

（三）地方政府开征增值税的设想

在现实经济活动中，农村建设用地地租不是一成不变的，而是在不断增值。根据引致增值的原因不同，土地增值可分为人工增值和自然增值。[①]

（1）农村建设用地地租的人工增值来源有两个：一是用地者不断投入资金对土地进行改良，提高土地利用效率而导致地租增值，这部分地租增值实际就是级差地租Ⅱ并在使用期内归用地者占有。二是国家政府投资建设带来的地租增值，这是地租人工增值的主要来源。正如黑根（Hagman）等所说的，土地增值是在排除由土地所有者自身决定引起的地价变化因素外，中央或地方政府的决定或行为引起的土地价值变化。[②] 比如：一方面，地方政府刺激经济发展的政策和规划的出台，改变了城乡用地的性质和功能，就会促使土地增值。另一方面，交通和基础设施的改善可以改变土地的社会经济地位和相对位置，由此将带动土地增值。

（2）农村建设用地地租的自然增值，是指由于经济社会发展变化而带来的土地增值，是土地运行的"体外增值"。而经济社会发展离不开国家政府的推动作用。

在实践中，由于土地租期较长，这些土地自然增值的部分往往并入农村建设用地市场交易之中，让土地直接相关方"坐收渔利"。按照现代西方公共经济学的观点，这种现象是由于公共产品或公共服务外部性引致的。但如果土地交易相关方不为给他们带来正外部效应的公共产品支付任何代价的话，公共产品的提供成本就由纳税人支付，这相当于将社会财富从付税的劳动者手中强制转移到了土地交易相关方手中，显然有失公平。这与我国土地公有制所蕴含的社会公正理念不相称。土地公有并非仅是一种法律表征，它应具有充实的经济利益的占有力和对这种利益的支配力等。[③] 因此，地方政府应该通过某种方式把农村建设用地地租增值部分，从农村建设用地市场交易中剥离出来，做到增值收益社

[①] 张立彦：《中国政府土地收益制度研究》，中国财政经济出版社2010年版，第51页。

[②] Hagman, D. G. and D. J. Misczynski, *Windfalls for Wipeouts: Land Value Capture and Compensation.* Chicago: American Society of Planning Officials, 1978, p.154.

[③] 袁绪亚：《土地所有权——我国土地资产运行的主轴》，《河南师范大学学报》1996年第1期。

会共享，由国家开征地租增值税予以实现。

地方政府参与农村建设用地流转收益分配有助于实现多方共赢，达到各方利益的平衡。但是，为了消除地方政府获取土地收益的经济冲动，我们应该规范地方政府收取用地流转税费的行为，或者在一定的比例区间内，随着时间推移逐步提升，或者依据不同的地区经济发展水平因地制宜地收取相关税费。

（四）地方政府计提土地收益基金的设想

参考国有土地收益基金的做法，地方政府可考虑在地方财政中设立农村建设用地流转收益基金。该基金由农村集体在每宗建设用地流转收益中按一定比例计提，在地方政府财政中设立专门账户，按照公益性基金经营和管理。该基金只能流向农村，做到"取之于农民，用之于农民"，主要用于农村基础设施建设、农业环境改善等方面。① 《关于计提建设用地使用权初次流转收取公共基础设施和公用事业建设配套费及耕地保护基金的通知（试行）》要求按照成交价格的 1% 的标准收取耕地保护基金。2009 年 8 月，锦江区在出让两宗农村建设用地使用权时，交易中心就收取了 2% 的耕地基金。在金陵二组项目中，都江堰市国土局也按 1 万元/亩的标准提取耕地保护基金。这样，有利于提高种地农民的积极性和实现公平。

四　完善农村经营性建设用地流转收益在集体内部的公正分配

（一）农民应共享农村建设用地流转收益

农民是农村土地问题所指向的焦点和落脚点。在农村建设用地流转过程中，在与农村集体、地方政府、用地者之间的利益博弈中，农民常常处于弱势地位，他们的个体利益存在被侵犯的现象。因此，切实保护农民利益，确保农民能真正参与农村建设用地流转收益的分配，最终实现用地流转福利最大化和合理化，是农村建设用地流转机制是否成功的一个重要标志。《中华人民共和国物权法》第五十九规定：农民集体所有的不动产和动产，属于本集体成员集体所有。故而，农村集体（经济组织），作为土地所有者获得了农村建设用地流转过程中的部分收益，包括部分绝对地租、部分级差地租Ⅰ、部分级差地租Ⅱ和部分级差

---

① 杨雅婷：《农村集体经营性建设用地流转收益分配机制的法经济学分析》，《西北农林科技大学学报》（社会科学版）2015 年第 2 期。

地租Ⅲ，应当让集体全体成员共享。事实上，土地收益分配在注重产权边界时，村民传习已久的"公平"逻辑也是不可忽视的。一般来说，"公平"逻辑是围绕农村集体土地财产及其收益分配需要普遍遵循的一项基本原则。① 而对于农村集体土地及收益而言，公平原则表现为"人人有份，机会均等"，即每一个村民都有权得到一份归属于自己的土地收益。

（二）实现集体内部的公正分配

农村建设用地流转收益在集体内部的分配实际是一个自治问题，从流转收益中应拿出多少投入到集体公共事业的发展，农民应在集体的流转收益中获得多少等，都应由村民通过民主决策机制制订具体方案。首先，保障农民对农村建设用地流转收益的知情权；其次，保障农民对用地流转收益的监督权；最后，保障农民对用地流转收益分配方案的参与权。② 通过规范农村建设用地收益分配的民主决策程序，引导农村科学制订收益分配方案和妥善执行相关方案。

在健全民主决策机制的基础上，合理分配农村集体的流转收益，原则上应专款专用，主要用于无地或少地农户的安置补偿、农村基础设施建设和公益事业发展等方面，这样可以为农村集体所有成员谋求源源不断的收益。③ 一方面，应确保收益中相当的一部分能用于农村的社会保障，包括医疗保险、养老保险和失业保险等。当前，我国大多数农村地区的经济发展水平比较落后，农民的生产和生活还缺乏必要的保障条件，农业生产和生活所面临的风险难以回避。农村集体通过流转建设用地所获得的收益恰好可以投入到对农民自身的保障和发展中，这对推动农村社会保障体系的建立将起到关键作用。另一方面，要确保将一部分土地收益投入到集体公益事业的发展和乡镇基础设施的建设上来，使农民集体获得的流转收益，真正做到为农民服务，为发展农村经济服务。比如，四川省都江堰市金陵二组的农村建设用地流转过程中，当地基层政府和村委会做了非常到位的工作，一是在广泛宣传动员的基础上，土

---

① 折晓叶、陈婴婴：《产权怎样界定?》，《社会学研究》2005 年第 4 期。

② 杨雅婷：《农村集体经营性建设用地流转收益分配机制的法经济学分析》，《西北农林科技大学学报》（社会科学版）2015 年第 2 期。

③ 黄姗：《集体建设用地使用权流转问题研究》，硕士学位论文，华侨大学，2007 年，第 47 页。

地确权兼顾各方利益，比如，由于各户既有宅基地和林盘地的面积不均匀，如果按实际占地计算土地收益将会失去公平，为此他们专门设计这样的平衡方案：村民从原来的土地中节约出 140 平方米，免费获得人均 40 平方米的新房；不足 140 平方米的，将自家自留地交给其他被占地的农户；多于 140 平方米的则由组里按 5000 元/亩的价格给予补偿。二是认真贯彻村民议事会制度，任何重大问题都交由组员代表大会讨论。在土地收益的分配上，坚持产权分配为基础，以占地 34.04 亩土地范围，以青苗补偿费、安置补偿费和缴纳社保等费用共计 17 万元/亩的标准，由天马镇政府全部统一支付给失地农民。当然，也兼顾公平，在可供分配的亩均 16 万元收益问题上，21% 在二组内部按照全部人数人均分配（也包括 18 户未参与流转的农户），最后 49% 的收益在参与金陵花园项目的 60 户成员中分配。

另外，本书建议建立土地收益专项存储制度。农村建设用地出让收益实际上是未来几十年的地租资本化形态，农村集体或农户当期获得收入实际是让渡未来土地使用权的收益。可以考虑从出让价款中预留一部分资金以保证农村集体的持续发展。比如，金陵二组的亩均 16 万元的纯收益中，30% 用于集体办实业，70% 用于向农民现金支付。现金一次性兑现到农民手中，如果不善经营和筹划，他们有花光吃光的风险，这就不利于农村集体的可持续发展。本书设想从土地收益中拿出 30% 的比例，建立本组的土地收益基金，就好比商品房的维修基金，存入专门账户，可以购买国债或者一定比例进行保守投资以获取货币的时间收益。如果农村集体需要有重大的支付事项，经由组员代表大会表决通过方能使用这笔经费。这样，通过建立土地收益基金，可以遏制部分农村集体片面追求土地收益的短期行为，建立良性的土地收益管理机制，既有 30% 的土地收益用于实业投资直接分享经济建设的成果，也有 30% 的收益用于托底，剩下的 40% 交由农户自己支配。

（三）健全农村建设用地流转集体收益的用途管理

健全农村集体收益用途管理是有效保护农民权益的重要环节。这种用途管理主要体现在两个方面：一是强调将用地流转收益纳入农村集体财产统一管理；二是明确农村集体的流转收益专项用于农民权益保障。① 比如，《成都市集体建设用地使用权流转管理办法（试行）》第三十七条规定：农村集体经济组织取得的流转收益应当纳入农村集体财产统一管理，实行专户存储，优先用于农民的社会保险。具体使用和管理按省、市有关农村集体资产管理的规定执行。《广东省集体建设用地使用权流转管理办法》第二十五条规定：集体土地所有者出让、出租集体建设用地使用权所取得的土地收益应当纳入农村集体财产统一管理。其中50％以上应当存入银行（农村信用社）专户，专款用于本集体经济组织成员的社会保障安排，不得挪作他用。这一规定具有较强的可操作性和强制性，能有效地遏制集体收益使用过程中容易滋生的滥用挪用等问题。

① 杨雅婷：《农村集体经营性建设用地流转收益分配机制的法经济学分析》，《西北农林科技大学学报》（社会科学版）2015年第2期。

参考文献

1. D. D. 拉斐尔：《道德哲学》，邱仁宗译，辽宁教育出版社 1998 年版。

2. Hagman, D. G. and D. J. Misczynski, *Windfalls for Wipeouts*：*Land Value Capture and Compensation*, Chicago：American Society of Planning Officials, 1978, p. 154.

3. Henkin, L. , Push R. Schachter, *International Law*, *Cases and Materials*, California：West Pub. Co. , 1987, p. 56.

4. Ifzal Ali, "Inequality and Imperative for Inclusive Growth in Asia", *Asian Development Review*, 2007, p. 24.

5. J. S. Mill, *Utilitarianism*, Kitchener：Batoche Books Limited, 2004, p. 41.

6. Lall R. Foreword, Mohanty, N. , Sarkar, R. , Pandey, A. , *India Infrastructure Report*, New Delhi：Oxford University Press, 2009, p. 117.

7. L. 科赛：《社会冲突的功能》，孙立平等译，华夏出版社 1989 年版。

8. 阿玛蒂亚·森：《以自由看待发展》，任赜等译，中国人民大学出版社 2002 年版。

9. 埃莉诺·奥斯特洛姆：《公共事务的治理之道——集体行动制度的演进》，余逊达等译，上海人民出版社 2000 年版。

10. 柏拉图：《理想国》，郭斌和、张竹明译，商务印书馆 1986 年版。

11. 包永江、于静涛：《建立以税收为调节手段的征地制度探索》，《税务研究》2003 年第 10 期。

12. 北京大学哲学系外国哲学史教研室：《十八世纪法国哲学》，商务印书馆 1963 年版。

13. 伯尔曼：《法律与宗教》，梁治平译，中国政法大学出版社 2003 年版。

14. 蔡昉：《土地所有制：农村经济第二步改革的中心》，《中国农村经济》1987 年第 1 期。

15. 陈家泽：《产权对价与资本形成：中国农村土地产权改革的理论逻辑与制度创新》，《清华大学学报》（哲学社会科学版）2011 年第 4 期。

16. 陈建新：《以"权力制约＋权利制衡"模式规范权力运行》，《桂海论丛》2005 年第 2 期。

17. 陈江龙、曲福田：《土地征用的理论分析及我国征地制度改革》，《江苏社会科学》2002 年第 2 期。

18. 陈晓煌：《城市化进程中的失地农民问题探析》，《兰州学刊》2004 年第 2 期。

19. 成程、陈利根：《程序公正、货币补偿与集中居住农民满意度分析》，《统计与决策》2014 年第 5 期。

20. 仇大海：《征地补偿标准上限如何设定》，《中国土地》2015 年第 1 期。

21. 戴媛媛、何立胜：《被征地意愿、程序公正与福利改善》，《社会科学战线》2016 年第 8 期。

22. 戴中亮、杨静秋：《农村集体土地发展权的二元主体及其矛盾》，《南京财经大学学报》2004 年第 5 期。

23. 党国英：《关于土地制度改革若干难题的讨论》，《中国经贸导刊》2010 年第 12 期。

24. 邓大才：《效率与公平：中国农村土地制度变迁的轨迹与思路》，《经济评论》2000 年第 5 期。

25. 丁关良、周菊香：《对完善农村集体土地所有权制度的法律思考》，《中国农村经济》2000 年第 11 期。

26. 杜明义：《城乡统筹发展中农地产权正义与农民土地权益保护》，《现代经济探讨》2011 年第 6 期。

27. 段占朝：《"裸体"交易：农村集体经营性建设用地使用权流转的冰点》，《调研世界》2008 年第 5 期。

28. 方军：《解决征地补偿争议为啥常见"踢皮球"》，《中国国土资源报》2007 年 4 月 12 日。

29. 房绍坤：《农村集体经营性建设用地入市的几个法律问题》，《烟台大学学报》（哲学社会科学版）2015 年第 3 期。

30. 高静、唐建：《试重构城镇化进程中农地转非的土地增值分配机制》，《城市发展研究》2011 年第 2 期。

31. 高圣平：《建设用地使用权设立规则》，《中国土地》2009 年第 11 期。

32. 谷宗谦：《论我国集体建设用地流转制度及其完善》，硕士学位论文，安徽大学，2007 年。

33. 关锐捷、黎阳、郑有贵：《新时期发展壮大农村集体经济组织的实践与探索》，《毛泽东邓小平理论研究》2011 年第 5 期。

34. 郭清根：《"小产权房"现象中政府职能缺失和处置对策》，《河南社会科学》2008 年第 9 期。

35. 国土资源部征地制度改革课题组：《被征地农民面临的生存风险》，《第一财经日报》2006 年 6 月 2 日。

36. 国务院发展研究中心与世界银行"中国土地政策改革"课题组：《目前中国土地政策面对的挑战》，《中国经济时报》2006 年 5 月 22 日。

37. 韩水法：《正义的视野》，载姚洋《转轨中国：审视社会公正和平等》，中国人民大学出版社 2004 年版。

38. 韩松：《论农村集体经营性建设用地使用权》，《苏州大学学报》2014 年第 3 期。

39. 韩震：《公民权利、差异与社会公正》，《马克思主义与现实》2011 年第 3 期。

40. 亨利·乔治：《进步与贫困》，吴良健、王翼龙译，商务印书馆 1998 年版。

41. 胡存智：《从产权制度设计和流转管理，推进集体建设用地改革》，《国土资源导刊》2009 年第 3 期。

42. 胡乐明：《新制度经济学》，中国经济出版社 2009 年版。

43. 黄姗：《集体建设用地使用权流转问题研究》，硕士学位论文，华侨大学，2007 年。

44. 黄小虎：《新时期中国土地管理研究》（下），当代中国出版社 2006 年版。

45. 黄祖辉、汪晖：《非公共利益性质的征地行为与土地发展权补偿》，《经济研究》2002 年第 5 期。

46. 季卫东：《法律程序的意义对中国法制建设的另一种思考》，《中国社会科学》1993 年第 1 期。

47. 季雪：《"小产权房"的问题、成因及对策建议》，《中央财经大学学报》2009 年第 7 期。

48. 加里·D. 利贝卡普：《产权的缔约分析》，陈宇东译，中国社会科学出版社 2001 年版。

49. 金玉国：《协议价格制度是价格改革的过渡模式》，《价格理论与实践》1989 年第 2 期。

50. 景天魁：《社会公正理论与政策》，社会科学文献出版社 2004 年版。

51. 科斯等：《财产权与制度变迁》，刘守英等译，上海人民出版社 2004 年版。

52. 孔祥峰：《论社会公正体系中的机会平等原则》，《太原师范学院学报》（社会科学版）2007 年第 1 期。

53. 孔祥俊：《民商法新问题与判解研究》，人民法院出版社 1998 年版。

54. 雷茵霍尔德·尼布尔：《道德的人与不道德的社会》，陈维政等译，贵州人民出版社 1998 年版。

55. 黎丽：《成都首创现代版土地"鱼鳞图"》，《四川档案》2011 年第 4 期。

56. 李秉濬：《土地经济理论的核心是地租理论》，《中国土地科学》1995 年第 6 期。

57. 李昌平：《大气候：李昌平直言"三农"》，陕西人民出版社 2009 年版。

58. 李大治、王二平：《公共政策制定程序对政策可接受性的影响》，《心理学报》2009 年第 6 期。

59. 李红波：《现行征地程序缺陷及其改进研究》，《经济体制改革》2008 年第 5 期。

60. 李建华：《公共政策的程序正义及其价值》，《中国社会科学》2009 年第 1 期。

61. 李建建：《我国征地过程集体产权残缺与制度改革》，《福建师范大学学报》2007 年第 1 期。

62. 李炯、邱源惠：《征地"农转非"人员安置问题探析——以杭州市为例》，《中国农村经济》2002 年第 6 期。

63. 李军杰：《土地调控需要制度改革》，《瞭望》2007 年第 5 期。

64. 李龙浩：《土地问题的制度分析》，地质出版社 2007 年版。

65. 李明月、江华：《征地补偿标准的公平性研究》，《调研世界》2005 年第 10 期。

66. 李涛：《农地征用的收益分配及博弈分析》，《经济理论与经济管理》2006 年第 9 期。

67. 李延荣：《集体建设用地流转要分清主客体》，《中国土地》2006 年第 2 期。

68. 梁江裕：《征地制度改革的有益尝试——广东省佛山市在征地补偿和实施程序方面的改革探索》，《国土资源通讯》2003 年第 8 期。

69. 廖洪乐：《我国农村土地集体所有制的稳定与完善》，《管理世界》2007 年第 11 期。

70. 林丹：《基于城乡协调发展的征地补偿制度改革》，博士学位论文，福建师范大学，2010 年。

71. 林毅夫：《工业化、城市化与土地权益》，载楼培敏主编《中国城市化：农民、土地与城市发展》，中国经济出版社 2004 年版。

72. 林毅夫：《制度、技术与中国农业发展》，上海人民出版社 1992 年版。

73. 刘芳：《征地拆迁案件中行政机关程序正当性缺失问题研究》，《发展研究》2014 年第 9 期。

74. 刘守英：《中国的二元土地权利制度与土地市场残缺——对现行政策、法律与地方创新的回顾与评论》，《经济研究参考》2008 年第 31 期。

75. 刘祥琪：《我国征地补偿机制及其完善研究》，博士学位论文，南开大学，2010 年。

76. 刘祥琪、陈钊、赵阳：《程序公正先于货币补偿：农民征地满意度的决定》，《管理世界》2012 年第 2 期。

77. 刘新华：《嵌入协商机制构建正当征地程序》，《北方经贸》2011 年第 9 期。

78. 刘秀华、邵景安：《县级土地利用规划的理论与实践》，西南师范大学出版社 2004 年版。

79. 刘亚玲：《按市场经济办法确定征地补偿标准》，《经济学家》2005年第 3 期。

80. 刘永湘：《中国农村土地产权制度创新》，博士学位论文，四川大学，2003 年。

81. 刘永湘、杨继瑞、杨明洪：《农村土地所有权价格与征地制度改革》，《中国软科学》2004 年第 4 期。

82. 卢吉勇：《农村集体非农建设用地流转创新研究》，硕士学位论文，南京农业大学，2003 年。

83. 卢吉勇、陈利根：《集体非农建设用地流转的主体与收益分配》，《中国土地》2002 年第 5 期。

84. 卢梭：《爱弥尔》（上卷），李平沤译，商务印书馆 1978 年版。

85. 卢梭：《社会契约论》，李平沤译，商务印书馆 1982 年版。

86. 卢现祥：《西方新制度经济学》，中国发展出版社 2007 年版。

87. 罗伯特·诺齐克：《无政府、国家与乌托邦》，中国社会科学出版社 2008 年版。

88. 马驰：《城市化进程中失地农民的权益保护》，《农业经济》2004 年第 3 期。

89. 马凯：《我国集体非农建设用地市场演化的逻辑》，《农村经济》2009 年第 3 期。

90. 马世领、邹锡兰：《广东农地新政：新中国第四次土地流转改革》，《中国经济周刊》2005 年 9 月 30 日。

91. 密佳音、董亚男：《制度公正的核心：实现权利的合理布局》，《长春理工大学学报》（社会科学版）2009 年第 7 期。

92. 闵桂林、饶江红：《农地产权正义实现的路径探讨》，《江西社会科学》2013 年第 10 期。

93. 南希·弗雷泽：《再分配，还是承认——一个政治哲学对话》，周穗明译，上海人民出版社 2009 年版。

94. 彭新万、崔苗：《我国农地发展权配置与实现路径的理论与策略分析》，《求实》2015 年第 11 期。

95. 钱忠好：《中国农村土地制度变迁和创新研究》，中国农业出版社 1999 年版。

96. 钱忠好等：《我国城乡非农建设用地市场：垄断、分割与整合》，

《管理世界》2007 年第 6 期。

97. 乔·萨托利：《民主新论》，冯克利、阎克文译，上海人民出版社
    2015 年版。

98. 乔小雨：《中国征地制度变迁研究》，博士学位论文，中国矿业大
    学，2010 年。

99. 秦晖：《关于地权的真问题：评无地则反说》，《经济观察报》2006
    年 8 月 21 日。

100. 秦勇：《分配正义："土地财政"法律制度改革的目标》，《法学论
     坛》2013 年第 9 期。

101. 曲福田：《土地行政学》，江苏人民出版社 1997 年版。

102. 曲颂：《基于农民满意度的征地补偿制度实证研究》，博士学位论
     文，中国农业科学院，2015 年。

103. 桑德罗·斯奇巴尼：《正义和法》，黄风译，中国政法大学出版社
     1992 年版。

104. 邵晓秋、段建斌：《产权正义原则下的被征地农民产权问题探析》，
     《社会科学辑刊》2009 年第 1 期。

105. 邵晓秋、段建斌：《关于产权正义的探析》，《湖北社会科学》
     2010 年第 3 期。

106. 申静、王汉生：《集体产权在中国乡村生活中的实践逻辑——社会
     学视角下的产权建构过程》，《社会学研究》2005 年第 1 期。

107. 施建刚等：《农村集体建设用地流转模式研究——以上海试点为
     例》，同济大学出版社 2014 年版。

108. 石小石、白中科：《集体经营性建设用地入市收益分配研究》，
     《中国土地》2016 年第 1 期。

109. 史京文：《制订征地片区综合地价的新思路》，《国土资源》2005
     年第 7 期。

110. 宋才发、马国辉：《农村宅基地和集体建设用地使用权确权登记的
     法律问题探讨》，《河北法学》2015 年第 3 期。

111. 田莉：《有偿使用制度下的土地增值与城市发展》，中国建筑工业
     出版社 2008 年版。

112. 田旭：《中国城镇化进程中征地收益分配研究》，博士学位论文，
     辽宁大学，2014 年。

113. 同春芬：《转型时期中国农民的不平等待遇透析》，社会科学文献出版社 2006 年版。

114. 汪彤：《论中国体制转轨进程中政府行为目标的逻辑演进》，《江苏社会科学》2008 年第 4 期。

115. 王贝：《农村集体建设用地流转中的地方政府行为研究》，《农业经济》2013 年第 3 期。

116. 王贝：《我国小产权房问题的由来与本质》，《四川经济管理学院学报》2009 年第 4 期。

117. 王贝、衡霞：《我国农村集体建设用地绝对地租研究》，《求索》2011 年第 11 期。

118. 王华华、王尚银：《中国土地征收政策社会公正化：由"保障"到"保护"》，《理论与改革》2012 年第 3 期。

119. 王建、何兰萍：《失地农民社会保障安置问题研究》，《天津大学学报》（社会科学版）2008 年第 1 期。

120. 王曼：《建国以来党的公平正义思想发展历程研究》，《沧桑》2010 年第 4 期。

121. 王名扬：《美国行政法》，中国法制出版社 1995 年版。

122. 王顺祥：《中国征地制度变迁：驱动因素与制度供给》，博士学位论文，南京农业大学，2010 年。

123. 王卫国：《中国土地权利研究》，中国政法大学出版社 1997 年版。

124. 王小映：《全面保护农民的土地财产权益》，《中国农村经济》2003 年第 10 期。

125. 王小映：《全面推进征地制度改革的思路选择》，《调研世界》2005 年第 4 期。

126. 王小映：《土地征收公正补偿与市场开放》，《中国农村观察》2007 年第 5 期。

127. 王小映、贺明玉：《我国农地转用中的土地收益分配实证研究——基于昆山、桐城、新都三地的抽样调查分析》，《管理世界》2006 年第 5 期。

128. 王雪青、夏妮妮等：《公益性项目征地补偿依据及其测算标准研究——以苏州市为例》，《资源科学》2014 年第 2 期。

129. 王佑辉：《集体建设用地流转制度体系研究》，博士学位论文，华中农业大学，2009 年。

130. 温世扬：《集体所有土地诸物权形态剖析》，《法制与社会发展》1999 年第 2 期。

131. 温世扬：《土地承包经营权流转中的利益冲突与立法选择》，《法学评论》2010 年第 1 期。

132. 文长春：《分配正义及其局限》，《马克思主义与现实》2007 年第 3 期。

133. 吴刚：《辽宁省征用土地研究》，辽宁人民出版社 2002 年版。

134. 吴玲：《新中国农地产权制度变迁研究》，博士学位论文，东北林业大学，2005 年。

135. 吴美颖：《征地拆迁引发的群体性事件及其对策研究》，硕士学位论文，中国海洋大学，2012 年。

136. 吴群等：《土地征收利用过程中福利与效率分析》，《农村经济》2008 年第 1 期。

137. 吴涛：《以党的十八大精神为指导努力实现"三个公平"》，《中共贵州省委党校学报》2013 年第 1 期。

138. 吴玄娜：《程序公正与权威信任：公共政策可接受性机制》，《心理科学进展》2016 年第 8 期。

139. 吴忠民：《公正——从传统到现代》，《中共中央党校学报》2001 年第 3 期。

140. 吴忠民：《关于公正、公平、平等的差异之辨析》，《中共中央党校学报》2003 年第 11 期。

141. 吴忠民：《论机会平等》，《江海学刊》2001 年第 1 期。

142. 吴忠民：《社会公正的基本价值取向及立足点》，《中国党政干部论坛》2006 年第 11 期。

143. 吴忠民：《社会公正论》，山东人民出版社 2004 年版。

144. 武立永：《农民公平分享农村土地增值收益的效率和正义》，《农村经济》2014 年第 4 期。

145. 项继权、储鑫：《农村集体建设用地平等入市的多重风险及其对策》，《江西社会科学》2014 年第 2 期。

146. 肖建国：《程序公正的理念及其实现》，《法学研究》1999 年第 3 期。

147. 肖屹：《失地农民权益受损与中国征地制度改革研究：基于产权视角的分析》，博士学位论文，南京农业大学，2008 年。

148. 谢丽华：《农村土地流转程序的正义性与重构》，《湖南农业大学学报》（社会科学版）2010 年第 12 期。

149. 胥会云：《土地收益两成输血农田水利，地方财政所剩几何》，《第一财经日报》2012 年 7 月 12 日。

150. 许海燕等：《利益博弈视角下小产权房的经济学思考》，《经济体制改革》2008 年第 5 期。

151. 亚里士多德：《政治学》，吴寿彭译，商务印书馆 1965 年版。

152. 严金明：《基于城乡统筹发展的土地管理制度改革创新模式评析与政策选择》，《中国软科学》2011 年第 7 期。

153. 严金明：《我国征地制度的演变与改革目标和改革路径的选择》，《经济理论与经济管理》2009 年第 9 期。

154. 颜明权：《农民工市民化过程社会公正实现研究》，博士学位论文，吉林大学，2007 年。

155. 杨春禧：《论征地程序改革与和谐社会构建》，《社会科学研究》2005 年第 5 期。

156. 杨代雄：《农村集体土地所有权的程序建构及其限度——关于农村土地物权流转制度的前提性思考》，《法学论坛》2010 年第 1 期。

157. 杨继瑞：《绝对地租产生原因、来源与价值构成实体的探讨》，《当代经济研究》2011 年第 2 期。

158. 杨继瑞：《中国农村集体土地制度的创新》，《学术月刊》2010 年第 2 期。

159. 杨学成：《绝对地租来源与形成新解》，《当代经济研究》1996 年第 5 期。

160. 杨雅婷：《农村集体经营性建设用地流转收益分配机制的法经济学分析》，《西北农林科技大学学报》（社会科学版）2015 年第 2 期。

161. 姚洋：《公正的含义》，《21 世纪经济报道》2003 年 1 月 16 日。

162. 姚洋：《社会公正的四个层次》，《21 世纪经济报道》2003 年 2 月 27 日。

163. 姚洋：《转轨中国的社会公正》，《21 世纪经济报道》2003 年 1 月

9 日。

164. 叶常林、李瑞华：《公共权力监督模式的历史研究》，《安徽工业大学学报》（社会科学版）2006 年第 1 期。

165. 余敏江：《政府利益·公共利益·公共管理》，《求索》2006 年第 1 期。

166. 袁诚：《农地征收制度改革模式的解析及创新路径的选择》，《湖南财经高等专科学校学报》2009 年第 10 期。

167. 袁枫朝、严金明、燕新程：《管理视角下我国土地用途管制缺陷及对策》，《广西社会科学》2008 年第 11 期。

168. 袁林：《国家与产权：农村土地制度变迁的绩效分析》，《经济与管理》2008 年第 3 期。

169. 袁绪亚：《土地所有权——我国土地资产运行的主轴》，《河南师范大学学报》1996 年第 1 期。

170. 约翰·罗尔斯：《正义论》，何怀宏等译，中国社会科学出版社 1988 年版。

171. 张安录、匡爱民、王一兵等：《征地补偿费分配制度研究》，科学出版社 2010 年版。

172. 张安录等：《农地城市流转福利变化的经济学分析框架》，载《湖北省首届涉农领域青年博士论坛论文集》，中国大地出版社 2007 年版。

173. 张成玉：《产权残缺条件下征地公平补偿问题研究》，《农业经济问题》2011 年第 6 期。

174. 张建军：《成都锦江农村集体土地流转的主要做法及启示》，《中国国土资源经济》2010 年第 6 期。

175. 张立彦：《中国政府土地收益制度研究》，中国财政经济出版社 2010 年版。

176. 张睿：《中国农地权正义论》，博士学位论文，浙江大学，2013 年。

177. 张曙光：《博弈：地权的细分、实施和保护》，社会科学文献出版社 2011 年版。

178. 张元庆：《我国征地补偿制度变迁的路径依赖与路径创新研究（1949—2013）》，博士学位论文，辽宁大学，2014 年。

179. 章剑生：《征地程序的改革与完善》，《行政管理改革》2011 年第 7 期。

180. 赵谦：《完善我国农村征地补偿程序的法律思考》，《改革与战略》2010 年第 11 期。

181. 赵芷珺：《农村集体土地征收程序的缺陷与重构——以河南洛阳违规征地强拆事件为例》，《郑州航空工业管理学院学报》（社会科学版）2014 年第 10 期。

182. 折晓叶、陈婴婴：《产权怎样界定?》，《社会学研究》2005 年第 4 期。

183. 郑有贵：《村社区性集体经济组织是否冠名合作社》，《管理世界》2003 年第 5 期。

184. 周诚：《我国农地转非自然增值分配的"私公兼顾"论》，《中国发展观察》2006 年第 9 期。

185. 周建春：《集体非农建设用地流转的法制建设》，《中国土地》2003 年第 6 期。

186. 周建明：《应如何看待村级集体经济》，《毛泽东邓小平理论研究》2015 年第 5 期。

187. 周立群、张红星：《从农地到市地：地租性质、来源及演变》，《经济学家》2010 年第 12 期。

188. 周其仁：《产权与制度变迁：中国改革的经验研究》，北京大学出版社 2004 年版。

189. 周其仁：《中国农村改革：国家和所有权关系的变化（上）——一个经济制度变迁史的回顾》，《管理世界》1995 年第 3 期。

190. 朱秋霞：《中国土地财政制度改革研究》，立信会计出版社 2007 年版。

191. 朱仁友等：《农地征收中的土地发展权问题和征地补偿原则的完善》，《2007 年中国土地学会学术年会论文集》，中国大地出版社 2007 年版。

192. 诸惠伟：《基于土地视角的乡镇企业布局研究》，硕士学位论文，浙江大学，2006 年。

193. 祝天智：《纠纷化解机制构建与征地程序改革》，《华南农业大学学报》（社会科学版）2014 年第 2 期。

194. 祝天智、黄汝娟：《公正视域的农村征地冲突及其治理》，《理论探索》2013 年第 4 期。

195. 邹琨：《中国特色社会主义分配正义理论研究》，博士学位论文，电子科技大学，2010 年。

后　记

　　本书的成果主要依托于国家社会科学基金重大项目"以建设'公正社会'为导向的全面深化改革研究"（15ZDC003）的子课题"公正社会取向下的全面深化改革研究"。就全面深化改革与价值标准的关系来看，习近平总书记讲得最多的就是如何以公正思想指导改革，以改革促进社会公正。自2012年年底以来，新的中央领导集体提出了一系列大政方略，首先是鼓舞士气、凝聚人心的"中国梦"，接着便是超预期的反腐，接着有十八届三中全会上的全面深化改革的决定，提出国家治理现代化。十八届四中全会提出的"法治中国"，既是推进国家治理现代化的一个突破口，也是将全面深化改革制度化的一种努力。那么到底如何全面实现国家治理现代化？"四个全面"战略布局是一种政策性抓手，"五大发展理念"是实现国家治理现代化的路线图。而社会公正理念便是"四个全面"和"五大发展理念"的内在价值原则。"全面深化改革"是以公正思想为指导，目的是建成一个以公正社会为价值导向的社会形态。2016年4月18日，在中央全面深化改革领导小组第二十三次会议上，习近平指出，改革既要往有利于增添发展新动力方向前进，也要往有利于维护社会公平正义方向前进。2016年12月5日，在中央全面深化改革领导小组第三十次会议上，习近平强调，要发挥好改革先导性作用，多推有利于增添经济发展动力的改革，多推有利于促进社会公平正义的改革，多推有利于增强人民群众获得感的改革，多推有利于调动广大干部群众积极性的改革。

　　当前，我国推进城市化建设，一方面，取得了城市化建设成果，而另一方面，城市建设中的土地征收特别是强制"征地拆迁"，引发了征地冲突、征地群体性事件等一系列不符合社会公正的社会问题。这造成基层政府和农村农民的关系僵化，给基层治理带来巨大隐患。马克思主义的社会公正理论直接指向"实现人自由而全面的发展"，而西方学者，如罗尔斯的"分配的正义"和诺齐克的"持有的正义"理论，可视为实现社会公正"路径"的理论。

本书基于实现社会公正角度来研究征地制度，为顺利推进征地制度改革提供了一个分析框架和实现路径。农村土地产权公正的实现是我国征地制度改革的基础，公益性征地和农村经营性建设用地流转是我国征地制度改革的实现路径。第一，征地制度改革必须缩小征地范围，现在新增建设用地需要集体用地的都要征地，远远超过法律规定的公共利益范围。而要缩小征地范围，必须放开集体土地入市。第二，公益性用地征收和经营性集体建设用地入市两种模式是农村征地制度改革的两翼，且应做到有机统一：公益性征地制度改革应按照经营性集体建设用地市场价值的标准对失地农民进行补偿，经营性集体建设用地入市模式也应按照公益性农地征收制度的公正程序对非农化收益进行分配。

课题研究及本书成稿一年有余，驻足回顾，本书中的部分成果能用于阐释我国征地制度现状及变革的基本趋势，对于如何解释征地过程中社会公正的体系结构，如何实现征地程序公正和补偿公正等问题，皆具有一定的解释力和启发性。征地过程中的社会公正由两个维度和三个层面构成，两个维度包括程序公正和分配公正，三个层面包括权利公正、机会公正和结果公正。这为分析征地制度问题提供了新的视角和切入点，也从完善征地制度的角度为推进公正社会建设提供了理论参考。为实现征地程序公正，本书着重对如何完善听证制度、协调裁决制度作了论证：只要对补偿方案等存在争议的，都应依法组织听证。报批时附听证记录并向审批机关说明各方意见，向相关权利人说明报批过程中对听证意见采纳的情况。建立协调裁决期间征地中止制度。为实现补偿公正，在巩固好货币补偿的基础地位的前提下，完善好其他多元补偿体系。应建立灵活征地补偿机制。

在这里，我要感谢西华大学马克思主义学院院长万远英教授对于本书写作给予的大力指导和帮助。我要感谢课题团队全体成员。本团队成员多次为本课题展开多次讨论，为本书写作提供了很好的思路借鉴。团队成员多次到成都、绵阳、乐山等地实地调研，得到了相关部门和领导的极大支持，为本书写作提供了重要支撑。

我要感谢我的家庭。正是他们对我工作和生活的大力支持和悉心照料，让我没有后顾之忧，可以集中精力完成专著。

　　最后，向所有帮助过我的人表示最诚挚的感谢和最衷心的祝福。正是各位领导、同事和朋友的关心和支持，为我创造了宽松的工作环境，让我能在工作和科研上不断进步。

王贝

2017 年 4 月于西华大学马克思主义学院